国家开放教育汽车类专业（本科）规划教材
全国汽车职业教育人才培养工程规划教材

汽车检测与故障诊断技术

国家开放大学汽车学院组织编写
贺文建　白　晶　主　编

人民交通出版社股份有限公司·北京
国家开放大学出版社·北京

内 容 提 要

本书为国家开放教育汽车类专业(本科)规划教材、全国汽车职业教育人才培养工程规划教材之一。主要内容包括：概论、发动机的检测与故障诊断、底盘的检测与故障诊断、车身及附件的检测与故障诊断、汽车整车性能检测与故障诊断。

本书可作为普通高等教育院校汽车服务工程和其他相关专业教材或教学参考书，也可供汽车服务行业和相关工程技术人员参考使用。

图书在版编目(CIP)数据

汽车检测与故障诊断技术 / 贺文建，白晶主编. —北京：人民交通出版社股份有限公司：国家开放大学出版社，2019.4

ISBN 978-7-114-15228-3

Ⅰ.①汽… Ⅱ.①贺…②白… Ⅲ.①汽车—故障检测②汽车—故障诊断 Ⅳ.①U472.9

中国版本图书馆 CIP 数据核字(2018)第 288918 号

书　　名：	汽车检测与故障诊断技术
著 作 者：	贺文建　白　晶
责任编辑：	郭　跃
责任校对：	张　贺
责任印制：	张　凯
出版发行：	人民交通出版社股份有限公司 国家开放大学出版社
地　　址：	(100011)北京市朝阳区安定门外外馆斜街 3 号 (100039)北京市海淀区西四环中路 45 号
网　　址：	http://www.ccpress.com.cn http://www.crtvup.com.cn
销售电话：	(010)59757973 (010)68180820
总 经 销：	人民交通出版社股份有限公司发行部
经　　销：	各地新华书店
印　　刷：	北京市密东印刷有限公司
开　　本：	787×1092　1/16
印　　张：	12.75
字　　数：	290 千
版　　次：	2019 年 4 月　第 1 版
印　　次：	2019 年 4 月　第 1 次印刷
书　　号：	ISBN 978-7-114-15228-3
定　　价：	32.00 元

(有印刷、装订质量问题的图书由本公司负责调换)

总　　序

国家开放大学汽车学院是在2004年北京中德合力技术培训中心与原中央广播电视大学(现国家开放大学)共同创建的汽车专业(专科)基础上,由国家开放大学、中国汽车维修行业协会、中国汽车文化促进会、北京中德合力技术培训中心四方合作于2013年11月26日挂牌成立。旨在通过整合汽车行业、社会现有优质教育资源,搭建全国最大的汽车职业教育平台,促进我国汽车行业从业人员终身教育体系建设,以及人人皆学、时时能学、处处可学的学习型行业的形成与发展。

在2003年颁布的《教育部等六部门关于实施职业院校制造业和现代服务业技能型紧缺人才培养培训工程的通知》中,汽车维修专业被确定为紧缺人才专业。国家开放大学为了满足从业人员业余学习的需要,从2005年春季学期起开办汽车专业(维修方向)(专科)、汽车专业(营销方向)(专科),至2018年春季学期,汽车专业(专科)在32个地方电大系统、汽车行业以及部队建立学习中心,基本覆盖了全国各地。累计招生103,531人,毕业41,740人,在籍57,470人,为缓解我国对汽车行业紧缺人才的现实需求和加快培养培训做出了积极贡献。

2017年,国家开放大学增设汽车服务工程(本科)专业,汽车学院随即开展了专业建设和教学模式探索,确定了全网教学模式资源建设方案。学生将利用国家开放大学学习网和汽车学院企业微信平台完成线上学习和考试,线下完成毕业实习和毕业论文。为适应全网教学模式的需要,汽车学院组织编写了本套国家开放教育汽车类专业(本科)规划教材、全国汽车职业教育人才培养工程规划教材。这为满足汽车行业从业人员提升学历层次和职业技能的时代要求提供了必要的现实条件,为最终建成全国最大的远程开放汽车职业教育平台奠定了基础。

本套教材具有如下特点:

第一,针对性强。教材内容的选择、深浅程度的把握、编写体例严格按照国家开放大学关于开放教育教材的编写要求进行,满足成人教育的需要。

第二,专业特色鲜明。汽车服务工程(本科)专业(专科起点)是应用型专业。教材主编均来自高校长期从事汽车专业本科教学的一线专家教授,他们教学和实践经验丰富,所选内容强化了应用环节,理论和实验部分比例适当,联系紧密,实用性强。

第三,配合全网教学模式需要。全套教材是配套全网教学模式需要编写的。在内容的选取上满足全媒体网络课件制作的需要。对传统教材编写是一突破。教材配合网上资源一起使用,增加了教材的可读性、可视性、知识性和趣味性。

第四,整合优质资源。本套教材由国家开放大学出版社、人民交通出版社股份有限公司联合出版发行的国家开放教育汽车专业(本科)规划教材、全国汽车行业人才培养工程规划教材,面向国家开放大学系统和全社会公开发行,不但适合国家开放大学的需要,也适合其他高等院校汽车服务工程(本科)专业的教学需要。

在本套教材的组编过程中,国家开放大学就规划教材如何做出鲜明行业特色做了重要指示,国家开放大学出版社做了大量细致的编辑策划及出版工作。北京中德合力技术培训中心承担了教材编写、审定的组织实施及出版、发行等环节的沟通协调工作。中国汽车维修行业协会积极调动行业资源,深入参与教材的组织编写,人民交通出版社股份有限公司积极提供各种资源。中国汽车文化促进会积极推荐主编人选,参与教材编写的组织工作。各教材主编、参编老师和专家们认真负责、兢兢业业,确保教材的组编工作如期完成。没有他们认真负责的工作和辛勤的劳动付出,本套教材的编写、出版、发行就不可能这么顺利进行。借此机会,对所有参与、关心、支持本套教材编辑、出版、发行的先生、女士表示衷心感谢!

  本套教材编写时间紧,协调各方优质资源任务重,难免存有不足之处,还请使用者批评指正,不吝赐教。

2019 年 1 月

前　言

《汽车检测与故障诊断技术》是国家开放教育汽车类专业（本科）规划教材、全国汽车职业教育人才培养工程规划教材之一。

通过对本书的学习，使学生能够掌握现代汽车的故障和诊断方法，以及发动机、底盘、车身及附件系统、汽车整车的检测与诊断，成为高等教育应用型技术人才。

本书的编写是根据专业培养目标和培养对象的认知水平及学习特点，将汽车检测与故障诊断相关知识紧密围绕汽车专业特点展开阐述，教材实现汽车检测与故障诊断知识与技能的有机接合，以"必需、够用、有效、经济"为原则，对教学内容进行整合优化和深度融合，在内容编排上突出介绍汽车检测及诊断在实际中的运用，教材很好地体现汽车专业学习中的基础性和实用性，具有专业知识和技能培养的针对性。

本书由北京城市学院贺文建老师和白晶老师担任主编，臧磊老师担任副主编，贺文建老师担任统稿工作。在教材的编写过程中，承蒙国家开放大学和兄弟院校及企业有关同志的大力支持，在此向他们表示衷心的感谢。此外，本书在编写过程中参考了大量的文献资料，在此向原作者表示谢意。由于作者知识水平有限，书中难免存在疏漏之处，敬请读者批评指正。

编　者
2019 年 1 月

学习指南

0.1 学习目标

完成本门课程的学习之后,你将达到以下目标:

1. 认知目标

(1) 掌握汽车检测与诊断的基本知识。

(2) 了解国内外汽车检测与诊断技术的发展。

(3) 掌握发动机电控系统、发动机功率、气缸密封性的检测方法。

(4) 掌握发动机五大系统的检测方法和发动机异响的检测方法。

(5) 了解底盘各系统的常见故障现象和故障诊断流程。

(6) 掌握底盘各系统的故障检测和诊断方法。

(7) 掌握车身损伤、汽车空调和安全气囊系统的故障检测与诊断方法。

(8) 理解汽车整车性能检测设备的工作原理。

(9) 掌握汽车整车性能检测方法和故障诊断技术。

2. 技能目标

(1) 能正确使用汽车常见的检测与诊断设备。

(2) 能够运用发动机常用检测工具进行发动机系统的检测诊断。

(3) 熟悉发动机故障检测诊断的基本流程。

(4) 能够熟练运用底盘常用的检测设备。

(5) 能够通过检测,诊断并排除底盘系统的常见故障。

(6) 能按照故障诊断流程对车身损伤、汽车空调和安全气囊系统进行故障检测诊断。

(7) 会使用检测设备检测汽车整车使用性能。

(8) 能根据检测结果,分析评价汽车整车的使用性能。

3. 情感目标

(1) 培养一丝不苟、严肃认真的工作作风。

(2) 培养学生归纳、总结知识点的能力和系统化的思维方法。

(3) 培养学生在检测诊断过程中记录数据、分析数据的能力。

(4) 培养学生查阅资料、规范使用仪器设备的能力。

(5) 培养学生的沟通能力和团队合作精神。

0.2 学习内容

本教材包括以下内容:

1. 汽车检测与诊断技术基础

本部分主要包括汽车检测与诊断基本知识、汽车常见的检测与诊断设备、国内外汽车检测与诊断技术的发展。通过对本部分内容的学习,重点掌握汽车检测与诊断的种类与内容,以及检测与诊断的基本方法,掌握检测诊断设备的使用方法等。

2. 发动机的检测与故障诊断

本部分主要包括发动机电控系统的检测与故障自诊断、发动机功率的检测、汽缸密封性等检测诊断内容,还包括发动机五大系统的检测诊断和发动机异响的检测诊断等内容。通过对本部分内容的学习,重点掌握发动机系统的常见故障现象及检测方法和诊断流程。

3. 底盘的检测与故障诊断

本部分主要包括汽车底盘上传动系统的检测与故障诊断、行驶系统的检测与故障诊断、转向系统的检测与故障诊断和制动系统的检测与故障诊断等内容。通过对本部分内容的学习,重点掌握汽车底盘部分的常见故障现象、检测方法和诊断方法。

4. 车身及附件的检测与故障诊断

本部分主要包括车身损伤的检测与诊断、汽车空调系统检测与故障诊断、安全气囊系统的检测与故障诊断等内容。通过对本部分内容的学习,重点掌握车身部分、汽车空调和安全气囊的常见故障现象与检测诊断方法。

5. 汽车整车性能检测与故障诊断

本部分主要包括汽车动力性的检测、汽车燃油经济性的检测、汽车侧滑的检测、汽车制动性能的检测、车速表指示误差的检测、前照灯的检测、汽车排放污染物的检测和汽车噪声的检测等内容。通过对本部分内容的学习,重点掌握汽车整车使用性能的检测方法和流程等内容。

0.3 学习准备

在学习本教材之前,你应具备汽车理论、汽车发动机、汽车底盘、汽车电器和汽车电控技术等方面的基础知识,具备使用计算机或手机进行网页浏览、搜集下载资料等能力。

目 录

第1章 概论 ... 1
- 1.1 汽车检测与诊断基本知识 ... 1
- 1.2 汽车常见的检测与诊断设备 ... 4
- 1.3 国内外汽车检测与诊断技术的发展 ... 8
- 本章小结 ... 10
- 自测题 ... 11

第2章 发动机的检测与故障诊断 ... 12
- 2.1 发动机电控系统的检测与故障自诊断 ... 12
- 2.2 发动机功率的检测 ... 25
- 2.3 汽缸密封性的检测 ... 29
- 2.4 点火系统的检测与故障诊断 ... 33
- 2.5 燃油供给系统的检测与故障诊断 ... 46
- 2.6 发动机其他系统的检测与故障诊断 ... 64
- 2.7 发动机异响的检测与故障诊断 ... 74
- 本章小结 ... 79
- 自测题 ... 80

第3章 底盘的检测与故障诊断 ... 82
- 3.1 传动系统检测与故障诊断 ... 82
- 3.2 行驶系统的检测与故障诊断 ... 93
- 3.3 转向系统的检测与故障诊断 ... 102
- 3.4 制动系统的检测与故障诊断 ... 107
- 本章小结 ... 119
- 自测题 ... 120

第4章 车身及附件的检测与故障诊断 ... 122
- 4.1 车身损伤的检测与诊断 ... 122
- 4.2 汽车空调系统检测与故障诊断 ... 124
- 4.3 安全气囊系统的检测与故障诊断 ... 132
- 本章小结 ... 136
- 自测题 ... 136

第5章 汽车整车性能检测与故障诊断 ... 138
- 5.1 汽车动力性的检测 ... 138

5.2　汽车燃油经济性的检测 …………………………………………………… 144
　5.3　汽车侧滑的检测 ………………………………………………………… 149
　5.4　汽车制动性能的检测 …………………………………………………… 153
　5.5　车速表指示误差的检测 ………………………………………………… 162
　5.6　前照灯的检测 …………………………………………………………… 166
　5.7　汽车排放污染物的检测 ………………………………………………… 172
　5.8　汽车噪声的检测 ………………………………………………………… 183
　本章小结 ……………………………………………………………………… 189
　自测题 ………………………………………………………………………… 190
参考文献 ………………………………………………………………………… 192

第1章 概　　论

导言

本章主要介绍了汽车检测与诊断的意义、目的、种类、内容和基本方法,以及常用的汽车检测与诊断设备和国内外汽车检测诊断技术发展现状等内容。本章的学习内容力求使学生掌握汽车检测与诊断基础知识,为继续学习相关章节打下坚实的基础。

学习目标

1. 认知目标
(1) 了解汽车检测与诊断的意义、目的、种类和内容。
(2) 掌握汽车检测与诊断的基本方法。
(3) 掌握汽车常见的检测与诊断设备。
(4) 了解国内外汽车检测与诊断技术的发展。
2. 技能目标
(1) 能够运用汽车检测与诊断方法对汽车故障进行诊断。
(2) 能够正确使用汽车常见的检测与诊断设备。
3. 情感目标
(1) 初步养成良好的职业道德素养。
(2) 培养一丝不苟、严肃认真的工作作风。
(3) 建立本课程知识架构,提高学习兴趣。

1.1　汽车检测与诊断基本知识

汽车从发明至今已经一个多世纪了。在现代社会,汽车已成为人们生活中不可缺少的一种交通工具。汽车本身是一个复杂的系统,是含有多项高新技术和微电子技术的机电一体化产品,随着其续驶里程的增加和使用时间的延续,其技术状况将不断恶化。汽车在为人们提供便利的同时,也带来了大气污染、噪声和交通安全等一系列社会问题。因此,一方面要不断研制性能优良的汽车;另一方面要借助维护和修理手段,恢复汽车的技术状况。汽车检测与诊断就是在汽车使用、维护和修理中对汽车技术状况进行测试、检验和诊断的一种专门技术。

1.1.1 汽车检测与诊断的意义和目的

1. 检测与诊断是汽车生产过程控制的重要手段

现代汽车生产企业都实施全面质量管理,生产过程中的每一个环节都有严格的质量控制指标,现代企业在产品质量保证体系中已经建立了自检、互检和专检的三级检验制度,其核心是检测技术与手段的应用。

2. 检测与诊断是外协零部件质量评价的重要方法

汽车产品生产分为汽车组装厂、部件生产厂和零配件生产厂等,相互之间有着密切的协作关系和产品流通,依靠技术标准与规范来协调,需要检测与诊断技术作为保障。在汽车零配件流通中,对外协件的质量评价,通常采用抽样检验方法,重要部件必须经过实验台的检测,以保证外协件的质量,这些都需要检测技术的有力支持。

3. 检测与诊断是改进产品性能的重要措施

实施全面质量管理,依靠检测与诊断技术可以发现产品缺陷,在汽车产品设计开发过程中,需要进行大量的力学分析、部件测试、性能测试等多项检测与反复试验,发现问题,改进设计,最终开发出性能优良的产品。对于定性产品,通过检测与诊断,分析缺陷原因,提出改进措施,使产品性能不断提高。

4. 检测与诊断是汽车维护与修理的技术支撑

随着汽车业的发展和汽车年产量的不断增加,汽车维护与修理的任务也逐步加重,传统的人工经验诊断法已远远不能满足现代汽车维修的要求。只有采用现代汽车检测与诊断技术,才能胜任现代汽车维修工作。检测与诊断技术的应用,使汽车检测与诊断从传统定性的经验法上升为现代定量的科学分析法,提高了故障诊断的准确性与效率,保证了汽车维修质量。

5. 检测与诊断促进了汽车维修业的发展

随着现代科学技术的进步,传统的修车方法已无能为力,目前汽车检测与诊断技术已成为汽车维修方法的主流,人们能依靠各种先进的仪器设备,对汽车进行不解体检测,迅速、可靠地判断故障。汽车检测与诊断促进了维修制度的重大变革,已由过去的事后修理转化为现在的视情修理。

1.1.2 汽车检测与诊断的种类和内容

汽车检测与诊断技术包括汽车检测技术和汽车诊断技术,在国外也统称为汽车诊断技术。本书所指的检测技术主要是针对汽车使用性能而言,诊断技术主要是针对汽车故障而言。通过对汽车的检测与诊断,可以在不解体情况下判明汽车的技术状况,为汽车继续运行或进厂(场)维修提供可靠依据。

1. 检测与诊断的种类

1)安全环保检测

对汽车实行定期和不定期安全环保检测,目的是在不解体情况下,建立安全和排放公害监控体系,确保运行车辆具有符合要求的外观、良好的安全性能和合格的尾气排放,安全、高效地运行。

2)综合性能检测

对汽车实行定期和不定期综合性能检测,目的是在不解体情况下,对运行车辆确定其工作能力和技术状况,查明故障或隐患的部位和原因;同时,对车辆实行定期综合性能检测,又是实行"视情修理"维修制度的前提和保障。"视情修理"是以检测诊断和技术鉴定为依据的。没有科学、可靠的依据,就无法确定汽车是继续运行还是进厂修理,更无法视情确定修理范围和深度。

3)故障诊断与维修检测

对车辆进行故障诊断,确定是否修理及修理范围,目的是在汽车不解体条件下,对运行车辆查明故障部位及原因,通过调整和维修排除故障,确保车辆在良好的技术状况下运行。汽车维修前检测的目的是找出汽车技术状况与标准值相差的程度,确定汽车是否需要大修和应采取何种技术措施修复,以实现视情修理;汽车维修中,检测的目的是确认故障部位和原因,提高维修质量和维修效率;汽车维修后检测的目的是检验汽车各种使用性能是否得到恢复,各项指标是否达到技术标准的规定,严格按出厂标准验收,确保维修质量。

2. 检测与诊断的内容

汽车检测技术是近代科学发展、多门学科相互渗透和促进的结果,伴随着汽车技术的发展而发展,是一门应用性很强的专业技术,是研究汽车诊断标准、检测方法、检测手段和检测实施方案等的一门综合性学科。在实施检测过程中包含了对检测对象特性的了解、诊断标准的选择与利用、检测设备的选用、检测设备的校准、检测环境的准备、检测人员的配备、检测方案的实施、检测后数据的分析处理和检测结果的评价等环节。对汽车检测各项内容的正确理解和分析利用,对检测各个环节严格按操作规范和要求进行,是保证检测结果科学、正确的关键,检测环境的准备、检测设备的准备、被检对象的准备是汽车检测工作的前提条件。

汽车诊断技术是研究汽车零件或总成的失效机理和失效过程、收集汽车技术状态数据信息和电压波形特点、利用数学和物理方法进行故障诊断和预测的一门综合应用性学科。在对汽车实施故障诊断时,同样包括对诊断对象的了解与分析、诊断参数的选择与参数评价标准、诊断设备的选择与校准、诊断状态或条件的准备、诊断结果分析与综合评价等过程。汽车故障诊断仍采用人工经验诊断法与仪器设备诊断法相结合、定性分析与定量分析相结合。目前,由于计算机技术的广泛应用,在汽车诊断领域,将大力发展车载自诊断系统和汽车故障诊断专家系统。

1.1.3 汽车检测与诊断的基本方法

1. 人工经验诊断法

人工经验诊断法是通过路试方法和对汽车或总成工作情况的观察,凭借诊断人员丰富的经验和理论知识,利用简单工具以及通过眼看、手摸、耳听等手段,边检查、边试验、边分析，进而对汽车技术状况进行定性分析或对故障部位和原因进行判断的方法。这种诊断方法不需专用仪器设备，可随时随地进行，具有资金投入少、诊断速度快等优点；但对诊断人员的经验依赖性强，要求诊断人员有丰富的实践经验和较高的技术水平，并存在准确性差、无法进行定量分析等缺点。

2. 现代仪器设备诊断法

现代仪器设备诊断法是在不解体情况下，利用专用仪器和设备对汽车、总成或机构进行测试，获取汽车的各种数据，并通过对诊断参数测试值、变化特性曲线、波形等的分析判断，定量确定汽车的技术状况或确定汽车故障部位和原因。其优点是诊断速度快、准确性高、能定量分析；缺点是资金投入较大，需要固定的检测诊断空间及基本设施等。

3. 故障自诊断法

故障自诊断法是指利用汽车电控单元（ECU）的自诊断功能进行故障诊断的方法。即利用监测电路来检测传感器、执行器以及微处理器的各种实际参数，并将其与存储器中的标准数据进行比较，从而判定系统是否存在故障。当判定系统存在故障时，电控单元将故障信息以故障码的形式存入存储器，并向驾驶人发出警示信号。

在实际检测诊断工作中，上述三种方法是相辅相成的。

1.2 汽车常见的检测与诊断设备

1.2.1 汽车检测与诊断的一般仪器和工具

在汽车检测与故障诊断时，人们常常借用一些简单的工具和仪器来达到快速诊断故障的目的。

1. 跨接线

简单的跨接线就是一段多股导线，它的两端分别接有鳄鱼夹或不同形式的插头，它具有多种样式，如图1-1所示。

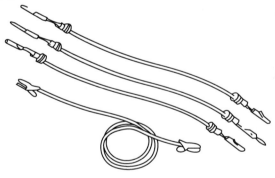

图1-1 跨接线

跨接线虽然简单，但却是非常实用的工具，它起一个旁通电路的作用。如某一电气部件不工作，将跨接线连接在被测部件接线点与车身搭铁之间，此时部件工作说明其搭铁电路开路;如搭铁电路很好,就将跨接线连接在蓄电池正极与被测部件的电源接柱之间,此时部件工作,说明部件电源电路有故障(断路或短路)、如部件仍不工作,说明部件有故障。

2. 测试灯

汽车专用测试灯主要用于汽车线路故障的检查,根据测试灯的亮熄及不同的明暗度来判断汽车线路有无断路、短路和搭铁故障。

汽车专用测试灯有无电源测试灯和自带电源测试灯2种,如图1-2所示。

a)无电源测试灯　　　　　　　　b)自带电源测试灯

图1-2　测试灯

一般试灯可以测电路有没有电,不要拿测试灯测汽车电子控制系统,除非维修手册中有特殊说明。

3. 压力表

压力表用来检测被测系统的压力,常用的压力表有四种:汽缸压力表、真空表、燃油压力表和轮胎气压表。

1)汽缸压力表

汽缸压力表用来测量汽缸压缩终了时汽缸压力的工具,用来判断汽缸密封性能的好坏。根据汽缸压力表的测量范围可分为两种:0~1.4MPa(汽油机)和0~4.9MPa(柴油机);按其接头形式可分为锥形或阶梯形的橡胶接头和螺纹管接头两种,如图1-3所示。

2)真空表

真空表是用于对发动机进气歧管真空度进行检测的工具,如图1-4所示。测量时,把真空表接于节气门的后方,起动发动机,在正常的状态下进行急速运转,即可从真空表中获取其真空数值。如果随意改变节气门的开度(急加速或急减速)就会获取真空度的变化值,根据这些数值的变化,就可分析和判断发动机存在的故障。

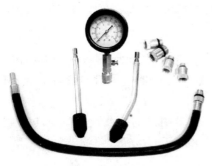　　

图1-3　汽缸压力表　　　　　　　　图1-4　真空表

3)燃油压力表

燃油压力表是用于检测燃油供给和喷射系统油压的专用工具,如图1-5所示。通过检测油压,可以诊断燃油系统是否有故障,并根据测量结果确定故障性质和部位。

4)轮胎气压表

轮胎气压表是用于给汽车轮胎充气、放气、测压的安全性识别工具,如图1-6所示。测量时,将气嘴接头紧压到轮胎气门嘴上,使气门芯被压进,查看表头的读数即为轮胎气压。

图1-5 燃油压力表　　　　　　图1-6 轮胎气压表

4. 汽车专用万用表

汽车万用表是在普通数字式万用表的基础上增加了一些特殊的功能,不仅可以检测电控元器件和电路的电阻、电压和电流,还可以检测发动机转速、闭合角、占空比、频率、压力、时间、电容、温度、半导体元件等项目,并具有自动断电、自动量程变换、波形显示、峰值保留和数据锁定等功能,具有精确度高、功能强大、内阻大和对电子元件无威胁等特点,是一种高阻抗的数字式万用表,如图1-7所示。

1.2.2 汽车检测与诊断专用仪器

随着汽车电子技术的发展,利用简单的仪器已经无法快速诊断出汽车故障,汽车故障诊断专用仪器应运而生。利用这些专用仪器可以迅速读取故障信息,查明故障原因,大大缩短查找和排除故障的时间。

图1-7 汽车专用万用表

1. 汽车专用示波器

万用表和解码器等检测设备,一般只能显示电压峰值、统计值或平均值,且信息的更换比较慢。示波器能改变这一不足,其显示信号的速度比一般电子检测设备快的多,是唯一能即时显示瞬态波形的仪器。

示波器可显示电压随时间变化的波形,是一种多用途的检测设备。汽车专用示波器可用来显示点火波形、电子元器件波形、柴油机高压油管压力波形、喷油器针阀升程波形、进气管真空度波形和异响波形等,可实现快速诊断。

示波器的基本功能是显示电压随时间的变化,除用于观察状态变化外,还可以检测电压、频率和脉冲宽度等。

如果按基本形式分类,示波器可分为模拟式和数字式两种类型,数字式示波器实际上是一台微型计算机,可以编程和自行设定,并能与数据库连接,因而成为一种有效、快捷、方便的检测设备。金涵 ADO102 示波器外观,如图 1-8 所示。

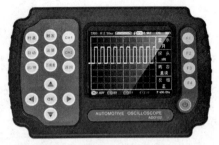

图 1-8　金涵 ADO102 示波器

2. 汽车故障诊断仪

汽车故障诊断仪(又称汽车解码器)是用于检测汽车故障的便携式智能汽车故障自检仪,用户可以利用它迅速地读取汽车电控系统中的故障,并通过液晶显示屏显示故障信息,迅速查明发生故障的部位及原因。朗仁 PS90 柴汽通检测仪外观,如图 1-9 所示。

汽车故障诊断仪是维修中非常重要的工具,一般具有如下几项或全部的功能:①读取故障码。②清除故障码。③读取发动机动态数据流。④示波功能。⑤元件

图 1-9　朗仁 PS90 柴汽通检测仪

动作测试。⑥匹配、设定和编码等功能。⑦英汉辞典、计算器及其他辅助功能。

汽车故障诊断仪带有随机使用手册,按照说明极易操作。一般有以下几步:在车上找到诊断座;选用相应的诊断接口;根据车型进入相应诊断系统;读取故障码;查看数据流;诊断维修之后清除故障码。

3. 发动机综合测试仪

发动机综合测试仪也称发动机综合性能检测仪,可全面检测、分析、判断发动机在各种不同工况下的工作性能及技术参数,能对多种车型所存在的机械及电子故障进行全面的分析诊断,它在汽车综合性能及汽车故障的检测诊断中发挥着重要的作用。博世 FSA740 发动机系统测试仪,如图 1-10 所示。

发动机综合测试仪不仅能检测、分析、判断发动机静、动态的工作性能和技术状况,有的还超出了发动机检测的范畴,增加了对 ABS 防抱死制动装置和 SRS 安全气囊装置等的检测诊断。因此,发动机综合测试仪在汽车综合性能检测中发挥的作用愈来愈大。

大多数分析仪都具有下述功能:

(1)汽油机检测。

(2)柴油机检测。

(3)电控燃油喷射发动机检测。

(4)故障分析。

(5)参数设定。

(6)数字示波器。

图 1-10　博世 FSA740 发动机系统测试仪

1.3 国内外汽车检测与诊断技术的发展

1.3.1 国外发展概况

早在20世纪四五十年代,一些发达国家就研制成功一些功能单一的检测或诊断设备,发展成为以故障诊断和性能调试为主的单项检测诊断技术。进入20世纪60年代后,检测设备应用技术获得较大发展,设备使用率大幅增加,逐渐将单项检测诊断技术连线建站(出现汽车检测站),成为既能进行故障诊断,又能进行性能检测的综合检测技术。随着微机技术的发展,不仅单个检测设备实现了微机控制,而且于20世纪70年代初实现了对全检测线的微机控制,出现了检测控制自动化、数据采集自动化、数据处理自动化、检测结果自动存储并打印的检测效率极高的现代综合检测技术。进入20世纪80年代后,一些先进国家的现代检测诊断技术已达到广泛应用的阶段,不仅社会上的汽车检测站众多,而且汽车制造厂装配线终端和汽车维修企业内部也都建有汽车检测线,给交通安全、环保、节能、降低运输成本和提高运力等方面,带来了明显的社会效益和经济效益。

1.3.2 国内发展概况

我国的现代仪器设备诊断法应用起步较晚。在20世纪六七十年代,有关单位虽然也从国外引进过少量检测设备,国内不少科研单位和企业对检测设备也组织过研制,但由于种种原因,该技术一直发展缓慢。20世纪80年代以后,随着改革开放和国民经济的发展,特别是随着汽车制造业、公路交通运输业的发展和进口车辆的增多,我国机动车保有量迅速增加。车辆增加必然带来一系列社会问题,如何保证这些车辆安全运行、节约能源和降低社会公害,逐渐提到政府有关部门的议事日程上来,因而促进了汽车诊断与检测技术的发展,使之成为国家"六五"期间重点推的项目,并视为推进汽车维修领域实现现代化管理的一项重要技术措施。国家交通部门自1980年开始,有计划地在全国公路运输系统筹建汽车综合性能检测站,取得了很大成绩。国家公安部门在全国中等以上城市中,也建成了许多安全性能检测站。到20世纪90年代初,除交通、公安两部门外,机械、石油、冶金、煤炭、林业和外贸等系统和部分大专院校,也建成了相当数量的汽车检测站。进入21世纪以后,交通、公安两部门的汽车检测站,已建至县市级城市,中国已基本形成全国性的汽车检测网,汽车诊断与检测技术已发展到一定规模。不仅如此,全国各地的汽车维修企业、汽车制造企业使用的检测诊断设备,也日益增多随着公路交通运输企业、汽车维修企业、汽车制造企业和整个国民经济的发展,我国的汽车诊断与检测技术,在今后将会获得进一步发展,而且会取得更加明显的经济效益和社会效益。

1.3.3 汽车检测站

汽车检测站是综合运用现代检测技术,对汽车实施不解体检测、诊断的机构。它具有现代的检测设备和检测方法,能在室内检测出车辆的各种参数并诊断出可能出现的故障,为全面、准确评价汽车的使用性能和技术状况提供可靠依据。

1. 汽车检测站的类型

按照汽车检测站的服务功能,检测站可分为安全检测站、维修检测站和综合检测站三种类型。

1)安全检测站

安全检测站是代表国家的执法机构,不是营利性企业。安全检测站的检测结果往往只有"合格""不合格"两种,而不作具体数据显示和故障分析,因而检测速度快,效率高。安全检测站一般由一条至数条安全环保检测线组成。

2)维修检测站

维修检测站一般由汽车运输企业或汽车维修企业建立,是从车辆维护和修理的角度出发,承担车辆维修前后的技术状况检测,可以检测车辆的主要使用性能并进行故障分析和判断。维修检测站一般由一条至数条综合检测线组成。

3)综合检测站

综合检测站一般由安全环保检测线和综合检测线组成,可以各为一条,也可以各为数条。国内交通系统建成的检测站大多属于综合检测站,一般由一条安全环保检测线和一条综合检测线组成,如图 1-11 所示。

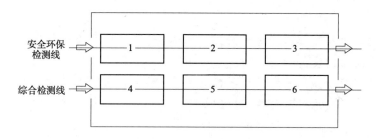

图 1-11 双线综合检测站平面布置示意图

综合检测站按照职能分类,可分为 A 级站、B 级站和 C 级站三种类型。A 级站能全面承担检测站的任务,B 级站能承担在用车辆技术状况和车辆维修质量的检测,C 级站能承担在用车辆技术状况的检测。

2. 检测线的组成和工位布置

1)安全环保检测线

手动和半自动的安全环保检测线,一般由外观检查(人工检查)工位、侧滑制动车速表工位和灯光尾气(废气)工位 3 个工位组成。其中,外观检查工位带有地沟。全自动安全环保检测线既可以由上述 3 个工位组成,也可以由 4 个工位或 5 个工位组成。5 个工位一般包括汽车资料输入及安全装置检查工位、侧滑制动车速表工位、灯光尾气工位、车底检查工位(带有地沟)、综合判定及主控制室工位,如图 1-12 所示。

对于安全环保检测线,不管是 3 个工位、4 个工位,还是 5 个工位,也不管工位顺序如何排列,其检测项目是固定的,因而平均布置成直线通道式,以利于流水作业。

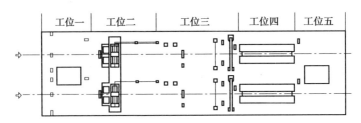

图 1-12　五工位全自动安全环保检测线平面布置图

2）综合检测线

A级站的综合检测线一般由两种类型：一种是全能综合检测线，另一种是一般综合检测线。图1-11所示的综合检测线即为全能综合检测线，它由外观检查及车轮定位工位、制动工位和底盘测功工位组成。这种检测线检测设备多，检测项目全，与安全环保检测线互不干扰，检测效率高，但建站费用也高。

综合检测线上各工位车辆，由于检测诊断的项目不同、深度不一，很难在相同时间内检测完毕。若建成直线通道式，很可能出现前边工位检测量大，后边工位检测量小但又无法逾越的情况，故综合检测线一般为手动式，各工位一般横向布置成尽头式、穿过式或其他形式。

本章小结

本章主要内容包括汽车检测与诊断基本知识、汽车常见的检测与诊断设备和国内外汽车检测与诊断技术的发展。

下列的总体概要覆盖了本章的主要学习内容，可以利用以下线索对所学内容做一次简要的回顾，以便归纳、总结和关联相应的知识点。

1. 汽车检测与诊断的意义和目的

从汽车生产过程控制，外协零部件质量评价，改进产品性能，汽车维护与修理和对维修业的促进作用等五个方面介绍了汽车检测与诊断的意义和目的。

2. 汽车检测与诊断的种类和内容

介绍了安全环保检测、综合性能检测和故障诊断与维修检测等方面的检测。汽车检测主要研究汽车诊断标准、检测方法、检测手段和检测实施方案等；汽车诊断主要根据汽车技术状态数据信息和电压波形特点、利用数学和物理方法进行故障诊断和预测等。

3. 汽车检测与诊断的基本方法

主要介绍了人工经验诊断法、现代仪器设备诊断法和故障自诊断三种汽车检测与诊断的基本方法，介绍了各自的特点和使用局限性。

4. 汽车检测与诊断的一般仪器和工具

主要介绍了跨接线、测试灯、压力表和汽车专用万用表等几种汽车检测与诊断的常用工具的特点和功能等。

5. 汽车检测与诊断专用仪器

介绍了汽车专用示波器、汽车故障诊断仪和发动机综合测试仪等几种汽车检测与诊断专用仪器的特点和主要功能等。

6. 国内外汽车检测与诊断技术的发展

主要介绍了国内外检测与诊断技术的发展现状；实施不解体汽车检测和诊断的主要机构和汽车检测站，以及汽车检测站的类型、组成和工位布置等内容。

自测题

一、单项选择题（下列各题的备选答案中，只有一个选项是正确的，请把正确答案的序号填写在括号内）

1. 汽缸压力表是测量汽缸内（　　）。
   A. 进气终了时汽缸压力　　　　B. 压缩终了时汽缸压力
   C. 做功终了时汽缸压力　　　　D. 排气终了时汽缸压力
2. 用万用表对汽车电控系统检测时，最好使用（　　）。
   A. 汽车专用万用表　　　　　　B. 指针式万用表
   C. 数字式万用表　　　　　　　D. 以上三者都行
3. 对于汽车专用示波器表述错误的是（　　）。
   A. 汽车故障码的检测　　　　　B. 电源及各执行器电压波形的检测
   C. 点火波形测试　　　　　　　D. 传感器波形的检测

二、判断题（在括号内正确打√、错误打×）

1. 汽车检测技术主要是针对汽车故障而言的。（　　）
2. 人工经验诊断法的优点是诊断准确，可进行定量分析。（　　）
3. 测试灯一般不用在对汽车电子控制系统的检测。（　　）
4. 发动机综合测试仪只能用在对发动机系统的检测与诊断。（　　）
5. 安全环保检测线一般布置成直线通道式，以便于流水作业。（　　）

三、简答题

1. 试比较人工经验诊断法和现代设备诊断法各自的优缺点。
2. 汽车故障诊断仪的主要功能有哪些？
3. 简述安全环保检测线的组成与工位布置。

第2章　发动机的检测与故障诊断

导言

本章主要介绍了发动机电控系统的故障自诊断,发动机功率和汽缸密封性的检测,发动机五大系统的检测与故障诊断,发动机异响的检测与诊断等,通过本章学习,力求使学生掌握发动机系统的检测与故障诊断方法。

学习目标

1. 认知目标
(1) 掌握发动机电控系统的故障自诊断方法。
(2) 掌握发动机功率、汽缸密封性的检测方法。
(3) 掌握发动机五大系统的检测与故障诊断方法。
(4) 掌握发动机异响的检测与诊断方法。
2. 技能目标
(1) 能够运用发动机的常用故障检测工具对发动机系统进行检测诊断。
(2) 能够运用发动机的专用检测工具对发动机系统进行检测与诊断。
(3) 熟悉发动机故障诊断的基本流程。
3. 情感目标
(1) 养成良好的职业道德素养。
(2) 培养一丝不苟、严肃认真的工作作风。
(3) 培养学生系统化的分析方法。

2.1　发动机电控系统的检测与故障自诊断

发动机电控系统的检测主要包括传感器、ECU 和执行器的检测;发动机电控故障自诊断系统是指通过自身装备的故障自诊断系统,利用故障码诊断发动机系统的故障。

2.1.1　发动机电控系统的组成

发动机电子控制系统主要由传感器、电子控制单元(ECU)和执行器三大部分组成,如图 2-1 所示。

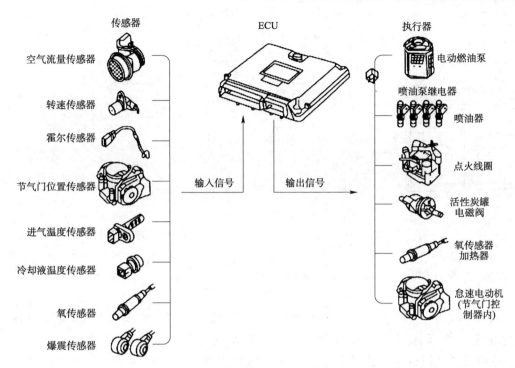

图 2-1　发动机电子控制系统的组成

传感器:采集控制系统所需的信号,并转换成电信号通过线路输送给 ECU。

电子控制单元(ECU):给各传感器提供参考(基准)电压,接受传感器或其他装置输入的电信号,并对所接受的信号进行存储、计算和分析处理后向执行元件发出指令。

执行器:受 ECU 控制,具体执行某项控制功能的装置。

发动机电子控制系统主要包括:电控点火系统(ESA)、电控燃油喷射系统(EFI)、废气再循环控制(EGR)和怠速控制系统(ISC)、进气控制系统等。一般来说将电子控制燃油喷射系统、电子控制点火系统以外的其他控制系统统称为辅助控制系统。要检测和诊断发动机各系统的技术状况和故障,必须首先对发动机电控系统进行基本检查。

2.1.2　发动机电控系统主要传感器的检测

大多数情况下,传感器都是各个发动机电控系统共用的,因此,传感器的检测是发动机电控系统检测与故障诊断的基础。

1. 空气流量传感器的检测

空气流量传感器(也称空气流量计)是电喷发动机的重要传感器之一。它将吸入的空气流量转换成电信号送至电控单元(ECU),作为决定喷油的基本信号之一,是测定吸入发动机的空气流量的传感器。该传感器发生故障时可导致发动机怠速不稳、加速不良等故障。

常见的空气流量传感器按其结构形式可分为叶片(翼板)式、量芯式、热线式、热膜式、卡门涡旋式等几种。图 2-2 所示为丰田 2JZ-FE 型发动机叶片式空气流量传感器电路原理及测量图。

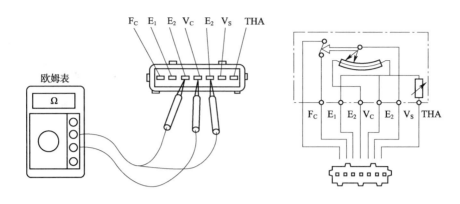

图 2-2 丰田 2JZ-FE 型发动机叶片式空气流量传感器电路原理及测量图

1）电阻检测

电阻检测方法有就车检测和单件检测两种。

（1）就车检测。

点火开关置"OFF"，拔下该流量传感器导线插接器，用万用表 Ω 挡测量插接器内各端子间的电阻。其电阻值应符合表 2-1 所示；如不符，则应更换空气流量传感器。

在叶片式空气流量传感器内，通常还有一电动燃油泵开关 F_C，如图 2-2 所示。当发动机起动运转时，测量片偏转，该开关触点闭合，电动燃油泵通电运转；发动机熄火后，测量片在回转至关闭位置的同时，使电动燃油泵开关断开。此时，即使点火开关处于开启位置，电动燃油泵也不工作。

空气流量传感器内还有一个进气温度传感器，用于测量进气温度，为进气量作温度补偿，其电阻值随温度变化见表 2-1。

叶片式空气流量传感器各端子间的电阻（就车检测）　　表 2-1

端　子	标准电阻（kΩ）	温度（℃）
V_S-E_2	0.2～0.6	—
V_C-E_2	0.2～0.4	—
THA-E_2	10.0～20.0	-20
	4.0～7.0	0
	2.0～3.0	20
	0.9～1.3	40
	0.4～0.7	60
F_C-E_1	无穷大	—

（2）单件检测。

点火开关置"OFF"，从车上拆下空气流量传感器，用万用表测量空气流量传感器测量板不同开度下 F_C-E_1、V_S-E_2 端子间的电阻值，见表 2-2。

叶片式空气流量传感器各端子间的电阻(单件检测)   表2-2

端　子	标准电阻(kΩ)	测量板位置
F_C-E_1	无穷大	全关闭
	0	非关闭
V_S-E_2	0.2~0.6	全关闭
	0.02~1.2	从全关到全开

2)电压检测

用万用表的电压挡检测ECU端的V_C-E_2端子和V_S-E_2端子,其标准电压值如表2-3所示,若无电压,说明空气流量传感器有故障。

丰田2JZ-FE型发动机叶片式空气流量传感器标准电压值   表2-3

端　子	故　障	测量条件		标准电压(V)
V_C-E_2	无电压	点火开关置ON		4~6
V_S-E_2		点火开关置ON	测量板全关	3.7~4.3
			测量板全开	0.2~0.5
		怠速		2.3~2.8
		3000r/min		0.3~1.0

3)波形检测

可用汽车示波器对空气流量传感器的波形进行检测,叶片式空气流量传感器的信号输出波形有两种变化形式:一种是信号电压随着发动机进气量的增大而增大;另一种是信号电压随着发动机进气量的增大而减小,丰田车系多属于后一种。

波形检测时,把示波器的COM测针连接到空气流量传感器的搭铁线上,把CH1测针连接到空气流量传感器的信号线上,关闭发动机所有附件,起动发动机并观测波形的变化。可观测到,怠速工况下,信号电压值约为1V,节气门全开时,信号电压应超过4V,信号波形如图2-3所示。若空气流量传感器为热线热膜式,信号波形如图2-4所示,若空气流量传感器为卡门旋涡式,信号波形如图2-5所示。

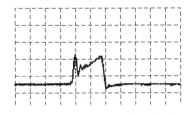

图2-3 叶片式空气流量传感器输出信号变化波形图

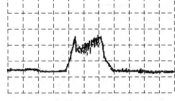

图2-4 热线式空气流量传感器输出信号变化波形图

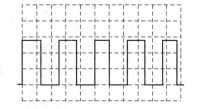

图2-5 卡门旋涡式空气流量传感器输出信号变化波形图

可以看出,叶片式和热线式空气流量传感器是模拟信号波形,信号电压是逐渐增加的;卡门旋涡式空气流量传感器是数字信号波形,信号电压的变化是通过信号频率来反映的。

2. 进气压力传感器的检测

测量空气量有两种形式,一种是 L 型,直接测量进入发动机的进气量,比如热线/热膜式空气流量传感器;另一种是 D 型,间接测量进入发动机的进气量,比如进气压力传感器,把进入汽缸的空气压力信号转变成电信号传输给 ECU,ECU 根据进气歧管压力大小通过运算得知进入发动机的空气量的多少。进气压力传感器发生故障可导致发动机怠速不稳。

进气压力传感器种类较多,有压敏电阻式、电容式等。由于压敏电阻式具有响应时间快、检测精度高、尺寸小且安装灵活等优点,因而被广泛用于 D 型喷射系统中。

半导体压敏电阻式的进气压力传感器的结构如图 2-6 所示。它由硅膜片、集成电路、滤清器、真空室和壳体组成。硅膜片是基于压电效应工作,一面是真空室,另一面是进气压力;集成电路是放大装置,与 ECU 相连。

发动机工作时,从进气管过来的进气流量越大,进气管压力就越高,硅膜片变形就越大,输出的信号电压值也就越大,集成电路将放大后的信号电压传送给 ECU,作为计算进气量的依据。传感器输出的信号电压具有随进气歧管绝对压力的增大呈线性增大的特点。

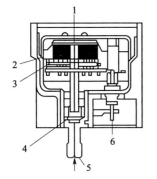

图 2-6 进气压力传感器的构造
1-硅膜片;2-真空室;3-集成电路;4-滤清器;5-进气端;6-接线端

半导体压敏电阻式的进气压力传感器的常见故障现象是:硅膜片损坏、真空导入管内部或接头漏气、集成电路损坏等。接线端子与测量电路如图 2-7 所示。

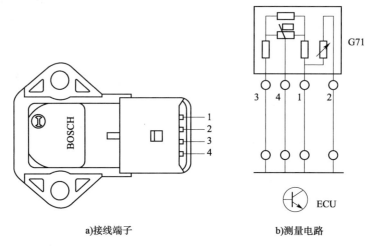

a)接线端子　　　　　　b)测量电路

图 2-7 接线端子与测量电路
1-搭铁;2-进气温度信号;3-5V 电源电压;4-进气压力信号

1)电源电压检测

点火开关置"ON",用万用表检测传感器 3 号电源端子的电压值,测量值应为 5V 左右,若没有电压,故障可能在 3 号端子至 ECU 的供电线上或者 ECU 有故障。

2)信号电压检测

点火开关置"ON",发动机不运转,用万用表检测传感器 4 号进气压力信号端子的电压值,测量值应为 3.8~4.2V;若发动机怠速运转,测量值应为 0.8~1.3V;加大节气门开度,信号电压测量值应随节气门的开度增大而增大。

3)信号波形检测

用汽车示波器对进气压力传感器的波形进行检测,把示波器的 COM 测针连接到传感器的 1 号搭铁线上,把 CH1 测针连接到传感器 4 号进气压力信号线上,关闭发动机所有附件,起动发动机并观测波形的变化。怠速稳定后,进行加速和减速试验,信号电压值应在 1.4~4.5V 之间变化,如图 2-8 所示。

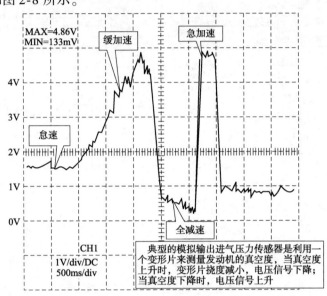

图 2-8　进气压力传感器信号波形

3. 冷却液温度传感器的检测

冷却液温度传感器安装在发动机缸体或缸盖的水套上,与冷却液直接接触,用于测量发动机的冷却液温度。冷却液温度表使用的温度传感器是一个负温度系数的热敏电阻,其阻值随温度升高而降低。

如图 2-9 所示为丰田皇冠 3.0 汽车 2JZ-GE 发动机冷却液温度传感器的电路图,一根导线是信号线,另一根导线为搭铁线。冷却液温度传感器的常见故障有接触不良和热敏元件性能变化等。

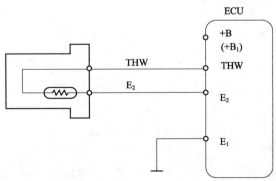

图 2-9　丰田 2JZ-GE 发动机冷却液温度传感器电路图

1)电压检测

ECU 的 THW 端子与 E_2 端子在 80℃ 应有 0.2~1.0V 的电压。如无电压,说明冷却液温度传感器有故障。

2)电阻检测

拆下蓄电池负极接头,放出发动机冷却液,脱开冷却液温度传感器导线连接器,从发动机上拆下冷却液温度传感器,用汽车万用表电阻挡在不同冷却液温度条件下测量其电阻值。

如图 2-10a)所示。测得的电阻值应在图 2-10b)两条曲线之间。如果电阻值在两条曲线之外,应更换冷却液温度传感器。

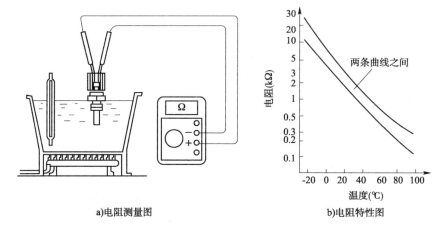

a)电阻测量图　　b)电阻特性图

图 2-10　丰田 2JZ-GE 发动机冷却液温度传感器电阻测量图

4. 节气门位置传感器的检测

节气门位置传感器又称为节气门开度传感器或节气门开关。主要作用是检测发动机是处于怠速工况还是负荷工况,是加速工况还是减速工况。它实质上是一只可变电阻器和几个开关,安装于节气门体上。可变电阻型节气门位置传感器及电路图如图 2-11 所示。

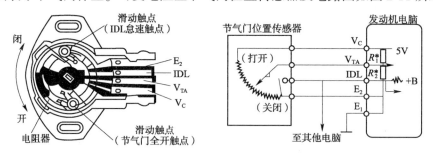

图 2-11　可变电阻型节气门位置传感器及电路图

可变电阻式节气门位置传感器的常见故障是:传感器电位器滑片与电阻接触不良、怠速触点接触不良等。故障现象一般为怠速不稳,加速不良。

1)怠速触点导通性检测

用万用表检测怠速触点 IDL-E_2 之间的电阻值。节气门全开时,怠速触点 IDL-E_2 之间的电阻值应为无穷大;节气门全关时,怠速触点 IDL-E_2 之间的电阻值应为 0。

2）电阻检测

用万用表检测信号端子 V_{TA}-E_2 之间和电源端子 V_C-E_2 之间电阻值，应符合表2-4规定。

节气门位置传感器端子间的电阻值　　　　表2-4

端　子	电阻值（kΩ）	条　件
V_{TA}-E_2	0.21～0.36	节气门全关
	4.8～6.3	节气门全开
V_C-E_2	3.1～7.2	—

3）电压检测

点火开关置"ON"，用万用表检测怠速触点 IDL-E_2 之间、信号端子 VTA-E_2 之间和电源端子 V_C-E_2 之间电压值，应符合表2-5规定。

节气门位置传感器端子间的电压值　　　　表2-5

端　子	标准电压（V）	条　件
IDL-E_2	9～14	节气门开
V_C-E_2	4.0～5.5	—
VTA-E_2	0.4～0.8	节气门全关
	3.8～4.5	节气门全开

4）信号波形检测

点火开关置"ON"，发动机不起动，用示波器检测节气门位置传感器输出信号波形，慢慢踩下加速踏板，节气门从全关到全开，然后慢慢松开加速踏板，节气门返回至全关状态，节气门开度信号电压应随着节气门开度的增大而增大。其输出电压波形如图2-12所示。

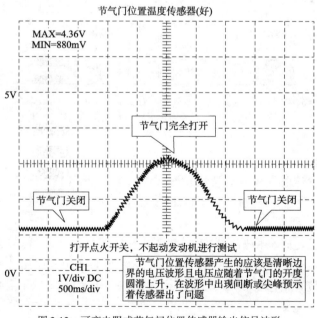

图2-12　可变电阻式节气门位置传感器输出信号波形

5. 曲轴位置传感器的检测

曲轴位置传感器是喷射和点火系统的重要传感器。发动机 ECU 是通过曲轴位置传感器感知曲轴(或活塞)运行位置与发动机转速信息的,所以它可以控制喷油、计算每循环喷油量和控制点火时刻。它通常安装在曲轴前端、凸轮轴前端、飞轮上或分电器内。

曲轴位置传感器主要有三种类型:磁电式、霍尔效应式和光电式。下面以丰田皇冠3.0型 2JZ-GE 型发动机曲轴位置传感器为例,介绍其检测方法,传感器电路图如图 2-13 所示。

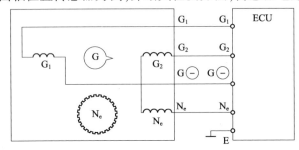

图 2-13　丰田 2JZ-GE 发动机曲轴位置传感器电路图

曲轴位置传感器的常见故障是:传感器插接器或内部短路或接触不良;感应线圈断路或短路;传感器安装松动或间隙不合适。

1)电阻检测

用万用表检测传感器 N_e、G_1 和 G_2 三个信号端子与搭铁端之间的电阻,测量值应符合表 2-6 规定。

曲轴位置传感器端子间的电阻值　　　　表 2-6

端　子	条件	电阻值(Ω)	端　子	条件	电阻值(Ω)
G_1-G-	冷态	125~200	G_1-G-	冷态	155~250
	热态	160~235		热态	190~290
G_2-G-	冷态	125~200			
	热态	160~235			

2)传感器绝缘性检测

用万用表检测信号正极、信号负极和屏蔽端子之间的电阻,应为∞,否则,说明传感器线圈绝缘不良或搭铁短路。

3)信号波形检测

磁电式曲轴位置传感器由永磁感应检测线圈和转子(正时转子和转速转子)组成,输出的是模拟交流电压信号,信号波形为正弦波,波形幅值和波形频率随转速升高而升高,正常的信号波形如图 2-14 所示。

光电式曲轴位置传感器由信号发生器和带光孔的信号盘组成,信号盘上有光孔,曲轴旋转时产生透光和遮光交替变化现象,再利用信号发生器上的光电作用,产生交替变化的方波电压。霍尔式曲轴位置传感器由霍尔元件、永久磁铁和带有缺口的叶轮组成,随着叶轮的旋转,利用霍尔效应,在电路中产生交替变化的方波电压信号。光电式和霍尔式曲轴位置传感器输出的波形幅值不变,而波形的频率随着转速的变化而变化,如图 2-15 所示。

图2-14 磁电式曲轴位置传感器波形

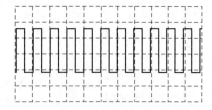
图2-15 光电式和霍尔式曲轴位置传感器波形

6. 爆震传感器的检测

爆震传感器一般安装在发动机缸体上,发动机发生爆震时,爆震传感器把发动机的机械振动转变为信号电压送至ECU。ECU根据其内部事先储存的点火及其他数据,及时计算修正点火提前角,去调整点火时间,防止爆震的发生。

爆震传感器也有多种类型。常见的有压电式和磁电式两大类,如图2-16和图2-17所示。

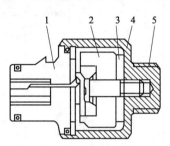

图2-16 压电式爆震传感器

1-插接器;2-平衡块;3-压电元件;4-外壳;5-安装螺纹

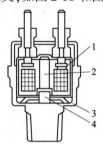

图2-17 磁电式爆震传感器

1-线圈;2-铁芯;3-外壳;4-永久磁铁

爆震传感器的常见故障是:内部元件损坏、内部元件接触不良或搭铁等。

1)电阻检测

如图2-18所示为爆震传感器电路。检测时,关闭点火开关,拔出传感器插头,用万用表检测传感器1号与2号端子间的电阻,测量值应大于1.0MΩ。爆震传感器的三个端子之间不应有断路(电阻∞)与短路(电阻为0)的现象。

2)电压检测

发动机怠速运转时,信号电压在0.3~1.4V之间变化;高速和大负荷工况下,信号电压可达到5.1V。

3)波形检测

点火开关置"ON",发动机不运转,用橡皮锤敲击发动机缸体或缸盖,用汽车示波器可检测到类似正弦波的交流电压信号。敲击越重,波形振幅和频率越大。如图2-19所示为爆震传感器检测到的一个短暂的爆震信号。

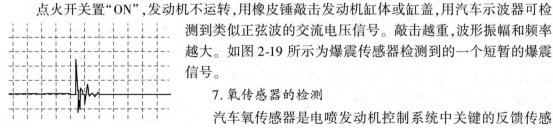

图2-18 爆震传感器电路

图2-19 爆震传感器敲击信号波形

7. 氧传感器的检测

汽车氧传感器是电喷发动机控制系统中关键的反馈传感器,是控制汽车尾气排放、降低汽车对环境污染、提高汽车发动机燃油燃烧质量的关键零件,氧传感器有二氧化锆和二氧化钛两种。

氧传感器的常见故障是:铅中毒、积炭、内部线路接触不良或电路短路、断路等。

1)外观检查

从排气管上拆下氧传感器,检查传感器外壳上的通气孔有无堵塞,陶瓷芯有无破损。如有破损,则应更换氧传感器。

通过观察氧传感器顶尖部位的颜色也可以判断故障:

(1)淡灰色顶尖:这是氧传感器的正常颜色。

(2)白色顶尖:由硅污染造成的,此时必须更换氧传感器。

(3)棕色顶尖:由铅污染造成的,如果严重,也必须更换氧传感器。

(4)黑色顶尖:由积炭造成,排除积炭原因后,一般可自动清除氧传感器上的积炭。

2)氧传感器加热器电阻的检测

关闭点火开关,拔下氧传感器的导线连接器,用万用表 Ω 挡测量氧传感器接线端中加热器端子 1 和 2 间(图2-20)的电阻,其电阻值应符合标准值(一般为 4~40Ω;具体数值参见具体车型说明书)。如不符合标准,应更换氧传感器。

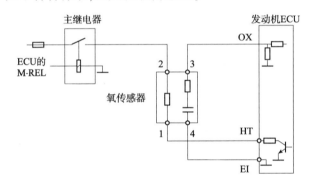

图 2-20 氧传感器电路图

3)氧传感器反馈电压的检测

(1)将发动机热车至正常工作温度(或起动后以 2500r/min 的转速连续运转 2min)。

(2)用万用表的正负表笔分别接氧传感器线束插头 3 号和 4 号端子上的引出线,测得数值即为氧传感器的反馈电压。

(3)让发动机以 2500r/min 左右的转速保持运转,同时检查电压表指针能否在 0~1V 之间来回摆动,记下 10s 内电压表指针摆动次数。在正常情况下,随着反馈控制的进行,氧传感器的反馈电压将在 0.4V 上下不断变化,10s 内反馈电压的变化次数应不少于 8 次。

(4)若电压表指针在 10s 内的摆动次数等于或多于 8 次,则说明氧传感器及反馈控制系统工作正常;电压表指针若在 10s 内的摆动次数少于 8 次,则说明氧传感器或反馈控制系统工作不正常,可能是氧传感器表面有积炭而使灵敏度降低,此时应让发动机以 2500r/min 的转速运转约 2min,以清除氧传感器表面的积炭;若电压表指针变化依旧缓慢,则为氧传感器损坏或 ECU 反馈控制电路有故障。

4)信号波形检测

发动机预热后,先怠速运转 20s,然后将加速踏板从怠速加速至节气门全开 5~6 次,输出信号波形应如图 2-21 所示,否则应更换氧传感器。

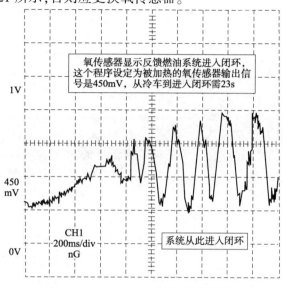

图 2-21　氧化锆氧传感器输出信号波形

2.1.3　发动机电控系统故障自诊断

1. 自诊断系统简介

1) 自诊断系统工作原理

OBD-Ⅱ(On-Board DiagnosticⅡ)是目前普遍采用的故障自诊断系统。通过此系统,ECU 可实时监控系统中的故障,当故障发生时,ECU 会以故障码的形式自动存储故障,同时发出警示信号。维修人员在诊断故障时,可从 ECU 的存储器中提取故障码,方面诊断并排除故障。

2) 自诊断系统的故障诊断插座

OBD-Ⅱ 车载诊断系统采用了统一的 16 脚标准诊断插座,采用了统一的故障码及含义,因此可以用同一仪器对不同车型进行检测和故障诊断。16 针脚的故障诊断插座一般安装在发动机舱内和驾驶室仪表板的下方,如图 2-22 所示。

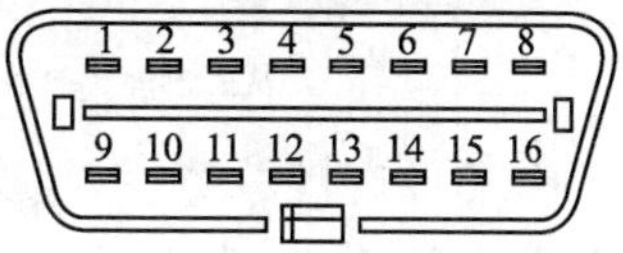

在 OBD-Ⅱ 诊断插座中,共有 7 个关键的端子,分别是电源端子、搭铁端子和资料传输端子。OBD-XⅡ 诊断插座中的其他 9 个端子是为汽车生产厂家根据需要选用的端子。各端子代码及含义见表 2-7。

图 2-22　OBD-Ⅱ 诊断插座

OBD-Ⅱ诊断插座各端子代码及含义　　　　　表 2-7

端子代号	含　义	端子代号	含　义
1	供制造厂使用	5	信号回路搭铁
2	SAE – J1850 资料传输	6	供制造厂使用
3	供制造厂使用	7	ISO – 9141 资料传输
4	车身搭铁	8	供制造厂使用

续上表

端子代号	含 义	端子代号	含 义
9	供制造厂使用	13	供制造厂使用
10	SAE – J1850 资料传输	14	供制造厂使用
11	供制造厂使用	15	ISO – 9141 资料传输
12	供制造厂使用	16	接蓄电池正极

3) 自诊断系统的故障警示方式

故障自诊断系统一般通过设置在仪表板上报警灯的闪亮来向驾驶人报警。在装有显示器的汽车上,也有直接用文字来显示报警内容的。生产厂家和车型不同,报警方式也会不同。

发动机报警灯显示故障的方式如下:

大多数汽车在组合仪表板上设有发动机报警灯,用于故障报警和就车显示诊断代码。发动机起动前点火开关打开时,该灯应点亮。不亮,说明灯或灯的电路有问题。发动机起动后当转速高于 500r/min 时,该灯应熄灭,说明发动机无故障;如果该灯继续点亮或在运行中点亮,说明 ECU 检测到电控系统出现了故障,并以此方式向驾驶人发出报警信号,使驾驶人知道发动机出现了故障。另外,还能通过该灯以不同频率的闪烁,将微机存储器中存储的诊断代码调出,以便检修人员就车读取诊断代码,诊断、排除故障。故障排除后,通过消除诊断代码,该灯才不再点亮。

2. 故障自诊断系统的处理程序

1) 发现故障

输入到微处理器的电平信号,在正常状态下有一定的范围,如果此范围以外的信号被输入时,ECU 就会诊断出该信号系统处于异常状态下。例如,发动机冷却液温度信号系统规定在正常状态时,传感器的电压为 0.08 ~ 4.8V,超出这一范围即被诊断为异常。如果微机本身发生故障则由设有紧急监控定时器的时限电路加以监控;如果出现程序异常,设有紧急监控定时器的时限电路会使其停止工作,以便采用微机再设置的故障检测方法。

2) 故障分类

当微机工作正常时,通过诊断程序检测输入信号的异常情况,再根据检测结果分为不导致障碍的轻度故障、引起功能下降的故障以及重大故障等。并且将故障按重要性分类,预先编辑在程序中,当微机本身发生故障时,则通过 WDT 进行重大故障分类。

3) 故障报警

一般通过设置在仪表板上报警灯的闪亮来向驾驶人报警。在装有显示器的汽车上,也有直接用文字来显示报警内容的。

4) 故障存储

当检测故障时,在存储器中存储故障部位的代码,一般情况下,即使点火开关处于断开位置,微机和存储部分的电源也保持接通状态而不致使存储的内容丢失。只有在断开蓄电池电源或拔掉熔断丝时,由于切断了微机的电源,存储器内的故障代码才会被自动消除。

5）故障处理

在汽车运行过程中如果发生故障,为了不妨碍正常行驶,由微机进行调控,利用预编程序中的代用值进行计算以保持基本的行驶性能,待停车后再由车主或维修人员进行相应的检修。

3．故障自诊断系统的局限性

1）电源系统产生故障时

包括蓄电池、熔断丝、点火开关、开关信号 IGSW、主继电器、M-REL 中继信号及连接线路等组成的电源系统,因多种原因产生断路、短路故障,使发动机无法起动或汽车无法正常运行时,电脑 ECU 本身的主工作电源往往也处于无电状态而无法取得任何传感信号与执行反馈信号,更无法利用自诊断系统判断故障的准确部位。

2）在有故障反馈或无故障反馈的传感器与执行器

产生完全或部分故障时,自诊断系统不能准确判断轿车发动机点火系统,点火模块连续六次没有点火反馈信号,IGF 输送到 ECU 后,通过自诊断系统可调出故障代码,它只是能反映从分电器到 ECU 之间的 IGF 线路断路或者短路,以及 ECU 对点火模块的 IGT 控制信号不正常,而点火模块因各种原因产生的对点火线圈的控制信号失常,以及与火花塞跳火有关的所有点火高压电路故障却是不能通过故障自诊断系统判断出来的。典型的部位或装置还有起动控制线路与起动机、发电机、热敏时控开关、冷起动喷油器、氧传感器、爆震传感器、怠速控制阀、电控点火系统的高压电路(点火线圈、高压线、配电器、火花塞)等。

3）对各种机械故障,自诊断系统起不到诊断作用

当汽车上各总成或机构中各种零件产生大量的自然磨损、变形、老化、损伤、疲劳、腐蚀时,自诊断系统也不能起到诊断的作用。例如：

(1) 发动机：配气相位失常、汽缸压力下降、空气与燃油供给系统密封不良等。

(2) 自动变速器：行星齿轮机构工作失常；液压控制系统堵塞、渗漏、压力不正确、各种阀门工作不良、换挡执行器运动不良等；液力变矩器的泵轮、涡轮和锁定离合器的故障等。

(3) 电控执行器：怠速控制阀、喷油器、燃油泵等因机械磨损等产生的各种功能故障。

2.2 发动机功率的检测

发动机输出的有效功率是指发动机输出轴上发出的功率,是发动机的综合性能评价指标。通过检测,可掌握发动机的技术状况,确定发动机是否需要大修或鉴定发动机的维修质量。发动机功率检测是汽车不解体检测中最基本的检测项目。

2.2.1 发动机功率检测方法

根据外界提供阻力矩的性质,发动机功率测量方法可分为有负荷测功和无负荷测功。也称为稳态测功和动态测功。

1．稳态测功

稳态测功是指发动机在节气门开度一定、转速一定和其他参数都保持不变的稳定状态

下在测功器上测定发动机功率的一种方法。利用发动机的负荷特性:节气门开度不变时,要保持发动机转速不变,必须对曲轴施加一定的负荷,因此,稳态测功又可称为有负荷测功或有外载测功。

测功时,外界提供稳定的制动负载来平衡发动机的输出转矩,此时发动机转速维持不变,因此,有负荷测功也称稳态测量发动机的输出转矩和转速。下式为发动机有效功率的计算公式:

$$P_e = \frac{M_e \cdot n}{9549} \tag{2-1}$$

式中:P_e——发动机有效功率,kW;
　　　n——发动机转速,r/min;
　　　M_e——发动机输出转矩,N·m。

稳态测功特点:测试结果准确;需要专门的测功设备给发动机加载;试验时间长,测试费用高。适用于发动机设计、制造和院校科研部门的性能试验。

2. 动态测功

动态测功是指发动机在节气门开度和转速等参数均处于变动的状态下,测定发动机功率的一种方法。动态测功时无须对发动机施加外部载荷,因此,又称为无负荷测功或无外载测功。

无负荷测功时外界负载为零,只利用曲轴飞轮等旋转件的惯性力矩来平衡发动机的输出转矩,此时发动机转速必须变化,因此,无负荷测功也称动态测功。

动态测功是指发动机在低速运转时,突然全开节气门或置供油齿杆位置为最大,使发动机加速运转,用加速性能直接反映最大功率。动态测功不须把发动机从车上拆下,可实现就车不解体检测。这种方法不加负荷,可在实验台上进行,也可就车进行,但测量精度比稳态测功要差。

动态测功特点:所用仪器轻便,价格便宜;测功速度快,方法简单;测功精度低;适用于汽车维修企业、检测站和交通管理部门。

2.2.2　发动机无负荷功率检测

从汽车上卸下发动机时,将耗费时间和劳力,并增加汽车的停歇时间。另外配合件的拆装,不仅导致原走合面的改变,并且会造成密封件和连接件的损坏,同时将大大缩短机构的工作寿命。发动机无负荷测功,可以在不拆卸发动机的情况下,快速测定发动机的功率。

1. 发动机无负荷测功的原理

发动机无负荷测功仪不需外加负载装置,其测量原理是:对于某一结构的发动机,它的运动件的转动惯量可以认为是一定值,这就是发动机加速时的惯性负载,因此,只要测出发动机在指定转速范围内急加速时的平均加速度,即可得知发动机的动力性能。或者说通过测量某一定转速时的瞬时加速度,就可以确定出发动机的功率大小。瞬时加速度愈大,则发动机功率愈大。

测加速度:测量节气门开度变化时发动机的加速度。加速度越大发动机功率性越好,反之亦然;测量加速度可以间接得到瞬时功率,一般通过稳态测功与动态测功对比实验才可间接得出结果,实验比较复杂,此方法使用较少。

测加速时间:测量节气门开度变化时发动机从低速加速到高速所用的时间。可间接得到平均功率,平均功率与发动机加速时间成反比,即加速时间越短发动机功率性越好,反之亦然,此方法常用。

测量加速时间的方法有怠速加速法和起动加速法两种。

1) 怠速加速法

起动发动机→预热→怠速稳定转速→节气门突然全开(急踩加速踏板)→发动机加速到低转速 n_1(计时开始)→高转速 n_2(计时结束)→测量加速时间。

注意:

(1) 发动机达到规定转速后,应立即松开加速踏板,以避免发动机长时间高速运转。

(2) 为保证测试结果可靠,一般重复测量 3 次取其平均值。

(3) 以上方法既适用于汽油机,又适用于柴油机。

2) 起动加速法

起动发动机,当节气门全开时,直接进入加速状态并计时。由于电控发动机当节气门全开时断油,无法起动发动机,所以此方法适用于化油器式发动机。特点:可避免因迅猛加速操作发动机引起的误差,排除化油器式汽油机加速泵附加供油作用的影响。

3) 使用注意事项

(1) 发动机当量转动惯量 J 值要准确。仪器生产厂家提供的 J 值多为发动机台架试验测得,试验时通常不带风扇和空气滤清器,与就车测试时不同。因此,必须使用有关部门提供的就车测试的发动机当量转动惯量 J 值。

(2) 发动机加速区间的转速 n_1、n_2 的选取要适当。通常起始转速 n_1 高于发动机怠速转速,终止转速 n_2 取额定转速。

(3) 检测时,踩加速踏板的速度和力度要均匀,重复性要好。

(4) 无负荷测功的结果仅是发动机动力性的一个方面,不能全面评价发动机的动力性。

(5) 无负荷测功的精度不高,作为发动机维修后的质量判断较为有效。

2. 发动机无负荷测功方法

进行无负荷测功时,首先使发动机与传动系分离,并使发动机的温度与转速达到规定值,然后把传感器装入离合器壳的专用孔中,快速打开节气门(汽油机),使发动机加速,此时功率表便可显示被测发动机的功率。为了取得较准确的测量值,可重复试验几次,取平均值。

无负荷测功仪可以测定发动机的全功率,也可测定某一汽缸的功率,测量时,断开某一缸的点火或高压油路测得的功率和全功率比较,二者之差即为该缸的单缸功率。各单缸功率进行对比,可判断各缸技术状况(主要是磨损情况)。

2.2.3 无负荷测功仪的使用

无负荷测功仪既可以制成单一功能的便携式测功仪,又可以和其他测试仪表组合成为台式发动机综合测试仪。便携式测功仪一般都制作的比较小巧,便于携带,使用时与发动机连接也非常方便,更有些便携式测功仪可以实现无线连接,如图2-23所示为便携式无负荷测功仪,使用方法如下。

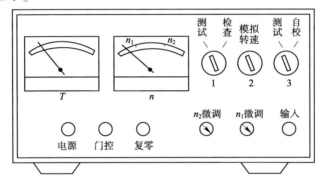

图2-23 便携式无负荷测功仪面板图

1. 仪器自校、预热

按使用说明书,仪器预热0.5h,然后进行自校(其面板图如图2-23所示)。把计数检查旋钮1拨向"检查"位置,左边时间(T)表头指针1s摆动一次。把旋钮1拨向"测试"位置,把旋钮3拨向"自校"位置,再缓慢旋转"模拟转速"旋钮2,注意转速(n)表头指针慢慢向右偏转(模拟增加转速)。当指针偏转至起始转速 n_1 = 1000r/min 位置时,门控指示灯即亮。继续增加模拟转速至 n_2 = 2800r/min 时,"T"表即指示出加速时间,以表示模拟速度的快慢。按下"复零"按钮,仪器表针回零,门控指示灯熄灭,表示仪器调整正常。否则,微调 n_1、n_2 电位器。

2. 预热发动机,并与仪器联机

预热发动机至正常工作温度(85~95℃),并使发动机怠速正常。变速器空挡,然后把仪器的传感器按要求连接在发动机规定部位,如系带拔天线的袖珍式无负荷测功仪,应拔出天线,以便收取发动机运转时的点火脉冲信号。

3. 测加速时间

操作者在驾驶室内迅速地把加速踏板踩到底,发动机转速猛然上升,当"T"表指针显示出加速时间(或功率)时,应立即松开加速踏板,切忌发动机长时间高速空转。记下读数,仪器复零。重复操作三次,读取平均值。

不少无负荷测功仪还配备有检测柴油机的传感器,以便对柴油机的功率进行检测。

4. 各缸功率均衡性检测

各缸功率均衡性是判断发动机技术状况的另一个重要指标,是发动机检测诊断的一个重要内容。各缸功率均衡性可通过单缸功率检测和单缸断火后转速变化的检测来评价。

当测得发动机有效功率较小时,测试发动机的单缸功率,可以发现引起发动机动力性下降的具体原因和部位。

1)单缸功率检测

首先测出各缸都工作时的发动机功率,然后在某汽缸断火(高压短路或柴油机输油管断开)情况下,再测量发动机功率。两功率之差即为断火汽缸的单缸功率。

采用将各缸轮流断火的方法,测试发动机各单缸功率,可以判断各缸技术状况是否良好。

各缸单缸功率相同,则说明发动机各缸功率均衡性好;若某缸断火后,测得的功率没有变化,则说明其单缸功率为零,该缸不工作;若发动机单缸功率偏低,则一般是该缸高压线、分线插座或火花塞技术状况不佳、汽缸密封性不良所致。

2)单缸断火后转速变化的检测

发动机在一定转速下运行时,若某缸突然断火,则发动机的指示功率减少,导致克服原转速的摩擦功率不够,从而使发动机重新平衡运转的转速降低。因此,可以利用在单缸断火情况下测得的发动机转速下降值,来评价各缸的工作状况。

当某缸断火或断油后,发动机依旧以原来的转速运转或转速下降幅度不大,则说明该缸不工作或工作状况不良。

检测时,单缸断火后的转速下降值应符合诊断标准,且要求最高和最低下降值之差不大于转速下降平均值的30%。

5. 诊断标准

根据国家标准《机动车运行安全技术条件》(GB 7258—2017),在用车发动机功率不得低于原额定功率的75%;根据国家标准《汽车修理质量检查评定方法》(GB/T 15746—2011),大修后发动机功率不得低于原额定功率的90%。

6. 检测结果分析

根据测定结果进行分析,对发动机技术状况作出判断。

(1)若发动机功率偏低,系燃油供给系调整状况不佳,点火系技术状况不佳,应对油、电路进行调整。若调整后功率仍低时,应结合汽缸压力和进气歧管真空度的检查,判断是否是机械部分故障。

(2)对个别汽缸技术状况有怀疑时,可对其进行断火后再测功,从功率下降的大小,诊断该缸的工作情况。也可利用在单缸断火情况下测得的发动机转速下降值,来评价各缸的工作情况。

(3)发动机功率与海拔高度有密切关系,无负荷测功仪所测结果是实际大气压力下的发动机功率,如果要校正到标准大气压下的功率,应乘以校正系数。

2.3 汽缸密封性的检测

汽缸活塞组的技术状况与汽缸的密封性密切相关,汽缸密封性的检测主要包括汽缸压缩压力的检测、汽缸漏气量和汽缸漏气率的检测、曲轴箱窜气量的检测、进气管真空度的检测,其中以汽缸压缩压力的检测和进气管真空度检测较为普遍。

2.3.1 汽缸压缩压力的检测

汽缸压缩压力是指活塞处于压缩终了上止点位置时汽缸内压缩气体的压力值。对于汽缸压缩压力的检测,主要有汽缸压力表检测法和发动机综合性能分析仪检测法。

1. 汽缸压力表检测法

汽缸压力表操作简单,使用方便,得到了广泛的应用。

1) 检测条件

(1) 蓄电池需充满电。

(2) 发动机应运转至正常工作温度后停机。

(3) 拆下空气滤清器并吹净火花塞及喷油器周围。

(4) 拆下全部火花塞。

(5) 节气门至全开位置。

(6) 拆下点火线圈插头及油泵继电器。

2) 检测步骤

(1) 把缸压表的螺纹管接头拧在火花塞上。

(2) 起动机带动曲轴旋转 3～5s,指针稳定后读取数值。

(3) 每个汽缸测量至少两次,测量结果取其算术平均值。

(4) 安装上述方法依次测量各个汽缸的缸压值,并记录数值。

(5) 检测完毕后,恢复至初始状态,注意安装火花塞时需按标准拧紧力矩拧紧火花塞。

2. 发动机综合性能分析仪检测法

发动机汽缸压缩压力是标志气阀和活塞密封性是否优良的指标,在发动机不解体的情况,不易得到其具体参数,只能通过检测起动电流来检测相对汽缸压缩压力的变化量,对各缸压缩压力的均衡性进行判断。

下面以元征 EA-1000 型发动机综合性能分析仪为例,介绍汽缸压缩压力的检测方法。

1) 仪器连接

检测之前,须将大电流钳拾取器夹在与蓄电池相连的电动机电流线上(大电流钳拾取器箭头的指向应与电流的流向相同),将蓄电池电压拾取器的红夹、黑夹分别夹在蓄电池的正、负极,将一缸信号适配器夹在一缸高压线上。

2) 操作说明

(1) 在"汽油机性能检测"菜单中,单击"相对汽缸压缩压力"按钮,进入测试界面。

(2) 单击"测试"按钮("测试"按钮被单击后即变为"停止",若想停止该项操作,再单击此按钮即可)系统进入测试状态;如汽车已经起动,则会弹出对话框,提示先关闭发动机。

(3) 起动发动机,分析仪自动发出全部断油指令,仪器屏幕显示出起动电流、发动机转速,同时绘制出起动电流曲线和相对汽缸压力的柱方图,从而检测出各缸的压缩压力及其变化量,如图 2-24 所示。

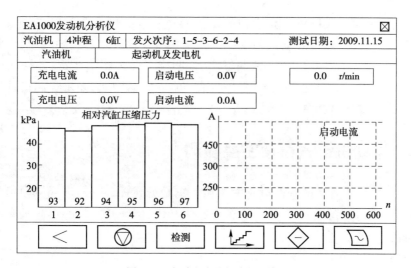

图 2-24 起动电流及起动电压检测

(4) 根据需要可打印出测试结果。

3. 诊断标准

诊断标准《汽车修理质量检查评定方法》(GB/T 15746—2011)的规定:在正常工作温度下,汽缸压缩压力应符合原设计规定;其压力差汽油机应不超过各缸平均压力的5%,柴油机应不超过8%。

4. 检测结果分析

1) 当汽缸压缩压力的检测值低于标准值时

根据润滑油具有密封作用的特点,用下述方法确定导致汽缸密封性不良的原因。

由火花塞或喷油器孔注入适量(一般为 20~30mL)润滑油后,再次检测汽缸压缩压力,并比较两次检测结果。

(1) 如果第二次检测结果比第一次高,并接近标准值,则表明汽缸密封性不良是由于汽缸、活塞环、活塞磨损过大或活塞环对口、卡死、断裂及缸壁拉伤等原因引起的。

(2) 如果第二次检测结果与第一次近似,则表明汽缸密封性不良的原因为进、排气门或汽缸衬垫不密封(滴入的润滑油难以达到这些部位)。

(3) 两次检测结果均表明某相邻两缸压缩压力低,其原因可能是两缸相邻处的汽缸衬垫烧损窜气。

2) 当汽缸压缩压力的检测值高于标准值时

高于标准值并不一定说明汽缸密封性好,而应结合使用和维修情况分析具体原因。因为燃烧室内积炭过多、汽缸衬垫过薄或缸体与缸盖的结合平面经多次修理后加工过度,均会导致汽缸压缩压力过高。同时,汽缸压缩压力高于标准值常会导致爆燃、早燃等不正常燃烧情况的发生。

以上仅为汽缸组不密封部位的故障分析或判断,并不能十分有把握地确诊。为了准确地测出故障部位,可在测量完汽缸压力后,针对压力低的汽缸,采用以下方法进行确诊:拆下空气滤清器,打开散热器盖、加机油口盖和节气门,用一条3m长的胶管,一头接在压缩空气气源(600kPa以上)上,另一头通过锥型橡胶传动头插在火花塞或喷油器孔内。摇转发动机曲轴,使被测汽缸活塞处于压缩上止点位置。然后将变速器挂入低速挡,拉紧驻车制动器,打开压缩空气开关,注意倾听发动机漏气声。如果在进气管口处听到漏气声,说明进气门关闭不严密;如果在排气消声器口处听到漏气声,说明排气门关闭不严密;如果在散热器加水口处看到有气泡冒出,说明汽缸衬垫不密封造成汽缸与水套沟通;如果在加机油口处听到漏气声,说明汽缸活塞配合副磨损严重。

2.3.2 发动机进气管真空度检测

发动机进气歧管的真空度又称进气管负压。它是进气管管内的进气压力与外部大气压力的压力差,单位用 kPa 表示。它可以表征汽缸组和进气管的密封性,进气歧管真空度是汽油机重要诊断参数之一。

1. 检测原理

汽油机在调整负荷时是依靠节气门开度变化控制进入汽缸的混合气数量,进而改变发动机输出功率的。急速时,节气门开度小,进气节流作用大,进气管中真空度较高;节气门全开时,进气管中真空度较小。由于急速时进气管真空度高,且较稳定(化油器式发动机为 57~70kPa,电喷发动机为 64~71kPa),并对因进气管、汽缸密封性不良引起的真空度下降较为敏感,因此,常在急速条件下检测进气歧管真空度。

2. 真空表结构

检测真空度的真空表,由表头和软管组成。真空表表头同汽缸压力表表头一样,多为鲍登管。当具有一定真空度的气体进入表头内弯管时,弯管更加弯曲,于是通过杠杆、齿轮机构带动指针动作,在表盘上指示出真空度的大小,真空表的量程为 0~101.325kPa(旧式表为 0~760mmHg)。软管一头固定在表头上,另一头可方便地连接在进气歧管的接头上。

3. 真空表检测方法

用真空表检测前应将发动机预热至正常工作温度,然后把真空表软管连接到节气门后方的进气歧管专用接头上,保持发动机按规定的急速值无负荷运转,读取真空表上的读数和指示状态。

4. 诊断标准

根据《汽车修理质量检查评定方法》(GB/T 15746—2011)的规定,在正常工作温度和标准状态下,发动机在急速时,进气歧管真空度应符合原厂设定规定。进气歧管真空度波动,6 缸汽油机不超过 3kPa,4 缸汽油机不超过 5kPa。

5. 检测结果分析

(1)发动机工作正常时,急速运转,真空度应稳定在 57~70kPa 之间。当迅速开启并关闭节气门时,表针应能随之摆动在 7~84kPa 之间。

(2)若发动机汽缸漏气,急速时真空表指针将跌落在 33.3~56.7kPa 之间。

(3)若点火过迟,在突然开大节气门时,真空表指针将跌落至 0,当节气门突然关闭时指针可回升,但回升不到 84kPa。

(4) 若点火过早或配气相位提前,怠速时,指针在 45.5~57kPa 之间大幅摆动。

(5) 若点火过晚或配气相位滞后,指针在 46~57kPa 之间轻微摆动。

(6) 若气门座密封不严时,真空度指针周期下跌 3~23kPa。

(7) 若气门导管与进气门杆磨损松旷,真空度有规律地快速跌落 10~16kPa。

(8) 若气门弹簧弹力不足、折断、气门关不严,真空表的指针迅速地在 33~74kPa 之间摆动。

(9) 若火花塞电极太小或断电器触点接触不良,指针将在 47~53kPa 之间缓慢摆动。

(10) 若进、排气歧管垫漏气,转速在 2000r/min 时,突然关闭节气门,指针从 83kPa 跌落至 6kPa 以下并迅速恢复正常。

(11) 若活塞环磨损,发动机转速在 2000r/min 时,突然关闭节气门,真空表指针迅速下跌至 6~16kPa。

2.4 点火系统的检测与故障诊断

汽油机的点火系统出现了故障,不但严重影响发动机的动力性、经济性、排气净化性,而且会使发动机无法正常工作。实践证明,点火系统是汽油机系统故障率较高者之一,是发动机系统诊断与检测的重点对象。

2.4.1 发动机点火系统的类型

由于发动机点火时刻和初级线圈电流的不同控制方法,产生了不同的点火系统。按点火系统的不同发展阶段可分为:传统机械式触点点火系统、无触点电子点火系统、微机控制式点火系统。

1. 传统机械式触点点火系统

如图 2-25 所示为机械式触点点火系统的组成原理图,传统的点火系统其点火时刻和初级线圈电流的控制是由机械传动的断电器触点来完成的。由发动机凸轮轴驱动的分电器轴控制着断电器触点的张开、闭合的角度和时刻与发动机工作行程的关系。为了使点火提前角能随发动机转速和负荷的变化自动调节,在分电器上装有离心式机械提前装置和真空式提前装置来感知发动机的转速和负荷的变化。

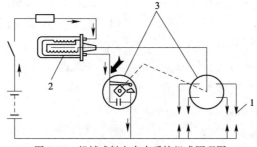

图 2-25 机械式触电点火系统组成原理图
1-火花塞;2-点火线圈;3-分电器

机械式点火系统最大的缺点是因为断电器与驱动凸轮之间机械联动,因此闭合角不能变化,而闭合时间和发动机转速的变化有很大的关系,当发动机转速升高时,触点闭合时间缩短,初级线圈电流减小,点火能量降低;当发动机转速降低时,闭合时间又过长,造成线圈中电流过大容易损坏。这是机械触点点火系统无法克服的缺点。

2. 无触点电子点火系统

如图2-26所示为无触点电子点火系统的组成原理图,为了避免机械触点点火系统触点容易烧蚀损坏的缺点,在晶体管技术广泛应用后产生了非接触式传感器作为控制信号,以大功率三极管为开关代替机械触点的无触点电子点火系统。这种系统显著优点在于初级电路电流由晶体三极管进行接通和切断,因此电流值可以通过电路加以控制。不足之处在于这种系统中的点火时刻仍采用机械离心提前装置和真空提前装置,对发动机工况适应性差。

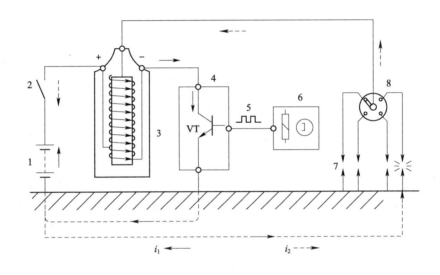

图2-26 无触点电子点火系统组成原理图

1-蓄电池;2-点火开关;3-点火线圈;4-电子点火组件;5-点火信号;6-点火信号发生器;7-火花塞;8-高压配电器

3. 微机控制式点火系统

为了提高点火系统的调整精度和各种工况的适应性,在电子点火系统的基础上,采用了微机控制。系统的特点是:不但没有分电器,而且在提前角的控制方面也没有离心提前装置和真空提前装置。从初级线圈电流的接通时间到点火时刻全部采用微机进行控制。其工作原理如下:微机系统通过传感器检测发动机的转速和负荷的大小,由此查阅存在内部存储器中的最佳控制参数,从而获得这一工况下的最佳点火提前角和点火线圈初级电路的最佳闭合角,通过控制三极管的通断时间实现控制目的。

微机控制式点火系统可分为有分电器式和无分电器式两种,无分电器式的微机控制式点火系统又可分为单独点火和双缸同时点火两种。双缸同时点火,即一个点火线圈同时为两个汽缸点火,如图2-27所示;单独点火方式即一个火花塞配备一个点火线圈,无高压线,可将点火线圈压装在火花塞顶上,点火性能最好,如图2-28所示。

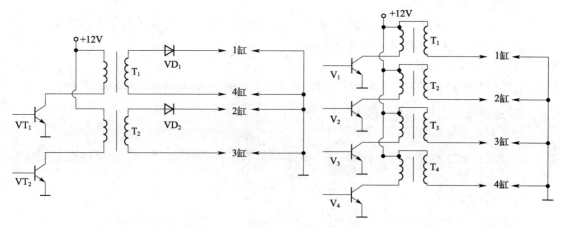

图 2-27　双缸同时点火方式组成原理图　　　图 2-28　单独点火方式组成原理图

2.4.2　发动机点火信号波形的检测与分析

无论是传统触点式点火系统还是无触点电子点火或微机控制的点火系统,都是由点火线圈通过互感作用把低压电转变为高压电,通过火花塞跳火点燃混合气做功的。点火系统低压部分、高压部分的变化过程是有规律的。把实际测得的点火系统点火电压波形与正常情况下的点火电压波形进行分析比较,便可判断点火系统技术状况好坏及故障所在。

1. 点火示波器使用方法

目前,对点火系统进行检测主要是利用仪器分析点火线圈初、次级电压波形(主要是次级电压波形),进而判断点火系统的工作情况,以及测试点火提前角等。所用仪器,一般是汽车专用示波器或发动机综合性能分析仪。

1) 观测项目

发动机点火示波器,可观测、分析、判断传统点火系下列项目:

(1) 断电器触点闭合角。

(2) 各缸波形重叠角。

(3) 点火提前角。

(4) 断电器触点是否烧蚀。

(5) 断电器活动触点臂弹簧弹力是否正常。

(6) 火花塞是否"淹死"或断续点火。

(7) 各缸点火高压值。

(8) 火花塞加速特性。

(9) 点火系最高电压值。

(10) 分火头跳火间隙。

(11) 点火线圈次级线圈是否断路。

(12) 电容器性能是否良好等。

2) 准备工作

(1) 按示波器说明书要求,对仪器通电预热、检查校正,待符合要求后再投入使用。

(2) 起动发动机,预热到正常工作温度。

3) 示波器与发动机联机并检测

示波器与发动机联机,是指示波器点火传感器(包括夹持器等)与发动机点火系有关部位的连接,然后根据仪器操作要求开始检测点火信号波形。

2. 点火信号波形检测

使用点火示波器显示点火波形,除了操作简单和测试迅速外,另一个重要优点是能够描绘点火的全过程。

1) 单缸标准波形

图 2-29 所示为点火示波器(以下简称为示波器)显示的传统点火系单缸一次、二次电压随时间变化的标准波形。

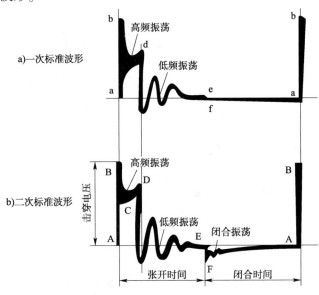

图 2-29 单缸标准波形

它描绘了从断电器触点打开,经过闭合至再次打开为止(一个完整的点火循环)的电压随时间变化的过程。

(1) 一次标准波形。

一次标准波形如图 2-29a)所示。它是从跨接在断电器触点上得到的,又称为白金波形。

(2) 二次标准波形。

二次标准波形如图 2-29b)所示,波形各段含义如下:

AB:在断电器触点打开的瞬间,由于一次电流迅速下降,点火线圈内初级线圈的磁场迅速消失,在次级线圈中感应出的高压电动势急骤上升,击穿火花塞间隙的电压称为击穿电压(点火电压),如图中 AB 线所示。AB 线也称为点火线。

BC:在一举击穿火花塞等间隙和电阻后,二次电压骤然下降,BC 为此时的放电电压。

CD:火花塞间隙被击穿后,通过火花塞间隙的电流迅速增加,致使两电极之间引起火花放电。火花放电电压比较稳定。在示波器屏幕上,CD 的高度表示火花放电的电压,CD 的宽度表示火花放电的持续时间。据资料介绍,当发动机转速为 2000r/min 时,火花放电持续时间约为 0.001s,即使一个完整的点火循环,对于六缸发动机来说也不过 0.01s,CD 线称为火花线。

整个 ABCD 段波形为高频振荡波性,其中 ABC 段为"电容放电",几乎在一条垂线上,特点是放电时间短($1\mu s$),放电电流很大(可达几十 A),振动频率约为 $10^6 \sim 10^7 Hz$。CD 段为剩余磁场能所维持的放电,称为"电感放电",特点是放电电压低,放电电流小,持续时间长,但振动频率仍然较高。

DE:电火花在 D 点消失,点火线圈和电容器中的残余能量以低频振荡的形式耗完。此时电压变化为一连续的减幅振荡,波峰一般在 4～5 个以上。

EF:断电器触点闭合,点火线圈一次电路又有电流通过,二次电路产生负压。

FA:触点闭合后,先产生二次闭合振荡,然后二次电压由一定负值逐渐变化到零。当至 A 点时,断电器触点又打开,二次电路又产生击穿电压,新的点火循环开始。

2)波形排列形式

示波器对点火信号的采集,以多缸平列波、多缸并列波、多缸重叠波和单缸选缸波四种排列形式来显示,检测人员可以从不同排列形式波形中观测、分析、判断点火系同的技术状况。

(1)多缸平列波。

多缸平列波是按点火次序从左至右首尾相连的波形,如图 2-30 所示。它用于诊断点火系统初级、次级电路接触情况以及电容器、低压线、高压线和火花塞等元件的性能。

(2)多缸并列波。

多缸并列波是按点火次序从下到上排列的波形,如图 2-31 所示。它可以比较火花线长度和一次电路闭合区间的长度。

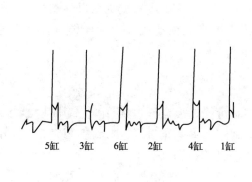

图 2-30　标准二次平列波

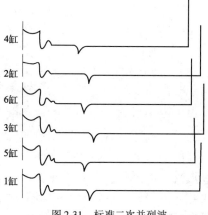

图 2-31　标准二次并列波

(3)多缸重叠波。

多缸重叠波是将多缸发动机各缸点火过程的曲线重叠到同一图形上的波形,如图 2-32 所示。它可以比较各缸点火周期、闭合区间和断开区间的差异。

(4)单缸选缸波。

在示波器屏幕上,根据需要选出的任何一缸的单缸点火波形,称之为单缸选缸波形。通过单缸选缸波可以详细观察波形的异常区域,进而分析出故障所在。

3. 点火波形的分析

1) 点火波形上的故障反映区

用示波器对点火波形进行检测,若单缸实测波形与标准波形比较有异常区域,则说明点火系统有故障。

传统点火系在点火波形上有 4 个故障反映区,如图 2-33 所示。

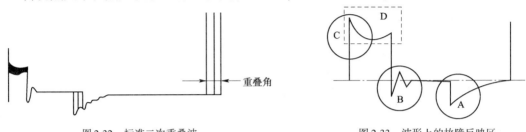

图 2-32 标准二次重叠波　　　　图 2-33 波形上的故障反映区

A 区域为闭合区:次级电路再次闭合后,次级电路感应出 1500～2000V 与蓄电池电压相反的感应电压,在点火波形上出现迅速下降的垂直线,然后上升过渡为水平线。A 区为断电器触点故障反映区。

B 区域为振荡区:在火花塞放电终了,点火线圈中的能量不能维持火花放电时,残余能量以阻尼振荡的形式消耗尽,此时点火电压波形上出现具有可视脉冲的低频振荡。B 区为电容器、点火线圈故障反映区。

C 区域为点火区:当初级电路切断时,点火线圈初级绕组内电流迅速降低,所产生的磁场迅速衰减,在次级绕组中产生高压电(15000～20000V),火花塞间隙被击穿时,次级电压随之下降,C 区为电容器、断电器触点故障反映区。

D 区域为燃烧区:当火花塞电极间隙被击穿后,电极间形成电弧使混合气点燃,火花放电过程一般持续 0.6～1.5ms,在次级点火电压波形上形成火花线,D 区为配电器、火花塞故障反映区。

2) 典型故障波形分析

(1) 点火线分析。

①点火电压过高。如果各缸点火电压均过高,可能是混合气过稀、中心高压线接触不良或各缸火花塞间隙均偏大等原因造成的;如果个别缸点火电压过高,则可能是该缸高压分线插孔电极间隙太大或该缸火花塞间隙太大等原因造成的。

②点火电压过低。若各缸点火电压均过低,可能是混合气过浓、各缸火花塞间隙过小、各缸火花塞电极油污、蓄电池电压不足或电容器容量不足等原因造成的。如果个别缸点火电压过低,则可能是该缸火花塞间隙太小、火花塞电极油污或火花塞绝缘性能差等原因造成的。

③点火线出现小平台。如果次级并列波在断电器触点断开处出现小平台,如图 2-34 所示,说明电容器漏电。

(2) 火花线分析。

①火花线过短。一般是火花塞间隙过大;高压线电阻过高或混合气过稀造成的。

②火花线过长。一般是火花塞脏污;火花塞间隙过小;高压线或火花塞短路造成的。

③火花线较陡或波动。如图 2-35 所示,说明电控汽油喷射系统喷油器工作不良,引起可燃混合气浓度波动造成的。这一故障可能出现在每一缸波形上,也可能出现在某一缸波形上。

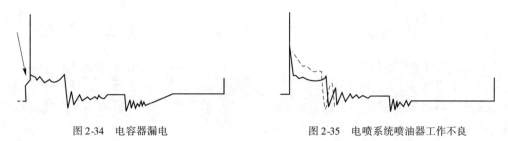

图 2-34　电容器漏电　　　　　　　图 2-35　电喷系统喷油器工作不良

④火花线电压过低。如果次级并列波火花线电压较低,如图 2-36 所示,可能是可燃混合气过浓或火花塞漏电造成的。当可燃混合气过浓时,虽然点火初期的离子电离程度小,击穿电压高,但在火花持续阶段离子电离程度提高,火花电压有所降低。当火花塞漏电时,火花电压也降低。

如果次级并列波火花电压较低,如图 2-37 所示,也可能是可燃混合气过稀或汽缸压力太低造成的。这是由于可燃混合气过稀或汽缸压力太低时,都会引起可燃混合气密度降低,无须多高电压就可将火花塞间隙击穿,故火花电压有下降现象。

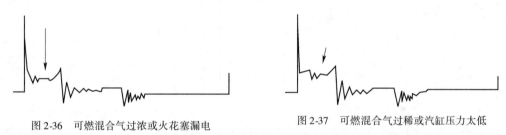

图 2-36　可燃混合气过浓或火花塞漏电　　　图 2-37　可燃混合气过稀或汽缸压力太低

如果次级并列波火花电压较低,如图 2-38 所示,也可能是火花塞积炭或间隙太小造成的。由于积炭是具有电阻的导体,消耗了一部分电能,引起火花电压降低。火花塞间隙太小,也会引起火花电压降低。

(3)低频振荡区分析。

点火系统处于正常状态时,低频振荡区应有 5 个以上的可见脉冲;高功率线圈所产生的脉冲数将多于 8 个。振荡脉冲数少,且振幅也小的原因是:点火线圈短路、电容器漏电或点火线圈初级电路接头或线路连接不良、阻值过大。

若振荡脉冲数过多,则表明电容器容量过大。而电子点火系统,由于没有使用电容器,因此,其低频振荡波数少些,正常约为 3 个。电子点火系低频振荡区异常时,仅表示点火线圈技术状况不正常,而与电容器无关,这是因为电子点火系无电容器的缘故。

(4)闭合区分析。

机械有触点式的点火系统在初级电路闭合时,点火波形上产生垂直向下的直线,在此处有杂波说明白金触点烧蚀、接触不良、触点弹簧弹力不足,如图 2-39 所示。同理,在闭合区末端发火线前若有杂波,也说明白金触点技术状况不良。

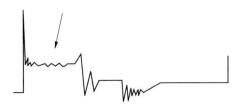
图 2-38 火花塞积炭或间隙太小

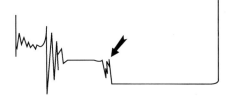
图 2-39 触点烧蚀故障波形

对于电子点火系,闭合区的波形虽与传统点火系相似,但反向电压和击穿电压是由于晶体管导通和切断初级电流而产生的。因此,该两处波形异常是由于晶体管技术状况不良造成的。电子点火系统闭合区波形的长度、形状与传统点火系不同,主要表现在:闭合区在高转速时拉长,闭合段内有波纹或凸起;有的电子点火系统在闭合区结束前,先产生一条锯齿状的上升斜线,而后出现点火线。

(5) 其他故障波形分析。

① 点火波形倒置。如果点火线圈正负极接线正确时,点火线向上;若极性接反时,则点火线向下,如图 2-40 所示。

② 点火波形上下波动。如果次级并列波不时有上下平移的现象,如图 2-41 所示,说明次级电路有间歇性开路故障。

图 2-40 点火线圈极性接反的故障波形

图 2-41 次级电路间歇性断电

利用示波器观测点火波形,是实现快速检测诊断的重要方法之一,其应用十分普遍。其中,特别是观测次级波形,被认为是一项综合检测手段。这是因为,如果被测发动机的次级波形正常,则说明点火系、供油系的技术状况良好。

2.4.3 点火正时的检测

点火正时也称为点火定时,是指正确的点火时间。点火时间一般用点火提前角(曲轴转角或凸轮轴转角)表示。汽油发动机吸入汽缸中的混合气,燃烧时需要一定时间(约为 23ms)。为使活塞到达上止点时混合气已充分燃烧,发出最大功率,应使火花塞在活塞到达上止点前跳火。从点火开始到活塞到达上止点这一段时间内,曲轴转过的角度称为点火提前角。当点火正时正确时,点火提前角处于最佳状态。

发动机的点火正时是非常重要的,将直接影响到发动机的动力性、燃油经济性和排放净化性。发动机点火正时的检测方法主要有闪光法和缸压法。

1. 闪光正时检测仪基本结构与工作原理

用闪光正时检测仪检测点火提前角,其接线示意图如图 2-42 所示。按工作原理分为两种基本形式:一种为非延时式闪光正时仪,另一种为可调延时式闪光正时仪。前者要求在发动机飞轮(或正时齿形带等)上标有点火提前角刻度线时才能检测,而后者则不受限制,只要刻有上止点标记即可。闪光正时仪一般由正时灯(氖灯或氙灯)、传感器、中间处理环节和指示装置等组成,目前在汽车维修企业应用比较广泛。

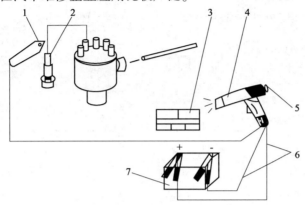

图 2-42　点火提前角检测原理

1-钳式传感器;2-第 1 缸火花塞;3-发动机正时参考线;4-点火正时仪;5-正时提前按钮;6-电源接线;7-蓄电池

1) 非延时式检测原理

点火正时仪一般由点火传感器、闪光灯触发电路及闪光灯等组成,其测试原理如图 2-43 所示。

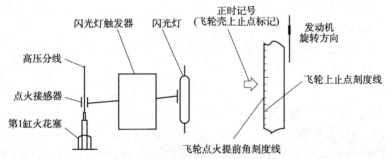

图 2-43　非延时闪光点火正时仪检测点火提前角测量原理

当被检测缸开始点火时,点火次级线圈产生的高压电流流经被检测缸高压线,点火传感器便产生一个电信号。闪光灯触发器根据点火传感器的电压信号产生一个触发闪光灯闪光所需的电压脉冲,使闪光灯闪光。当发动机运行时,点火传感器不断地产生脉冲信号闪光灯就会连续闪光。由于闪光的频率与发动机转速同步,因此,用这连续闪亮的闪光灯去照亮发动机上的正时记号,就可以看清飞轮(或正时齿形带等)上面的点火提前角刻度线与飞轮壳上的上止点标记对齐,此刻度线所指示的值即为发动机当前工况下的点火提前角。

2) 可调延时闪光点火正时仪检测点火提前角的原理

非延时闪光点火正时仪检测点火提前角,必须在发动机飞轮(或正时齿形带等)上面标有清晰、准确的点火提前角刻度线。目前,常用的发动机上只标有上止点标记而无点火提前角刻度线。即使有的发动机标有刻度线,但使用一段时间后会变得不清晰,使检测结果不能正确地反映出来。可调延时闪光点火正时检测仪检测点火提前角的测量原理如图 2-44 所示,该仪器在非延时闪光点火正时仪的基础上增加了开关电路、延时电路和测量仪表。开关电路的作用是当接收到点火传感器的信号时使显示仪表通电(指针式)或开始计数(数字式),当延时电路反馈信号输入时关断仪表或停止计数;延时电路的作用是在人工调整下使闪光灯触发时间从被测缸开始点火时刻移到被测缸活塞上止点时刻。

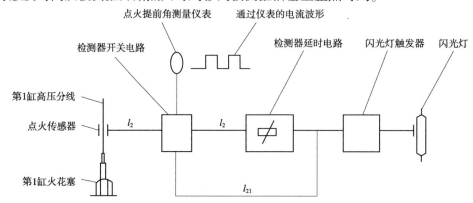

图 2-44 可调延时闪光点火正时仪检测点火提前角测量原理

使用非延时正时灯检测点火提前角时,当点火正时灯点亮,即可以看到飞轮或曲轴传动带轮上的点火时刻记号与发动机机体上的固定记号是否相重合,如重合,则说明点火提前角正确。而使用可调延时闪光点火正时仪检测时可通过调节旋钮,将频闪时发动机机体上的固定记号与点火时刻记号调整到固定记号与飞轮或曲轴传动带轮上的上止点记号相重合。此时,所显示的数值或调节旋钮旋过的刻度,即为实际的点火提前角数值,如图 2-45 所示。

3)闪光正时检测仪的使用方法

目前,依上述两种原理制成的正时仪有很多种型号,下面介绍用元征 EA-1000 便携式发动机综合性能分析仪测量点火提前角。

在"汽油机检测"菜单中单击"点火提前角"按钮,然后起动发动机。

连接好频闪灯,按下频闪灯电源按钮,将频闪灯对准曲轴飞轮或传动带轮上的一缸上止点标记处,调整频闪灯上的电位器,使闪光相位前后移动直到曲轴飞轮上的标记对准飞轮壳上刻度零点或传动带轮上的一缸上止点标记对准指示标记,如图 2-46 所示。此时显示器即会显示点火提前角数值。

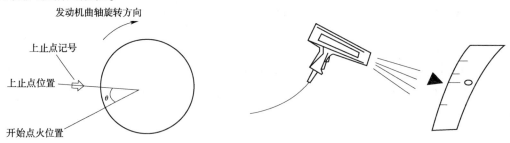

图 2-45 用可调延时闪光点火正时灯检测记号　　图 2-46 闪光正时检测仪检测点火正时

2. 缸压法点火正时仪检测原理和使用方法

1)缸压法点火正时仪检测原理

发动机运转过程中,当某缸活塞到达压缩行程上止点时,汽缸内压缩压力最高。用缸压传感器检测出这一时刻,同时用点火传感器检测出同一缸的点火时刻,二者间所对应的曲轴转角即为点火提前角。许多发动机综合性能分析仪都具有用缸压法检测发动机点火提前角的功能,其检测原理如图2-47所示。

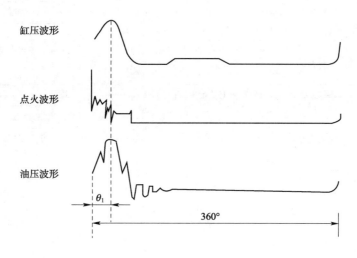

图2-47 缸压法检测点火、供油提前角原理图

2)缸压法点火正时仪使用方法

检测点火提前角时,发动机应运转至正常工作温度,拆下发动机任意一缸的火花塞,装上缸压传感器。在拆下的火花塞上仍接上原高压线,在高压线与火花塞之间插接点火传感器或在高压线上卡上外卡式点火传感器,然后将火花塞放置在机体上使之良好搭铁。起动发动机使之运转。由于被测缸不工作,因而缸压传感器采集的是汽缸压缩压力信号,其压力最大点就是活塞压缩终了上止点。拆下的火花塞虽在缸外但仍在跳火,其上的点火传感器可采集到点火开始的信号。此时输入操作指令,即可从指示装置得到怠速、规定转速或任意转速下的点火提前角及对应转速,按下打印键还可以打印出检测结果。

缸压法与频闪法一样,可以测得初始点火提前角和不同工况下的总提前角、离心提前角、真空提前角以及微机控制点火系统的基本点火提前角。

检测点火正时的时候,一般仅需实测一个缸(例如1缸)的点火提前角 t,其他各缸的点火提前角是否符合要求,则决定于点火间隔。从示波器屏幕上显示的重叠波和并列波上可以得到点火间隔,各缸的点火提前角可以根据被测缸的点火正时和各缸点火间隔推算出来。

2.4.4 电控点火系统常见故障诊断

随着点火系统的发展,现在市场上的汽车已经大部分使用了计算机控制的点火系统即微机控制点火系统,微机控制点火系统的故障与传统点火系统和电子点火系统相比,由于其构造的不同,诊断流程也不大相同,如图2-48所示。

电控点火系统的常见故障为不点火或点火不良,主要部件故障有如下几种。

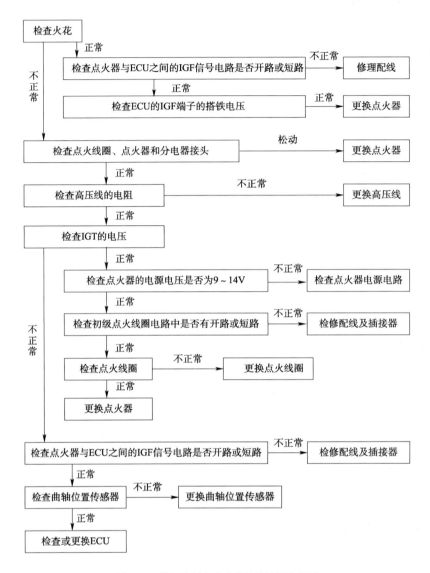

图 2-48 微机控制点火系统故障诊断流程图

1. 火花塞故障

1) 故障现象

火花塞发生故障时,故障现象可表现为发动机无力;单缸或少数缸不工作;发动机温度高;排气管有明显的"突、突"声;多个火花塞故障起动困难甚至无法起动。

2) 故障原因

产生故障的原因有:火花塞间隙过大;火花塞间隙过小;火花塞积炭短路;火花塞油污短路;外部绝缘体破裂。

3) 故障检测诊断

用断缸方法检测哪个缸不工作或工作不良,即可拆卸该缸火花塞检测。

(1)根据火花塞现象,分析故障原因,对症排除故障后,再更换火花塞。
(2)如果火花塞油污可排除发动机故障后,烘干火花塞继续使用。
(3)如果电极熔化应更换更冷型火花塞。
(4)如果火花塞积炭可更换更热型火花塞。

2. 高压线故障

1)故障现象

高压线故障的故障现象一般表现为发动机怠速不稳、加速不良、排放超标等故障。

2)故障原因

故障原因有:高压线导线端子被腐蚀、导线损坏或绝缘性能下降导致点火电压下降。

3)故障检测诊断

根据故障现象,进行断火试验,检测火花塞无故障后,检视高压线导线端子是否被腐蚀,用万用表测量高压线电阻即可诊断高压线故障。

3. 点火线圈故障

1)故障现象

点火线圈损坏或工作不良会导致失火,造成发动机不能起动、怠速不稳、加速不良、排气管放炮和排放超标等故障。

2)故障原因

点火线圈常见的故障是:初级绕组、次级绕组断路,匝间短路或绕组搭铁;绝缘老化、漏电;内部导线连接点接触不良点火线圈的这些故障会造成:无次级电压产生,或次级电压太低而不能点火;虽能跳火,但由于次级电压降低,点火能量不足而出现高速断火、缺火,使发动机不易起动、怠速不稳、功率下降、排气污染及耗油增加等。

3)故障检测诊断

手摸点火线圈外壳感应温度,感到热为正常,如果烫手为点火线圈有匝间短路故障。

用万用表测量初级线圈和次级线圈电阻值,电阻挡分别测初、次级绕组的电阻,判断是否有绕组短路和断路的故障。测得电阻无穷大,则为绕组有断路故障;若电阻过大或过小,则说明绕组有接触不良或有匝间短路之处(在20℃的环境下,电子点火系初级绕组的阻值应为$0.5 \sim 1.0\Omega$,传统点火系应为$1.5 \sim 3.0\Omega$。次级绕组的阻值应为$2.5 \sim 4k\Omega$,传统点火系统为$6 \sim 8k\Omega$)。绕组是否搭铁,则用万能表测点火线圈接线柱与点火线圈外壳之间的电阻来鉴别。电阻为零,说明绕组搭铁;电阻小于$50M\Omega$说明绝缘性能差。

点火线圈的有些故障仅用万能表测量电阻的方法并不一定能反映出来。例如点火线圈内部绝缘老化或有小的裂纹,这些只是在高压下产生漏电而造成次级电压下降,点火能量不足而使发动机工作不正常或不工作。这些故障需通过专用仪器才能准确判别。

替换法,用对比跳火的方法检验。此方法在试验台上或车上均可进行,将被检验的点火线圈与好的点火线圈分别接上进行对比,看其火花强度是否一样。点火线圈经过检验,如内部有短路、断路、搭铁等故障,或发火强度不符合要求时,一般均应更换新件。

4. 电子点火器故障

1)故障现象

主要故障现象有点火系统不点火;点火能量不足导致火花减弱等。

2)故障原因

原因有三:一是点火器断路导致初级点火线圈不通,造成不点火。二是点火器短路导致初级点火线圈不能断路而点火。三是功率三极管不能工作在开关状态,即不能饱和导通或不能完全截止,使点火线圈初级电流减小或断流不彻底,造成火花减弱或不能点火。

3)检测方法

(1)模拟点火信号检查法。

可利用一只1.5V的干电池或蓄电池的单格电池来模拟信号电压。将正极的探针触及点火器信号输入接点,然后用负极做间断搭铁。这时中央高压头应跳火。如果点火开关和有关电路都已接通,但仍无高压电跳火,则表明点火器有故障应更换。

(2)高压试火法。

如果已确定点火信号发生器良好,可直接用高压试火方法来检查。将分电器中央高压线拔出,使高压线端距发动机缸体5mm左右或将高压线端插入一备用火花塞并使其搭铁,起动发动机,看是否跳火,如果火花强,说明电子点火器良好,否则,电子点火器有故障。

2.5 燃油供给系统的检测与故障诊断

发动机的燃油供给系统出现了故障,直接影响发动机的动力性、经济性和工作稳定性,燃油供给系统的主要作用是根据发动机工况供给一定数量和浓度的可燃混合气。燃油供给系统是发动机系统故障率较高者之一,是发动机系统诊断与检测的重点对象。燃油供给系统根据燃油的不同可分为汽油机燃油供给系统和柴油机燃油供给系统。

2.5.1 电控汽油喷射系统的组成与工作原理

电控汽油喷射系统就是测量吸入发动机的空气量,再把适量的汽油采取高压喷射的方式供给发动机的系统。把控制空气和汽油混合比的计算机控制过程称为电子控制燃油喷射。

1. 电控汽油喷射系统的组成

电控汽油喷射系统主要是由传感器、ECU(电子控制单元)、执行元件及相关连接线路组成。

汽油发动机电控燃油喷射系统可分为空气供给系统和燃油供给系统两个主要部分。空气供给系统向发动机提供清洁的空气,并根据发动机工况控制进气量;燃油控制系统供给发动机最佳计量的燃油,如图2-49所示。

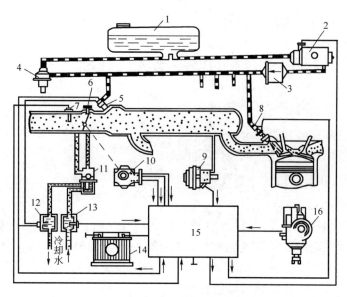

图 2-49 电控燃油喷射系统

1-汽油箱;2-电动燃油泵;3-汽油滤清器;4-压力调节器;5-冷起动喷油器;6-怠速调节螺钉;7-进气温度传感器;8-喷油器;9-压力计;10-节气门位置传感器;11-附加空气阀;12-热时开关;13-冷却液温度传感器;14-蓄电池;15-电控单元ECU;16-分电器(转速信号)

2. 电控汽油喷射系统的分类

汽油喷射方式按喷油器安装位置与工作原理的不同可分为进气道多点喷射(MFI)、进气总管或中央单点喷射(SPI)和缸内直接喷射(GDI)三种。从目前的发展来看,大多数新出的汽车都采用了缸内直喷技术。

3. 电控汽油喷射系统的基本工作原理

各种传感器与开关,它们可以将驾驶人的意图、汽油机的工况与环境信息及时、真实地传输给电控器,电控器根据来自各个传感器的输入信号以其他开关信号,用控制软件并结合存储的各种标定数据与图表进行分析运算,决定应如何控制,并以相应的电信号向各个执行器发出各种控制指令,执行器产生相应的动作以实现所要求的控制。

在所有的传感器输入量中,发动机转速和表示发动机负荷的空气流量(或进气歧管绝对压力)是两个最基本的输入量。电控器根据两者决定点火提前角和喷油脉宽的基本值,而冷却液温度、进气温度等都是用来对基本点火提前角和喷油脉宽进行修正的条件参数。曲轴(或凸轮轴)转角位置信号用来确定相对各缸上止点的点火时刻和喷油时刻。节气门位置传感器信号对于怠速工况判断、过渡工况喷油量补偿等都是必需的。当汽油机装有三效催化转化器时,必须有一个装在催化转化器前的(也有在催化转化器前后各安装有一个的)能反映空燃比的氧传感器,为进行部分负荷及热怠速工况的空燃比闭环控制输入反馈信号。爆震传感器检测出的爆燃强度和频度则作为电控器决定推迟点火以避免爆燃的依据。根据发动机的具体情况,可能还配有其他传感器(例如增压压力、机油压力、汽车车速和蓄电池的电压等)。

关于传感器的知识在前面已经介绍,在这里,我们主要介绍电子控制燃油喷油系统中相关执行元件的检测和故障诊断。

2.5.2 汽油机喷油信号的检测与故障诊断

1. 喷油器控制方式的分类

喷油器的控制方式可分为四类：饱和开关型、峰值保持型、脉冲宽度调制型和 PNP 型等四种类型。不同的控制类型产生的波形不同。

2. 饱和开关型(PFI/SFI)喷油器波形分析

1) 波形检测原理

饱和开关型喷油器主要在多点燃油喷射系统中使用，在节气门体燃油喷射(TBI)系统上应用不多。当发动机电控单元接地电路接通时，喷油器开始喷油，当发动机 ECU 断开控制电路时，电磁场会发生突变，这个线圈突变的电磁场产生了峰值。汽车示波器可以用数字的方式在显示屏上与波形一起显示喷油持续时间。

2) 波形检测步骤

(1) 按照波形测试设备操作使用说明书的要求连接好波形测试设备。

(2) 起动发动机，以 2500r/min 的转速保持加速踏板 2~3min，直至发动机完全热机。同时使燃油反馈控制系统进入闭环控制状态(可以通过观察波形测试设备上氧传感器的信号确定这一点)。

(3) 关掉空调和所有附属电器设备。

(4) 将换挡操纵手柄置于停车挡或空挡。

(5) 缓慢加速并观察在加速时喷油器的喷油持续时间的相应增加状况。

饱和开关型(PFI/SFI)喷油器波形及分析如图 2-50 所示。

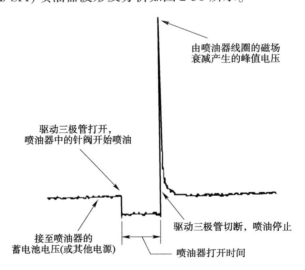

图 2-50 饱和开关型(PFI/SFI)喷油器波形及分析

3) 波形分析

(1) 从进气管中加入丙烷，使混合气变浓，如果系统工作正常，喷油器喷油持续时间将缩短。这是由于排气管中的氧传感器此时输出高的电压信号给发动机 ECU,试图对浓的混合气进行修正的结果。

(2)人为造成真空泄漏,使混合气变稀,如果系统工作正常,喷油器喷油持续时间将延长。这是由于排气管中的氧传感器此时输出较低的电压信号给发动机 ECU,试图对稀的混合气进行修正的结果。

(3)将发动机转速提高至 2500r/min,并保持稳定。在许多燃油喷射系统中,当该系统控制混合气时,喷油器的喷油持续时间能被调节(改变)得从稍长至稍短。

(4)通常喷油器喷油持续时间在正常全浓(高氧传感器电压)至全稀(低的氧传感器电压)范围内在 0.25~0.5ms 的范围内变化。

(5)加入丙烷或人为造成真空泄漏,然后观察喷油器喷油持续时间的变化时,如果发现喷油持续时间不发生变化,则氧传感器可能损坏。因为如果氧传感器或发动机 ECU 不能察觉混合气浓度的变化,那么喷油器的喷油持续时间就不能改变。

(6)通常喷油器的喷油持续时间大约在急速时 1~6ms 到冷起动或节气门全开时大约 6~35ms 之间变化。

(7)匝数较少的喷油器线圈通常产生较短的关断峰值电压,甚至不出现尖峰。关断尖峰随不同汽车制造商和发动机系列而不同,正常的范围大约是从 30~100V,有些喷油器的峰值被钳位二极管限制在大约 30~60V。如果所测波形有异常,则应更换喷油器。

3. 峰值保持型(电流控制型 TBI)喷油器波形分析

峰值保持型喷油器主要应用在节气门体(TBI)燃油喷射系统,但有少数几种多点喷射(MFI)系统,像通用的 2.3L QUAD-4 发动机系列、土星 1.9L 和五十铃 1.6L 发动机亦采用峰值保持型喷油器。安装在发动机 ECU 中的峰值保持喷油驱动器被设计成允许大约 4A 的电流供给喷油器线圈,然后减少电流至约 1A 以下。峰值保持型喷油器波形测试方法同饱和开关型(PFI/SFI)喷油器的波形测试方法。

1)波形检测原理

通常,一个电磁阀线圈拉动机械元件做初始运动比保持该元件在固定位置需要 4 倍以上的电流。峰值保持驱动器的得名是因为电控单元用 4A 的电流打开喷油器针阀,而后只用 1A 的电流使它保持在开启的状态。如图 2-51 所示为峰值保持型喷油器的正确波形及分析说明。

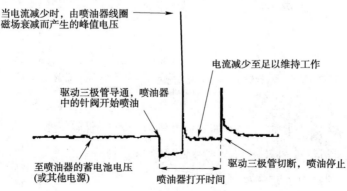

图 2-51　峰值保持型喷油器的正确波形及分析

2)波形分析

(1)从左至右,波形轨迹从蓄电池电压开始,这表示喷油驱动器关闭,当发动机 ECU 打开喷油驱动器时,它对整个电路提供接地。

(2)发动机 ECU 继续将电路接地(保持波形轨迹在 0V)直到其检测到流过喷油器的电流达到 4A 时,发动机 ECU 将电流切换到 1A(靠限流电阻开关实现),这个电流减少引起喷油器中的磁场突变,产生类似点火线圈的电压峰值,剩下的喷油驱动器喷射的时间由电控单元继续保持工作,然后它通过完全断开接地电路,而关闭喷油驱动器,这就在波形右侧产生了第 2 个峰值。

(3)当发动机 ECU 接地电路打开时,喷油器开始喷油(波形左侧),当发动机 ECU 接地电路完全断开时(断开时峰值最高在右侧)喷油器结束喷油,这时读取喷油器的喷射时间,可以计算发动机 ECU 从打开到关闭波形的格数来确定喷油持续时间。汽车波形测试设备一般可以将喷油器喷油持续时间的数字显示在显示屏上。

(4)用手工加入丙烷的方法使混合气更浓,或者在造成真空泄漏使它变稀的同时,观察相应喷油持续时间的变化。

(5)波形的峰值部分通常不改变它的喷油持续时间,这是因为流入喷油器的电流和打开针阀的时间是保持不变的。

(6)波形的保持部分是发动机 ECU 增加或减少开启时间的部分,峰值保持型喷油器可能引起下列波形结果:加速时,将看到第 2 个峰尖向右移动,第 1 个峰尖保持不动;如果发动机在极浓的混合气下运转,能看到 2 个峰尖顶部靠得很近(图 2-52),这表明发动机 ECU 试图靠尽可能缩短喷油器喷油持续时间来使混合气变得更稀。

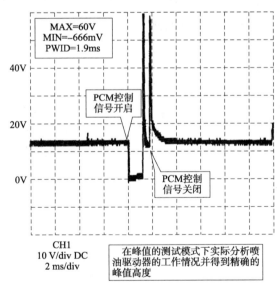

图 2-52 发动机在极浓的混合气下运转时的喷油器波形

4.脉冲宽度调制型喷油器及 PNP 型喷油器波形分析

1)脉冲宽度调制型喷油器波形分析

脉冲宽度调制型喷油器用在一些欧洲车型和早期亚洲汽车的多点燃油喷射系统中。这种类型的喷油器不同于前述峰值保持型喷油器,因为峰值保持型喷油器的限流方法是用一个电阻来降低电流,而脉冲宽度调制型喷油器的限流方法是脉冲开关电路,如图2-53所示。

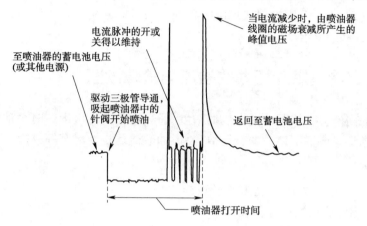

图2-53 脉冲宽度调制型喷油器的波形及分析

2)PNP型喷油器波形分析

PNP型喷油器是由在发动机ECU中操作它们的开关三极管的型式而得名的,一个PNP喷油驱动器的三极管有两个正极管脚和一个负极管脚。

PNP的驱动器与其他系统驱动器的区别就在于它的喷油器的脉冲电源端接在负极上。PNP型喷油驱动器的脉冲电源连接到一个已经接地的喷油器上去开关喷油器。它的脉冲接地再接到一个已经有电压供给的喷油器上,流过PNP型喷油器的电流与其他喷油器上的方向相反,这就是为什么PNP型喷油器释放峰值方向相反的原因,如图2-54所示。PNP型喷油器常见于一些多点燃油喷射(MFI)系统中,通常PNP型喷油器的波形除了方向相反以外,与饱和开关型喷油驱动器的波形十分相像。

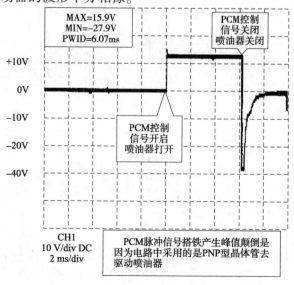

图2-54 PNP型喷油器波形分析

喷油时间开始于发动机 ECU 电源开关将蓄电池电路打开时,(看波形图左侧),喷油时间结束于发动机 ECU 完全断开控制电路(释放峰值在右侧)时。也可以从波形上观察出燃油反馈控制系统是否工作,用丙烷去加浓混合气或用造成真空的方法使混合气变稀,然后观察相应的喷油持续时间变化情况。

2.5.3 汽油机燃油压力的检测与故障诊断

燃油压力的高低会直接影响混合气的浓度,通过检测发动机运转时燃油管路内的油压,可以判断电动燃油泵或油压调节器有无故障、燃油滤清器是否堵塞等故障。

1. 发动机燃油压力的检查注意事项

(1)注意通风,防止火源,准备好消防设施。

(2)在拆卸燃油管之前一定要先卸压。

(3)油管不得有老化渗漏现象。

(4)密封件、卡扣为一次性零件,维修时应更换。

(5)在起动发动机时注意安全。

2. 燃油压力的检测方法

1)经验检查法

在电动燃油泵工作时,用手捏住输油软管,通过其张力的大小来判断燃油压力是否过低。经验检查虽简单,但准确性稍差。

2)油压表检查法

油压表检测是指将燃油压力表接入供油线路,通过检测系统的静态油压、怠速油压、最大油压、剩余油压等来判断供油系统是否工作正常的一种方法。

3. 用油压表检查燃油压力的步骤

1)汽油供给系统压力的卸除

汽油喷射发动机为便于再次起动,在发动机熄火后,汽油系统内仍保持有较高的保持压力。在拆卸汽油系统内任何元件时,都必须首先释放汽油系统压力,以免系统内压力油喷出,造成人身伤害或火灾。汽油系统压力卸除的方法如下。

(1)松开油箱上的加油盖,释放油箱中的蒸汽压力。

(2)起动发动机,维持怠速运转,在运转中拔去燃油泵继电器或熔断器,也可拔下燃油泵导线插头,直至发动机自行熄火。

(3)再次起动发动机 3~5 次,利用起动喷射卸除油管中残余压力。

(4)关闭点火开关,装上油泵继电器或熔断器或电动油泵导线插头。

2)安装燃油压力表并预置燃油压力

(1)拆下蓄电池负极搭铁线。

(2)将油压表安装在冷起动喷油器油管接头、燃油滤清器油管接头或分配油管进油接头上,或用三通接头接在燃油管道上便于安装和观察的任何部位。如图 2-55 所示,将油压表通过三通管接头安装在主供油管路中。

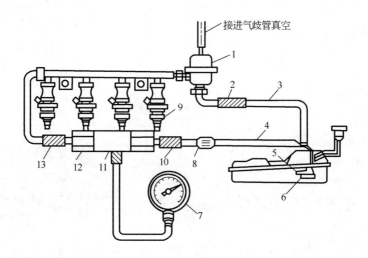

图 2-55 压力表在多点燃油喷射系统中的连接

1-燃油压力调节器;2、10、13-软管;3-回油管;4-进油管;5-燃油泵;6-燃油泵滤网;7-油压表;8-燃油滤清器;9-喷油器;11-三通管接头;12-管接头

(3) 擦干溅出的汽油,重新接好蓄电池负极电缆,预置汽油系统压力。用专用导线将诊断座上的燃油泵测试端子跨接到 12V 电源上;然后将点火开关转至"ON"位置,使电动燃油泵工作约 10s;关闭点火开关,拆下诊断座上的专用导线。

3) 检测油压

(1) 静态油压:不起动发动机,用跨接线连接油泵诊断接头上的两个端子(例如:丰田车系的"+B"与"FB"端子),并将点火开关转至"ON"位置,使油泵工作,静态油压一般在 300kPa 左右。

(2) 怠速油压:装上燃油泵熔断丝或继电器,起动发动机,使燃油泵在怠速下运转,此时油压表读数为怠速工作油压,通常多点喷射系统的正常值应为 250~300kPa。

(3) 最大油压:用包有软布的钳子夹住回油管,此时油压表读数为油泵最大供油压力,一般为正常工作油压的 2~3 倍。

(4) 剩余油压:松开油管夹钳,发动机熄火,燃油泵停止运转 10min 后,油管保持压力应大于 150kPa。注意单位换算:1MPa = 1000kPa;1bar = 1kgf/cm² = 14.2psi = 100kPa。

4) 油压分析

油压表读数不外乎油压为零、油压正常、油压过高和油压过低四种情况。

(1) 若油压为零,先检查油箱存油量,及油道是否严重外泄,燃油滤清器是否完全堵塞。排除可能性后,油压依然为零。则需检查燃油系统的控制电路,如熔断丝是否烧断、继电器是否不工作、油泵电路线束有否开路、油泵是否损坏等。

(2) 若油压过高,主要检查压力调节器顶部的真空管是否松脱或破裂漏气,或油压调节器回油管是否堵塞等。

(3) 若燃油压力过低,或油泵停止工作 2~5min 内油压迅速下降,在排除油路向外泄漏的前提下,则喷油器之中有泄漏现象、燃油压力调节器故障、燃油滤清器堵塞、油泵故障。

5) 拆卸燃油压力表

(1) 释放燃油系统的油压。

(2) 拆下蓄电池负极搭铁线。

(3) 拆下油压表。

(4) 重新装好油管接头。

(5) 接好蓄电池负极搭铁线。

(6) 预置燃油系统的油压。

(7) 检查油管各处有无漏油。

2.5.4 汽油机喷油器和燃油泵的检测与故障诊断

1. 喷油器及其控制电路的检测与故障诊断

1) 喷油器的检测与故障诊断

(1) 简单检查方法。

在发动机工作时触试或用听诊器(图2-56)检查喷油器针阀开闭时的振动或声响,若感觉无振动或听不到有节奏的"嗒嗒"声,说明喷油器或其控制电路有故障。

(2) 喷油器电阻的检测。

关闭点火开关,拆开喷油器插接器,用万用表电阻挡测量喷油器两端子间的电阻(图2-57)。高阻值喷油器电阻应为 13~16Ω,低阻值喷油器电阻应为 2~3Ω,否则应更换喷油器。

图2-56 喷油器的听诊

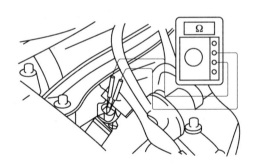

图2-57 喷油器电阻的检测

(3) 喷油器滴漏的检查。

喷油器滴漏可在喷油器清洗仪上进行检查,也可将喷油器和进油管拆下,再将汽油系统连接好,用专用导线将故障诊断座上的燃油泵测试端子(丰田轿车可将诊断座+B与FP端子短接;桑塔纳轿车可拔下装在中央控制盒上2号位的燃油泵继电器,并用导线将燃油泵继电器插座30、87脚短接)接到12V电源上,或直接用蓄电池给燃油泵通电。燃油泵运转后,观察喷油器有无滴漏现象,允许每个喷油器在1min内滴漏不超过1滴,否则,应更换喷油器。

(4)喷油器喷油量的检查。

喷油器喷油量的检查可在喷油器上进行,也可按滴漏检查做好准备工作。燃油泵运转后,用蓄电池和导线直接给喷油器通电,并用量杯检查喷油器的喷油量,如图2-58所示。每个喷油器应检查2~3次,同时检查喷油器喷油雾化情况。各缸喷油器喷油量和均匀度应符合标准,否则应清洗或更换喷油器。

2)喷油器控制电路的检测与故障诊断

各车型喷油器控制电路基本相同,一般是通过点火开关和主继电器(或熔断丝)给喷油器供电,ECU控制喷油器搭铁。只是不同发动机喷油器数量、控制方式、分组方式不同,ECU控制端子的数量不同,喷油器控制电路如图2-59所示。

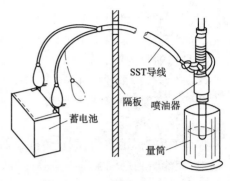

图2-58 喷油器喷油量的检测

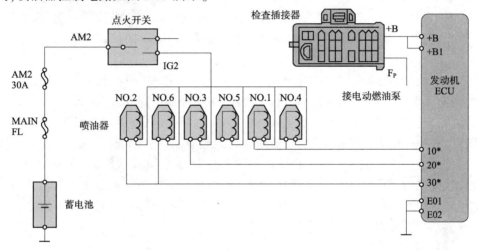

图2-59 喷油器控制电路

使用中,若喷油器不工作,拆开喷油器插接器,点火开关置ON,但不起动发动机,用万用表电压挡测量其电源端子与搭铁间的电压,应为蓄电池电压。否则,应检查供电线路、点火开关、主继电器或熔断丝是否有故障。若电压正常,则说明喷油器、喷油器搭铁线路(与ECU连接线路)或ECU有故障。

当喷油器供电电压正常,阻值也正常时,拔下喷油器插接器,在插接器两端串联一个330Ω电阻值的LED(发光二极管)灯,起动发动机,试灯应闪烁,否则,应检修喷油器搭铁线路或ECU。

2.燃油泵及其控制电路的检测与故障诊断

1)就车检查

(1)用专用导线将诊断座上的燃油泵测试端子跨接到12V电源上,如丰田车系跨接诊断座上的"+B"和"FP"端子即可。也可拆开燃油泵的插接器,直接用蓄电池给燃油泵通电。

(2)点火开关置ON,但不起动发动机。

(3)旋开油箱盖应能听到燃油泵工作的声音,或用手捏进油软管感觉应有压力。

(4)若听不到燃油泵工作声音或进油管无压力,应检修或更换燃油泵。

(5)若燃油泵存在不工作故障,按上述方法检查正常,则应检查燃油泵控制电路。

2)燃油泵的拆装与检修

(1)多数轿车的燃油泵,可在打开汽车行李舱或翻开后坐垫后,从油箱上直接拆出。也有些轿车必须将油箱从车上拆下,才能拆卸燃油泵。拆卸燃油泵时注意:应释放汽油系统压力,并关闭用电设备。

(2)拆卸燃油泵后,测量燃油泵两端子间的电阻,应为 2~3Ω。用蓄电池直接给燃油泵通电,应能听到燃油泵电动机高速旋转的声音。注意:通电时间不能太长。

3)燃油泵控制电路的检测

(1)油泵开关控制的燃油泵控制电路的检测。

如图 2-60 所示为日本丰田雷克萨斯 ES300 轿车燃油泵控制电路。检测方法如下:

①卸除汽油系统油压,拆下汽油分配管上的进油管管头,将油管插入容器内。

②将点火开关转至起动挡,在起动发动机的同时应有汽油从进油管内喷出,否则,说明电路有故障,应进一步检查熔断丝、继电器、空气流量传感器内的燃油泵开关、点火开关和线路。

③用跨接线跨接诊断座的 +B 与 FP 端子,打开点火开关(但不起动发动机),打开油箱盖,并倾听有无燃油泵运转的声音。若有运转声,说明控制电路正常;若无运转声,说明控制电路有故障,则应检查电路中的熔断丝、继电器有无损坏,线路有无短路或断路。

④若上述检查中电动燃油泵控制电路正常,但起动发动机燃油泵不工作,则检查叶片式空气流量传感器内的燃油泵开关触点。拆下空气滤清器,打开点火开关,用手指或螺钉旋具推动叶片式空气流量传感器的测量叶片,此时,在油箱口应能听到燃油泵运转的声音,否则,说明空气流量传感器内的油泵开关损坏,应更换空气流量传感器。也可用万用表检测叶片不同位置燃油泵开关两端子的导通性进行判断。

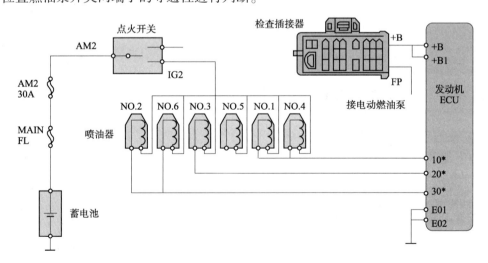

图 2-60 油泵开关控制的燃油泵控制电路

(2)油泵继电器控制的燃油泵控制电路的检测。

日本丰田雷克萨斯轿车的燃油泵控制电路如图 2-61 所示。油泵继电器控制的燃油泵控制电路的检修要领是检测电阻器的电阻值,标准值应为 0.792Ω;用万用表的电压挡测量 ECU 的 FPR 端电压,当发动机由怠速工况急加速时,电压应由 12V 降为 0。

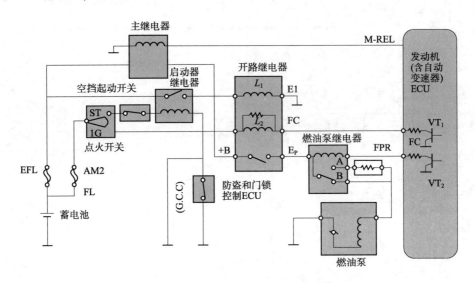

图 2-61　油泵继电器控制的燃油泵控制电路

(3) 油泵 ECU 控制的燃油泵控制电路的检测。

如图 2-62 所示为日本丰田皇冠 30 轿车的燃油泵控制电路。其检修要领是用万用表检测 FP 与接地间的电压,怠速时为 8~10V,加速时为 12~14V;点火开关在 ON 位置时,+B 与接地端电压为 8~16V,FPC 端与接地间电压,怠速时为 2.5V,加速时为 4~6V。

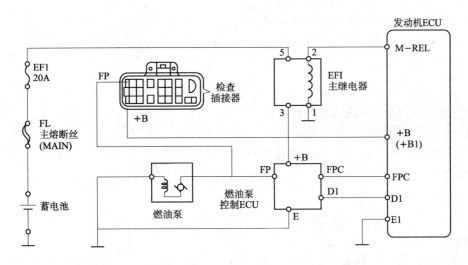

图 2-62　油泵 ECU 控制的燃油泵控制电路

3. 索纳塔喷油器和燃油泵的检测与故障诊断

以第八代北京现代索纳塔轿车 2.0L/2.4L 发动机为例,供油系统主要由燃油箱、燃油泵、燃油滤清器、燃油管、喷油器、燃油压力调节器组成。造成发动机不起动电路故障主要集中在燃油泵电路和喷油器电路上,燃油泵电路和喷油器电路如图 2-63 所示。

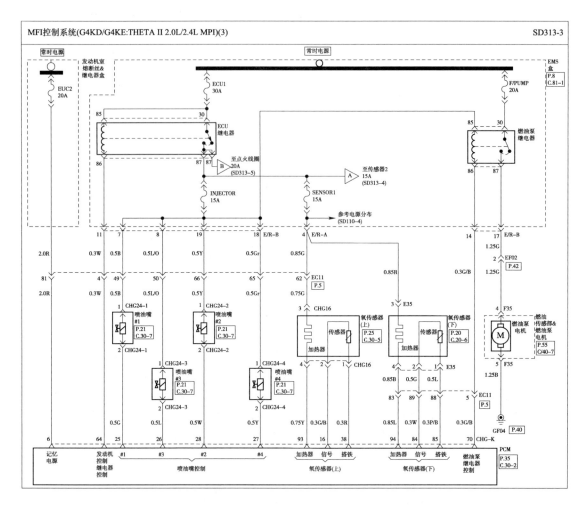

图 2-63　第八代索纳塔燃油泵、喷油嘴、氧传感器控制电路

1）喷油器及其控制电路的检测诊断

（1）喷油器供电电路检测诊断。

根据电路图，喷油器供电电路为蓄电池正极（常时供电）→ECU1 熔断丝→ECU 继电器→喷油器熔断丝（INJECTOR）→导线插接器 EC11→喷油器 1 号端子。点火钥匙至于 ON 挡，开始检测。

①检测喷油器熔断丝。万用表黑表笔搭铁，红表笔检测熔断丝的两端电压，若阻值均为 12V，结果正常；若一端为 12V，一端为 0，表示熔断丝烧坏，需更换。

②检测喷油器 1 号插头。喷油器插头 1 号端子和喷油器熔断丝相连，电压应为 12V，若有异常，故障部位在导线插接器 EC11。

（2）喷油器控制电路检测诊断。

根据电路图，喷油器脉冲控制电路为喷油器 1 号端子→喷油器→喷油器 2 号端子→PCM 脉冲控制端子（25、26、27、28 号端子）。点火钥匙至于 ON 挡，开始检测。

①检测喷油器。拔出喷油器插头，检测喷油器的 1 号和 2 号端子间的电阻值，应为 15Ω

左右,若为无穷大,表示喷油器烧蚀,需更换;

②检测脉冲控制端子连接。拔出喷油器,万用表黑表笔搭铁,红表笔检测喷油器2号端子对应插孔的电压值,电压应为接近5V的电压,若没有5V电压,说明PCM脉冲控制端子连接异常。

2)燃油泵及其控制电路的检测诊断

(1)燃油泵供电电路检测诊断。

根据电路图,燃油泵供电电路为蓄电池正极(常时供电)→燃油泵熔断丝(F/PUMP)→燃油泵继电器30号端子→燃油泵继电器87号端子→导线插接器EF02→燃油泵→接地端。点火钥匙至于ON挡,开始检测。

燃油泵供电电路检测流程:

①检测燃油泵熔断丝。万用表黑表笔搭铁,红表笔检测熔断丝的两端电压,若阻值均为12V,结果正常;若一端为12V,一端为0,表示熔断丝烧坏,需更换。

②检测燃油泵继电器30号端子。拔下继电器,用万用表检测30号端子对应插孔内电压值,若为12V,表示结果正常;若为0,表示油泵熔断丝到油泵继电器有断路现象。

③检测燃油泵继电器87号端子。用万用表检测87号端子与蓄电池搭铁之间的阻值,结果应接近燃油泵的电阻值,若阻值过大,可能故障是导线插接器虚接、断路、燃油泵烧蚀或者油泵搭铁不良,进一步判断排除故障即可。

(2)燃油泵控制电路故障导致燃油泵不工作。

根据电路图,燃油泵控制电路为蓄电池正极(常时供电)→ECU1熔断丝→ECU继电器→喷油器熔断丝(INJECTOR)→燃油泵继电器线圈端子→导线插接器EC11→PCM70号端子(燃油泵继电器控制)。点火钥匙至于ON挡,开始检测。

燃油泵控制电路检测流程:

①检测燃油泵继电器85号端子电压。拔出燃油泵继电器,检测燃油泵继电器的85号端子对应插孔内的电压值,结果应为12V,若没有电压,故障发生在喷油器熔断丝上。

②检测燃油泵继电器线圈内阻。拔出燃油泵继电器,检测燃油泵继电器的85号和86号端子间的电阻值,应为70Ω左右,若为无穷大,表示继电器烧蚀,需更换。

③检测控制端子连接。拔出燃油泵继电器,万用表黑表笔搭铁,红表笔检测继电器86号端子对应插孔的阻值,一键起动时,86号端子应该接地3s,若能检测到,说明PCM70号控制端子连接正常,否则进一步检查控制线路。

2.5.5 电控柴油机供油压力波形检测与分析

柴油机工作过程:在压缩行程接近终了时,把柴油喷入汽缸,使之与空气混合成可燃混合气,并利用空气压缩所形成的高温、高压使其自行发火燃烧。

在不解体情况下,可以通过燃油喷射过程中高压油管中的压力变化来检测柴油机燃油供给系统的技术状况。

燃油供给系统的工作过程状况可以通过高压油管的压力变化波形反映出来,因此,根据测得的喷油压力波形的特征与标准波形进行比较,可判断燃油供给系统的故障原因。

1. 柴油机燃油供给系统主要检测项目

(1) 观测压力波形：可观测到各缸高压油管中压力变化的波形，这些波形能以多缸平列波、多缸并列波、多缸重叠波、单缸选缸波和全周期单缸波的形式出现。

(2) 观测针阀升程波形：可观测到喷油器针阀升程与喷油泵凸轮轴转角的对应关系和针阀升程与高压油管中压力变化的对应关系。

(3) 检测瞬态压力：可测出高压油管内的最高压力、残余压力、针阀开启压力和针阀关闭压力。

(4) 判断供油均匀性：通过比较各缸高压油管中压力波形的面积，可观测到各缸供油量的一致性，并能找出供油量过大或过小的汽缸。

(5) 观测异常喷射（根据针阀升程波形和压力波形）：可观测到停喷、间隔喷射、二次喷射、喷前滴漏、针阀开启卡死和喷油泵出油阀关闭不严等故障。

(6) 检测供油正时和喷油正时：利用闪光法或缸压法，再配合被测缸高压油管中的压力波形和针阀升程波形，可测得一缸或某缸的供油提前角和喷油提前角。

(7) 检测供油间隔：通过观测屏幕上各缸并列线对应的凸轮轴角度，可检测到各缸供油间隔的大小。

2. 柴油机供油压力波形和针阀升程波形

柴油机的工作性能，在很大程度上取决于喷油泵和喷油器的工作状况。喷油泵和喷油器的工作状况，可以通过高压油管中压力的变化情况和针阀升程反映出来。因此，用示波器观测高压油管中压力与喷油泵凸轮轴转角之间的变化关系，喷油器针阀升程与喷油泵凸轮轴转角之间的变化关系，就可以判断出柴油机燃油供给系统的工作是否良好。

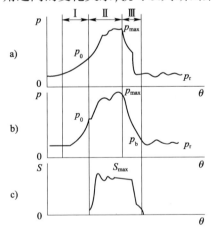

图 2-64 高压油管内压力波形和喷油器针阀升程波形
p_0-针阀开启压力；p_{max}-最高压力；p_b-针阀关闭压力；p_r-高压油管中的残余压力

1) 供油压力变化规律

柴油机供油压力变化分三个阶段，如图 2-64 所示为柴油机有负荷情况下实测的某缸高压油管内压力(p)和喷油器针阀升程(s)随凸轮轴转角(θ)的变化曲线，图中可看出针阀升程与高压油管内压力的对应关系。

在横坐标方向上，整个曲线可划分为 3 个阶段：

第 I 阶段：喷油延迟阶段。

喷油泵泵油压力上升到超过高压油管的残余压力 p_r，燃油进入油管使油压升高到针阀开启压力 p_0 阶段，喷油泵供油始点至喷油器喷油始点阶段。

第 II 阶段：主喷油阶段。

由于喷油泵柱塞继续上行，因而高压油管的压力继续升高，直到喷油泵回油孔打开。其长短取决于柴油机负荷（喷油泵柱塞的有效供油行程），并随发动机的负荷大小而变化，负荷越大，则该阶段越长。

第Ⅲ阶段：自由膨胀阶段。

当喷油泵柱塞有效行程结束、出油阀关闭后，尽管燃油不再进入油管，但由于油管中的压力仍高于针阀关闭压力 p_b，燃油会继续从喷孔中喷出。

喷油泵供油阶段为Ⅰ+Ⅱ阶段，喷油器喷油阶段为Ⅱ+Ⅲ阶段。

影响因素：

第Ⅰ阶段：p_0 过高、高压油管渗漏，出油阀偶件或喷油器针阀偶件不密封而使残余压力 p_r 下降，油管长度增加等会使该阶段延长。

第Ⅱ阶段：发动机负荷越大，该阶段越长。

第Ⅲ阶段：油管中的最大压力 p_{max}。当 p_{max} 不足时，该阶段缩短。

总之，若循环供油量（即柱塞有效行程一定），第Ⅰ阶段延长和第Ⅲ阶段缩短时，喷油器针阀开启所对应的凸轮轴转角减少，喷油量减少；反之，若第Ⅰ阶段缩短、第Ⅲ阶段延长，则喷油量增大。因此，三个阶段的长短对发动机的工作状况影响较大，同时又要求各缸的三个阶段一致性好。

2) 供油压力波形类别

高压油管内的压力波形，可用多缸平列波、多缸并列波、多缸重叠波和全周期单缸波等波形进行观测。

(1) 多缸平列波。

以各缸高压油管中的残余压力 p_r 为基线，按发火次序把各缸压力波形从左到右首尾相接所形成的波形，如图 2-65 所示。

(2) 多缸并列波。

把各缸压力波形首部对齐，按发火次序在垂直方向上自下而上展开所形成的波形。

作用：通过比较各缸压力波形三阶段面积的大小，可判断各缸喷油量的一致性，如图 2-66 所示。

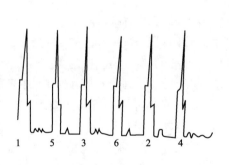

图 2-65　多缸平列波

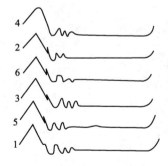

图 2-66　多缸并列波

(3) 多缸重叠波。

将各缸压力波形首部对齐重叠在一起所形成的波形。

作用：比较各缸压力波形的高度、长度、面积和各缸 p_r、p_0、p_b 和 p_{max} 的一致性，如图 2-67 所示。

(4) 全周期单缸波。

是单独将某一缸高压油管中的压力随喷油泵凸轮轴旋转 360° 时的变化情况显示出来的

波形,如图2-64所示。在数码管上可以轮流指示出某缸高压油管中的残余压力p_r,针阀开启压力p_0,针阀关闭压力p_b,最大压力p_{max}及转速等,如图2-68所示。

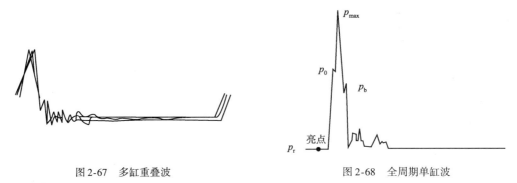

图2-67 多缸重叠波　　　　　　图2-68 全周期单缸波

3)供油压力波形分析

若被测柴油机为6缸发动机,着火顺序为1-5-3-6-2-4。按仪器使用说明书要求,将示波器预热、自校、调试后,将串接式油压传感器按要求安装在高压油管与喷油器之间,或将外卡式油压传感器按要求卡在高压油管上。经过预热的柴油机处于运转状态,然后通过按键选择,即可在屏幕上出现所需要的被测柴油机的多缸平列波、多缸并列波、多缸重叠波或全周期单缸波。

(1)检测高压油管内的瞬态压力。

使柴油机在800~1000r/min下稳定运转,通过按键选择,使屏幕上出现稳定的多缸平列波。再通过选缸键,从多缸平列波上选出被测缸的全周期单缸波。此时,屏幕上仅存被测缸的全周期单缸波,可进行该缸高压油管内瞬态压力测量。调柴油发动机测试仪定时灯上的电位器,有一亮点沿全周期单缸波形移动(图2-68),亮点所在位置的瞬态压力由柴油发动机测试仪表头指示。由此可分别测出喷油器针阀开启压力p_0、关闭压力p_b、油管最大压力p_{max}和油管残余压力p_r。

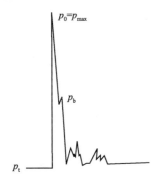

图2-69 循环油量很小时的单缸波形

当发动机空转且循环供油量很小时,有时$p_0 = p_{max}$,即针阀开启压力等于油管内最大压力,如图2-69所示。

同一台发动机各缸的p_0、p_b、p_r和p_{max}应分别相等,并符合原厂要求。目前能见到的资料仅对喷油器喷油压力(针阀开启压力)提出了要求。当喷油压力不符合要求时,应拆下喷油器,在专用喷油器试验器上进行调试。

(2)观测各缸供油量的一致性。

经过上一项观测,在各缸p_r、p_0、p_b和p_{max}一致的情况下,可进一步比较各缸供油量的一致性。先将发动机调到需要的转速,一般是中速或中高速;然后通过按键调出该机多缸重叠波,观测波形Ⅰ、Ⅱ、Ⅲ阶段的重叠情况。若波形三个阶段重叠较好,说明各缸供油量比较一致;若波形三个阶段重叠不好,说明各缸供油量不一致。其中,波形三个阶段窄的缸供油量小,波形三个阶段宽的缸供油量大。通过选缸键,可以找出是哪一缸的供油量不正常;也可以调出多缸并列波进行比较,但波形幅度要适当调小些。

应当指出,当各缸供油间隔不一致时,应先检测并调整好供油间隔后,再进行各缸供油量一致性的观测。

(3)观测针阀升程。

将被测缸喷油器顶部的回油管拆下,把针阀传感器旋在喷油器上,当传感器上触杆被顶起时(从方孔中观看),将传感器锁紧。置发动机在中速下运转,通过按键使屏幕上出现6条并列线,被测缸的针阀升程波形出现在对应的并列线上,如图2-70所示。

针阀升程波形对于观测喷油器针阀的开启、关闭、跳动和喷油器异常喷射等方面很有用处。异常喷射是指喷油器间隔喷射、二次喷射、停喷和针阀抖动等不正常喷射现象。这些现象很容易通过针阀升程波形观测到。其中,间隔喷射和停喷等现象常在喷油量很小的怠速或低速情况下出现,此时的针阀升程波形变的时有时无或升程时大时小。

(4)观测压力波形

通过观测压力波形可判断柴油机燃油系的技术状况。当使用发动机检测仪(带有示波器)时,将油压传感器串接在被测缸的高压油管与喷油器之间,并按下规定的操作码,所测单缸典型供油压力波形如图2-71所示。常见的几种故障波形如下,供实测时参考。

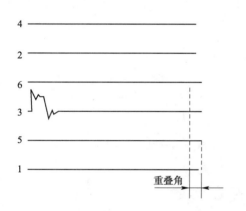

图2-70 针阀传感器接在3缸上的针阀升程波形

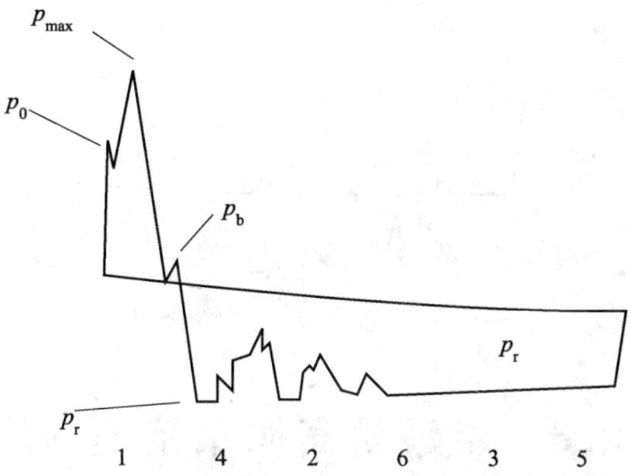

图2-71 实测的典型供油压力波形

4)供油压力波形诊断

(1)供油压力过低故障波形。

可能原因:喷油泵不泵油或泵油很少,致使高压油管内的压力偏低;喷油器针阀在开启位置卡死不能落座,致使高压油管内不能建立高压,如图2-72所示。

(2)喷油器不喷油故障波形。

可能原因:喷油器在关闭位置未开启(喷油器损坏使喷油器不能动作;喷油器针阀被高温烧蚀而在关闭位置卡死;针阀开启压力调整过高),如图2-73所示。

图2-72 喷油泵供油不足或针阀卡死在开始位置时的故障波形

(3)喷油器喷前滴漏故障波形。

可能原因:喷油器针阀密封不严;针阀磨损过度;脏物、积炭黏附在针阀密封表面,如图2-74所示。

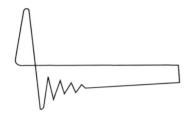
图2-73 针阀卡死在关闭位置时的故障波形

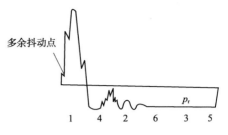
图2-74 喷油器喷前滴漏时的故障波形

(4)高压油路密封性差波形。

特征:油压波形曲线残余压力部分呈窄幅振抖并逐渐降低。

可能原因:喷油泵的出油阀密封不严;高压油管及接头有渗漏,如图2-75所示。

(5)残余压力 p_r 上下抖动时的故障波形。

特征:压力波形上残余压力 p_r 上下抖动严重。说明喷油器有间隔喷射现象。这是因为当喷油器不能喷射时 p_r 升高,而喷油时 p_r 降低的缘故。如图2-76所示。

可能原因:喷油泵供油量小;喷油器弹簧压力较高。

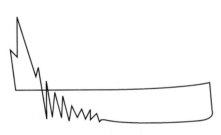
图2-75 高压油路密封不严时的故障波形

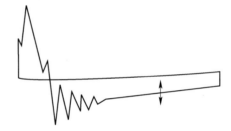
图2-76 残余压力上下抖动时的故障波形

2.6 发动机其他系统的检测与故障诊断

发动机五大系统中,除了故障率较高的点火系统和供油系统外,还有起动系统、冷却系统和润滑系统。

2.6.1 起动系统的检测与故障诊断

起动系统的常见故障现象有起动机不转、起动机运转无力、起动机空转和起动机异响等故障,常见的故障部位有起动机、蓄电池接线柱脏污或松动、起动继电器、点火开关和搭铁线路松动等。

1.起动机不转故障

1)故障现象

将点火开关旋至起动挡时,起动机不运转。

2)故障原因

起动机不转的故障分析,可参照如图2-77所示。

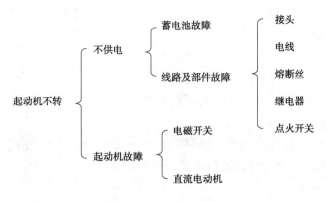

图 2-77　起动机不转故障

3）故障检测诊断

根据故障排除从易到难的一般原则，首先应检查蓄电池储电情况和蓄电池搭铁线、火线的连接是否有松动，然后再做进一步的检查。电磁开关和直流电机的故障诊断可以采用蓄电池短接法来分析是元件故障还是线路故障。排除线路的故障，可用万用表或试灯逐段检查排除。

2．起动机运转无力故障

1）故障现象

将点火开关旋至起动挡时，起动机能运转，但功率明显不足，时转时停。

2）故障原因

起动机运转无力的故障分析，可参照如图 2-78 所示。

3）故障检测诊断

（1）检查蓄电池容量（用高率放电计检查），若容量不足，可用容量充足的蓄电池辅助供电的方法加以排除。

（2）检查蓄电池桩头接柱及起动电磁开关主触头接柱的松动情况，若松动，加以紧固。

（3）若怀疑是起动机内部故障，可用同型号无故障的起动机替换加以排除。确认是起动机内部故障时，应进一步拆检起动机。

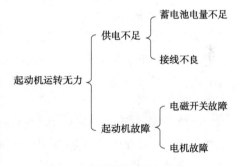

图 2-78　起动机运转无力故障

3．起动机空转故障

1）故障现象

起动发动机时，起动机运转且转速很高，响声较大而发动机不运转。

2）故障原因

（1）机械强制式起动机的拨叉脱槽，不能推动驱动小齿轮，使之不能进入啮合状态。

（2）电磁控制式起动机的电磁开关铁芯的行程太短。

（3）电枢移动式起动机的辅助线圈短路或断路，不能将电枢带到工作位置。

（4）起动机的单向离合器打滑。

(5)飞轮齿圈磨损严重或损坏。

3)故障检测诊断

(1)起动机空转时转速很高,可听到高速转动的"嗡嗡"声,但发动机不转,一般为单向离合器打滑,可检查单向离合器锁止力矩,并予以修理调整。

(2)起动机空转且拌有齿轮撞击声,可检查起动机电磁开关行程调整是否得当,起动机固定螺钉是否松动等,并根据情况予以修理。

(3)起动机空转,此时切断电源,摇转曲轴,使飞轮齿环转过一个角度,再起动,可以正常带动发动机运转,说明飞轮齿环有连续几个齿损坏。

4. 起动机异响故障

1)故障现象

接通点火开关,起动机运转时有撞击声,不能带动发动机运转。

2)故障原因

(1)起动开关或电磁开关的行程调整不当。

(2)电枢移动式起动机的固定触点和活动触点之间的间隙调整不当。

(3)起动机驱动小齿轮或飞轮的轮齿磨损过甚或打滑。

(4)起动机的固定螺栓松动或离合器壳松动。

(5)起动机内部有故障。

3)故障检测诊断

此故障现象表明起动机的驱动小齿轮与飞轮齿圈啮入困难。应首先将发动机的曲轴摇转一个角度,再接通起动开关进行试验。

(1)若撞击声消失且驱动小齿轮能啮入飞轮齿圈起动发动机,则说明飞轮齿圈的部分轮齿的啮入端被打坏,应更换飞轮齿圈。

(2)若将曲轴转到任何角度都不能消除撞击声,驱动小齿轮始终不能啮入飞轮齿圈则表明起动机的拨叉行程或电磁开关行程过短,导致驱动小齿轮尚未啮入飞轮齿圈即开始高速旋转。

(3)当接通起动开关时,起动机壳体抖动明显,说明起动机的固定螺栓或离合器壳的固定螺钉松动,应立即将其紧固,否则可能会造成起动机的驱动端盖折断。

(4)此外,根据撞击声响的特征也可大致判明故障的原因。一般因行程调整不当而导致的撞击声或带有空转的撞击声是连续的;而因起动机的固定螺栓或离合器壳松动或飞轮齿损坏引起的撞击声是断续的,且有时可以啮入起动。表现为起动机空转且带有撞击声的故障诊断方法与起动机空转故障的诊断方法相同。

2.6.2 冷却系统的检测与故障诊断

冷却系统的常见故障现象有发动机漏水,冷却液温度过高(发动机过热)或过低(发动机过冷)等故障,常见的故障部位有节温器、电动风扇、温控开关或冷却液温度传感器、散热器和水泵等。

1. 发动机漏水故障

1)故障现象

冷却液液面下降过快,需经常添加冷却液;机油池中含水量过大;排气管冒白烟。

2)故障原因

(1)散热器损坏、水泵密封不良和管路接头损坏、松动等造成冷却系外部渗漏。

(2)汽缸垫损坏、缸体缸盖处的水套破裂、汽缸盖翘曲、缸盖螺栓松动等造成冷却系内部渗漏。

3)故障诊断与排除

(1)检查冷却系有无外部渗漏现象。由于发动机的冷却液通常加有染料着色,若有外部渗漏,则外部渗漏部位较为明显,应重点检查软管、接头、散热器芯和水泵等部位。

(2)检查冷却系有无内部渗漏现象。一般内部渗漏时会伴随有发动机无力,排气管排白烟散热器内冒气泡,机油液面升高,机油呈乳白色等现象,这时,应拆检缸体、缸盖和缸垫。

2. 发动机过热

1)故障现象

发动机起动后,冷却液的温度上升很快;运转中的汽车,冷却液温度表指针经常指在100℃以上并伴随有冷却液沸腾现象;发动机易产生突爆或早燃、熄火困难等现象。

2)故障原因

发动机过热的故障原因分析如图2-79所示。

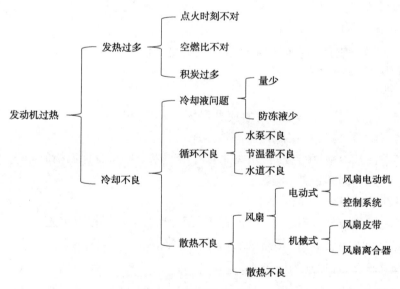

图2-79 发动机过热故障

3)故障检测诊断

(1)检查冷却液的液面高度是否符合要求,以及冷却液中的锈皮或水垢是否过多等。

(2)检查百叶窗能否完全打开。

(3)检查冷却液的指示装置。就车诊断时,将连接感应塞的导线与发动机的机体搭铁。

若搭铁后冷却液温度表指针摆动,说明冷却液温度表良好,感应塞有故障;否则,说明冷却液温度表有故障。

(4)检查风扇。先检查风扇的风量,可用一张薄纸放在散热器前面,若纸被牢牢吸住,说明风量足够。然后,检查风扇皮带是否过松,叶片有无变形,风扇离合器是否失效等。对电动风扇,应先检查温控开关。若将其短接后风扇立即转动,说明温控开关损坏;若短接后风扇仍不转,应检查线路熔断器、继电器、电动机等是否损坏。

(5)检查散热器是否变形、漏液,并触试散热器和发动机的温度。若散热器温度低而发动机温度高,说明冷却液循环不良,应检查散热器出水胶管是否被吸瘪或被堵塞。如果出水管良好,可拆下散热器的进水软管并起动发动机,这时冷却液应有力地排出,若不排液,说明水泵或节温器有故障。

(6)若上述部位均正常,再检查散热器和发动机各部位的温度是否均匀。如果散热器冷热不均,说明其水管被堵塞。如果发动机的前端温度低于后端温度,则表明其分水管已损坏或被堵塞,应将其拆换。

(7)若非上述原因,则可能是水套内的积垢过多,应予以清除。

(8)若在冷却系正常的情况下发动机仍过热,则应考虑其他系统的问题,如点火是否过迟,排气门脚的间隙是否过大,混合气是否过浓或过稀,燃烧室内的积炭是否过多以及机油是否不足等。此外,汽车在上长坡、顺风行驶或在高温季节的条件下,长时间低速大负荷行驶时也会引起发动机过热。

3. 发动机过冷

1)故障现象

发动机过冷故障表现为温度指示值低于发动机正常工作温度;发动机运转无力,消声器时有放炮,汽油消耗增加等。

2)故障原因

(1)冷却液温度表或冷却液温度感应器损坏,指示有误。

(2)未装节温器或其阀门因黏结而不能闭合。

(3)在冬季或寒冷地区行驶时,未关闭百叶窗或未采取车身保温措施。

(4)冷车快怠速调整过低。

3)故障检测诊断

(1)若环境温度较低,应检查百叶窗是否关闭,是否采取了保温措施。

(2)检查冷却液温度表、传感器及线路是否正常。

(3)拆检节温器,若损坏则应将其更换。

4. 冷却系统主要零部件检测

冷却系统主要零部件的检查主要包括散热器、节温器、水泵、风扇的检测和冷却液温度传感器的检测,冷却液温度传感器在前面章节已做介绍,在此不再赘述。

1)散热器的检测

正常散热器在汽车行驶时应该上下温度一致,如果出现半边凉半边热的情况,就可以判断散热器内部堵塞。可以把散热器接在2kg压力的水管上,逆向冲洗,如果堵塞严重可以使用少量清洗剂,同时注意清洗散热器的污垢并观察有无渗漏。

2) 节温器的检测

有些人认为摘除节温器就可以防止散热器偏高,其实节温器只要正常发挥作用并不会导致散热器过高,而发动机长时间在低温下运行也是非常有害的;另外许多发动机的节温器是双向作用的,当节温器关闭时,强迫冷却水走小循环,而节温器打开时,小循环关闭,冷却水全部走大循环。如果不装节温器,由于管路局部阻力的节流作用,实际流向大循环是水很少,散热器反而升高。

常用蜡式节温器的检测方法:将节温器放在盛有热水的器皿中,如图 2-80 所示,然后加热,检测阀门开始开启和完全开启时的温度,以及全开时阀门的升程。开启温度和升程不符合规定,则应更换节温器。如帕萨特 1.8T 节温器的开启温度应为 87℃ 左右;全开温度应为 102℃(不可测试)左右;开启行程至少 8mm。

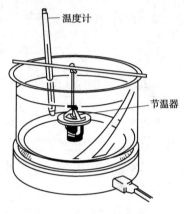

图 2-80 节温器性能检测

3) 水泵的检测

水泵的损坏有三种方式:渗漏、丢转和叶轮腐蚀。所谓丢转是水泵轴和叶轮配合间隙太大,当发动机转速达到一定时,水泵叶轮无法达到相应转速,造成水循环不良。

发动机起动后,查看水泵溢水孔是否有渗漏,若渗漏,表明水封已损坏,应更换;查听有无异常响声,若有则应拆解检测。停机后用手扳动水泵带轮,查看带轮与水泵轴配合是否松旷,若松旷则应紧固或检测。

4) 风扇的检测

风扇是冷却系的主要部件,有些轿车已淘汰了固定风扇,而代之以电磁和带有硅油离合器的风扇。它的特点是冷车时风扇基本不起作用,而热车时散热量达到最大;硅油风扇离合器的主要故障是漏油,而电磁风扇离合器的主要故障是冷却液温度开关损坏、线路损坏、电磁线圈损坏。发动机的散热除了以水为散热介质外,一部分热还可以随排气散失,机油也可以带走部分热量,而发动机周围的空气对流更起着不可替代的作用,因此,检查发动机过热时不要忘记检查排气系统(尤其是带催化转化器的车型)是否流畅,机油、变速器油散热装置是否完好。另外发动机风扇附近的导风罩(俗称风圈)对发动机舱内的热对流起着至关重要的作用,检查时应注意。

(1) 电动风扇温控开关的检测。

发动机热态时,即使已经熄火,风扇仍可能在转动。若冷却液温度很好而风扇不转,应检查熔断丝。若熔断丝完好,则应检测温控开关,必要时检测电动机的功能,或更换相关部件。

一般电动风扇有高、低速两挡转速,检测温控开关时,可将其放入加热的水中,使用万用表测量第一挡,当水温达到 93~98℃ 时应能导通;当水温达到 88~93℃ 时,应断开。而第二挡 105℃ 时应导通;93~98℃ 时应断开。否则,应更换电动风扇温控开关。

(2) 风扇电机的检测。

风扇电机的检测包括电阻检测和性能检测。

电阻检测:拔下风扇电机插头,测量电机阻值,阻值约为2Ω左右。

性能检测:用导线接上蓄电池正负极,风扇电机应该高速旋转,并无异响、阻滞现象。

(3)风扇皮带或水泵皮带的检测与调整。

风扇皮带使用一段时间后,因为皮带磨损或其他原因,皮带张紧程度变松,因此,应经常检测和调整风扇皮带的张紧度,使其适中。风扇皮带张紧度的常用检测方法是用30～40N的压力按压在风扇皮带轮和发电机皮带轮之间的皮带上,测量其下弯距离是否符合标准。若不符合规定,则可调整发电机的安装位置使其合格。此外,还要检测皮带表面有无油污和裂纹,若有油污则应清洗擦拭干净;若有裂纹则应更换皮带。水泵皮带的检测方法与风扇皮带类似。

2.6.3 润滑系统的检测与故障诊断

发动机润滑系统技术状况不良,可导致机件磨损加剧,影响发动机的使用寿命。在正常情况下,汽油机的机油压力为196～392kPa,压力过高或过低都影响发动机的正常运行。发动机润滑系统的常见故障有机油压力过低、机油压力过高、机油消耗过大和机油变质等。

1. 机油压力过低

1)故障现象

(1)发动机起动后的机油压力低于标准值,报警蜂鸣器报警。

(2)发动机运转过程中,机油压力始终过低。

(3)机油油面增高、黏度变小,且带有很浓的汽油味或者带有水泡沫。

2)故障原因

(1)机油量没有达到规定容量;机油黏度小,汽油或冷却水进入油底壳。

(2)机油压力表指示有误。如油压表、传感器、油压开关、油压警告灯和报警器失效等。

(3)机油泵磨损严重,造成机油泵泵油性能变坏。

(4)机油集滤器、机油滤清器被堵塞;限压阀调整弹簧弹力过低或弹簧折断;旁通阀不密封或其弹簧折断或弹力调节过小。

(5)发动机曲轴主轴承或连杆轴承的配合间隙过大或凸轮轴轴承的间隙过大。

(6)发动机过热。

(7)未按季节规定换机油,机油过稀或更换机油的周期太长。

3)故障检测诊断

机油压力过低的故障诊断流程如图2-81所示。

2. 机油压力过高

1)故障现象

(1)接通点火开关,机油压力表即指示机油压力为196kPa,起动后增至490kPa以上。

(2)发动机在运转中,机油压力表的指示数值突然增高。

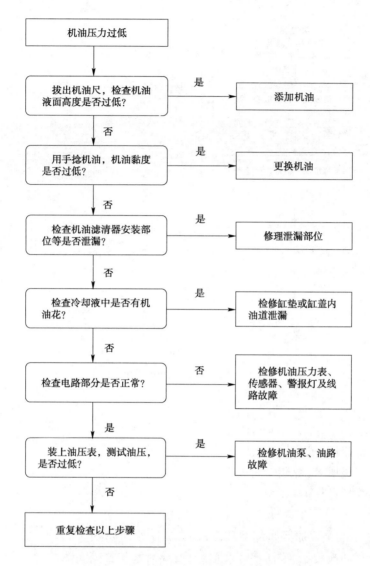

图 2-81 机油压力过低故障诊断流程

(3) 有时机油压力表的指示数值增高后,又突然下降至过低。

2) 故障原因

(1) 机油的黏度过大,机油量过多。

(2) 油压表失准,传感器及油压指示装置失效。

(3) 机油压力限压阀调整不当或卡滞。

(4) 机油滤清器的滤芯被堵塞,且旁通阀开启困难。

(5) 汽缸体主油道被堵塞,积垢过多。

(6) 发动机各轴承的间隙过小。

3) 故障检测诊断

机油压力过高的故障诊断流程,如图 2-82 所示。

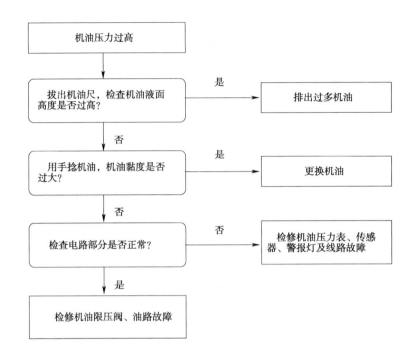

图 2-82 机油压力过高故障诊断流程

3. 机油消耗过多

1) 故障现象

(1) 排气管冒蓝烟,机油加注口脉动冒烟。

(2) 燃烧室积炭增多,湿储气筒放气时油沫增多。

(3) 机油消耗超过 0.1~0.5L/100km。

2) 故障原因

机油消耗过多的主要原因是漏油和烧机油,具体原因如下:

(1) 扭曲活塞环被装错,或活塞环磨损严重,或活塞与缸壁间隙过大。

(2) 进气门与气门导管磨损过大,或气门导管挡油罩损坏,或曲轴箱通风阀失效。

(3) 气门室盖、油底壳、放油塞、正时齿轮(链轮、带轮)、曲轴前后油封、凸轮轴油堵、机油滤清器及燃油泵等各部位的油封或密封垫损坏而漏油。

(4) 空气压缩机的活塞与缸壁的间隙过大或空气压缩机的前后曲轴盖处漏油。

3) 故障检测诊断

(1) 检查发动机的上、下、前、后及侧部有无明显的漏油痕迹。

(2) 使发动机高速运转,查看排气管是否冒蓝烟。有时也可看到从机油加注口处冒出脉动的蓝烟,这是由机油进入汽缸燃烧所致,应拆卸活塞连杆组,进行检查分析;若仅是排气管处冒蓝烟,而在机油加注口处并无脉动的蓝烟,则是由气门室的机油沿磨损过量的进气导管被吸入燃烧室所致。

(3) 检查曲轴箱的通风阀是否失效。

机油消耗量过多故障诊断流程图如图2-83所示。

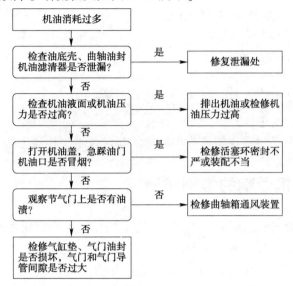

图 2-83　机油消耗过多故障诊断流程

4．机油变质

1）故障现象

（1）将机油滴在白纸上进行目测。若机油呈黑色并有杂质或油滴外缘呈黄色而核心为黑色，或用手捻搓机油感到机油失去黏性并有杂质感，则说明机油变质。

（2）机油油面的高度增加且呈浑浊的乳白色，并伴有发动机过热或个别汽缸不工作现象。

（3）机油变稀，油面高度增加且有汽油味，并伴有混合气过稀或不来油现象。

2）故障原因

机油变质主要是因机油高温氧化或混入冷却液、汽油及其他杂质所致。具体原因如下：

（1）油品质差或使用时间过长。

（2）汽缸活塞组漏气、曲轴箱通风不良或机油受燃烧废气污染而致使机油变质。

（3）燃烧炭渣、金属屑或其他杂质过多，落入油底壳使机油变质。

（4）燃油泵膜片破裂导致汽油漏入油底壳而稀释机油。

（5）汽缸垫损坏、汽缸体或汽缸盖破裂，致使冷却液漏入油底壳使机油变为乳白色。

（6）机油散热器工作不良或发动机过热，使机油温度超过 70～80℃，加速了机油的高温氧化。

3）故障检测诊断

（1）根据机油的颜色和症状特征，判断机油是否变质（经验法）；也可利用机油清净性分析仪、机油黏度检测仪测定机油的黏度、颜色，以判断机油中是否有汽油、水分和其他杂质等。

（2）根据机油变质后的特征，确定故障原因和故障部位。如机油呈浑浊乳白色且油面增高，说明汽缸内进水；如机油中掺有汽油且油面增高，说明燃油泵的膜片破裂而导致漏油。

(3) 检查机油的使用时间是否过长,未定期将其更换。
(4) 查机油滤清器的滤清效果是否良好。
(5) 检查曲轴箱的通风阀是否失效。
(6) 检测缸压,判断汽缸的活塞组是否漏气窜油。

2.7 发动机异响的检测与故障诊断

发动机异响是指发动机在正常工作中发出的超过技术文件规定的不正常响声。

2.7.1 发动机异响的类别和原因

技术状况良好的发动机,运转中仅能听到均匀的排气声和轻微的噪声,这是正常响声。如果发动机在运转中出现异常响声,即异响,表明有关部位出现了故障。对于有异响的发动机,应根据故障现象,分析产生的原因,找出异响的部位,准确地将其诊断出来。

异响是物体发生振动,产生声波而传播的。在发动机上,不同的机件、不同的部位和不同的工况,声源所产生的振动是不同的,因而发出的异响在声调、声频、声强、出现的位置和次数等方面均不相同。利用异响的这些特点和规律,在一定的诊断条件下,即可将发动机的异响诊断出来。

1. 发动机异响的类别

发动机常见的异响,主要有机械异响、燃烧异响、空气动力异响和电磁异响等。

2. 发动机异响的原因

1) 机械异响

机械异响原因主要是运动副配合间隙太大或配合面有损伤,运动中引起冲击和振动造成的。因磨损、松动或调整不当造成运动副配合间隙太大时,运转中引起冲击和振动,产生声波,并通过机体和空气传给人耳,于是我们听到了响声。如曲轴主轴承响、连杆轴承响、凸轮轴轴承响、活塞敲缸响、活塞销响、气门脚响、定时齿轮响等,多是因配合间隙太大造成的。但有些异响也可能是配合面(如定时齿轮齿面)有损伤或其他原因造成的。

2) 燃烧异响

燃烧异响原因主要是发动机不正常燃烧造成的。如汽油发动机产生爆燃或表面点火时,柴油发动机工作粗暴时,汽缸内均会产生极高的压力波。这些压力波相互撞击并撞击燃烧室壁和活塞顶,发出了强烈的类似敲击金属的声响,是典型的燃烧异响。当化油器发出回火声,排气管发出放炮声或"突、突"声时,也属于燃烧异响。

3) 空气动力异响

空气动力异响原因主要是在发动机进气口、排气口和运转中的风扇处,因气流振动而造成的。

4) 电磁异响

电磁异响原因主要是发电机、电动机和某些电磁器件内,由于磁场的交替变化,引起机械中某些部件或某一部分空间产生振动而造成的。

2.7.2 发动机异响的检测与诊断

发动机异响的检测诊断方法主要有人工经验诊断法和仪器检测法。

1. 常见异响及经验诊断法

1）曲轴主轴承异响

（1）故障现象。

发动机稳定运转时声响不明显，急加速或负荷较大时，发出较沉重、有力、有节奏的"铛铛"声，严重时机体振抖。

（2）故障原因。

①因主轴颈磨损失圆造成的主轴承配合间隙过大或配合不良。

②润滑不良。

③主轴承盖螺栓松动，轴承合金脱落、烧损、轴承破裂等。

④曲轴弯曲。

（3）故障检测诊断。

①改变发动机转速，转速增高，响声增大，中速向高速过渡时响声明显，急加速异响明显。

②负荷增大（如爬坡、载重时），响声加大，负荷变化时响声较明显。

③发动机温度变化时，异响变化不明显。

④单缸断火时，响声不变（末道主轴承响，响声减弱），相邻两缸均断火时，响声明显减弱。

⑤发动机跳火1次，发响2次，即每工作循环响2次。

⑥润滑不良时，响声加重，一般有明显的油压降低现象。

⑦反复抖动节气门，从加机油口（或曲轴箱通风管口）处听诊，可听到明显的沉重有力的金属敲击声。或用听诊器触在油底壳或曲轴箱与曲轴轴线齐平的位置上听诊，响声最强的部位即为发出异响的主轴承。

⑧伴随现象。主轴承异响往往会伴随有油压降低现象，严重时发动机振抖，尤其是在高速或大负荷时。

2）连杆轴承异响

（1）故障现象。

发动机怠速运转时无异响或响声较小，急加速时有较重且短促的"铛铛铛"明显连续的敲击声。这是连杆轴承响的主要特征，严重时怠速也能听到明显响声。连杆轴承响比主轴承响清脆、缓和、短促。

（2）故障原因。

①连杆轴承或轴颈磨损，使配合间隙过大或配合不良。

②油压过低，或机油变质，或连杆轴油道堵塞，致使润滑不良。

③连杆轴承盖螺栓松动或折断。

④连杆轴承尺寸不符,引起转动或断裂。
⑤连杆轴承减摩合金脱落或烧毁。
(3)故障检测诊断。
①改变发动机转速,怠速时声响较小,中速时较为明显,稍稍加大节气门有连续的敲击声,急加速时敲击声随之增加,高速时因其他杂音干扰而不明显。
②负荷增大,响声加剧。
③发动机温度变化时,响声通常不变,但有时也受润滑油温度的影响。
④单缸断火,响声明显减弱或消失,但复火时又能立即出现,即响声上缸。但当连杆轴承松旷过甚时,单缸断火声响无明显变化。
⑤点火1次,发响2次,即每工作循环响2次。
⑥连杆轴承响声在油底壳侧面较大。如用听诊器触在机体上听诊,响声不十分清晰,但在加机油口处或曲轴箱通风管口处直接察听,可清楚听到连杆轴承敲击声。
⑦伴随现象。连杆轴承响伴随有油压明显降低现象,严重时机体振抖,这有别于活塞销响、活塞敲缸。可用手将螺钉旋具或听诊器抵住缸体下部或油底壳处,当触试相应的故障缸位时有明显振动感。

3)活塞销异响
(1)故障现象。
在怠速、低速和从怠速向低速抖动加速踏板时,发出响亮、尖脆而有节奏的"嘎嘎嘎"金属敲击声,类似两个钢球相碰的声音,呈上下双响。略将点火时间提前,声响加剧,在同样转速下比活塞敲缸响连续而尖锐。
(2)故障原因。
①活塞销与销孔、连杆衬套磨损严重,配合间隙过大。
②卡环松旷、脱落。
③润滑不良等。
④活塞销断裂。
(3)故障检测诊断。
①转速变化时,响声也随之周期性变化,加速时声响更大,在发动机转速稍高于怠速时比较明显,比轴承响清脆。抖动节气门,从怠速向低速加速时,响声能随转速的变化而变化,且在转速升高的瞬间,发出清脆、连续而有节奏的响声。
②温度上升,响声没有减弱,甚至更明显。有时冷车时响声小,热车时响声大。
③单缸断火时,响声减弱或消失。复火时响声会明显出现1响或连续2响。严重时,在响声较大的转速下进行断火试验时,往往响声不消失且变得杂乱。
④用螺钉旋具或听诊器抵触在发动机上侧部或汽缸盖上察听,同时变换转速,在汽缸壁上部听诊比在下部明显。
⑤根据不同症状具体诊断:若转速越高,响声越大,单缸断火时响声反而杂乱则故障为活塞销与衬套间隙过大;怠速运转时,响声为有节奏而较沉重的响声,提高转速声响不减,同时伴有机体轻微抖动,断火试验响声加重,则说明活塞销自由窜动;若急加速时,声响尖锐而清晰,断火试验响声减轻或消失,则很可能是活塞销折断。

4)气门脚异响

(1)故障现象。

急速时,在气门室处发出连续不断地有节奏的"嗒嗒"声,响声清脆有节奏,易区分。若有多只气门脚响,则声音杂乱,且断火试验响声无变化。

(2)故障原因。

①气门脚润滑不良,或因磨损、调整不当造成气门间隙过大。

②气门间隙处两接触面不平。

③气门杆与气门导管配合间隙过大。

④摇臂轴配合松旷。

(3)故障检测诊断。

①转速增高响声增大,节奏加快。急速、低速时响声明显,中速以上变得模糊杂乱。

②负荷、温度、缸位对气门脚无影响,断火试验异响无变化。

③急速下在气门室或气门罩处听诊异响非常明显,气门脚响清脆有节奏,在发动机周围就能听到较为清晰的响声。

④将气门室盖拆下,在急速时用适当厚度的厚薄规插入气门间隙处,若响声消失或减弱即可确诊为该气门间隙过大。

⑤插入厚薄规后,气门没有间隙,若响声不变,可用螺钉旋具撬动气门杆,若响声消除,说明气门杆与导管磨损过甚。

2. 仪器检测法

用仪器诊断发动机异响,就是利用振动传感器(拾振器)把各种异响对应的振动信号拾取出来,经过选频放大后送到点火示波器显示出波形,对异响进行频率鉴别和幅度鉴别,再辅之以单缸断火(或单缸断油)、转速变换等手段,迅速、准确地判断出异响的种类、部位和严重程度。

除了汽车专用示波器外,一般的发动机综合分析仪也具有观测发动机异常波形的功能。注意观测前要将附带的振动传感器接触到发动机异响的相关部位。

1)检测曲轴主轴承异响

曲轴主轴承响的波形如图2-84所示。选择频率挡1,将振动传感器抵在发动机油底壳中上部稍前的位置,如图2-84a)中黑点所示。用抖加速踏板的方法,使发动机在1200~1600r/min或更高的转速范围内进行变速运转,观察抖动加速踏板时各缸波形的最后部,有无明显的频率较低的正弦波出现;调整异响盒旋钮1,使波形幅度最大、最清晰。通过功能键将波形存储以便分析判断。必要时可进行逐缸断火试验,断火时曲轴轴承响的异响波形基本消失。

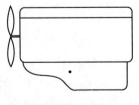

a)振动传感器测点位置　　　　b)主轴承异响全缸波形　　　　c)3缸主轴承异响故障波形

图2-84　曲轴主轴承异响故障波形

2)检测连杆轴承异响

连杆轴承响故障波形如图2-85所示。选择频率挡2,将振动传感器抵在曲轴箱上部对正连杆轴承处。测1、2、3缸时抵在A点处,测4、5、6缸时抵在B点处,如图2-85a)所示。使发动机从怠速开始逐渐提高转速直到2000r/min,观察各缸波形的中、后部有无故障波形;调整异响盒旋钮2,使波形幅度最大、最清晰。随着转速的提高,异响波形幅度明显增加,必要时可用抖动加速踏板的方法观测,并可进行逐缸断火,测得不同转速时的异响波形。

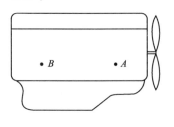 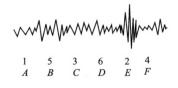 

a)振动传感器测点位置　　　　b)连杆轴承异响全缸波形　　　　c)2缸连杆轴承异响故障波形

图2-85　连杆轴承异响故障波形

3)检测活塞销异响

活塞销响波形如图2-86所示。选择频率挡4,将振动传感器抵在缸盖上对准各缸活塞处,如图2-86a)所示。使发动机转速由800r/min逐渐提高到2400r/min,观察波形上各缸止点附近有无异响波形;调整异响盒旋钮2或3,使波形幅度最大、最清晰。必要时可在中高速范围内用抖动加速踏板的方法观测和进行断火试验。

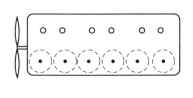 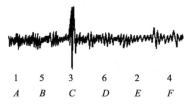 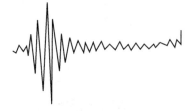

a)振动传感器测点位置　　　　b)活塞销异响全缸波形　　　　c)3缸活塞销异响故障波形

图2-86　活塞销异响故障波形

综上所述,用示波器诊断发动机异响时应遵循的一般方法是:在响声明显的转速下微抖节气门,使发动机反复加速运转;选取故障部位的振动频率;振动传感器的拾振位置应与异响位置相一致;要始终配合以听诊、单缸断火、双缸同时断火等方法;观察波形,分析、判断异响。

4)检测气门脚异响

气门脚异响的波形如图2-87所示。选择频率挡,将振动传感器抵在缸盖上对应进排气门的附近,如图2-87a)所示。使发动机转速稳定在1000r/min(转速不能太高,否则波形连在一起后不易辨认),观察有没有故障波形;调整异响盒旋钮,使波形幅度到最大、最清晰。

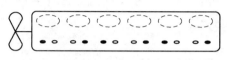 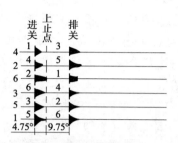

a) 振动传感器测点位置　　　　　　b) 气门脚波形及其位置

图 2-87　气门脚异响故障波形

本章小结

本章首先介绍了当前发动机电控系统的检测与故障诊断,然后介绍了发动机功率和汽缸密封性的检测,发动机五大系统的检测与故障诊断,最后介绍了发动机常见异响的检测与故障诊断。

下面对具体学习内容做一次简要的回顾,以便归纳、总结和关联相应的知识点。

1. 发动机电控系统的检测与故障自诊断

介绍了当前发动机电控系统的组成;介绍了发动机电控系统中空气流量传感器、节气门位置传感器、曲轴位置传感器等传感器的检测;介绍了发动机电控系统的故障自诊断。

2. 发动机功率的检测

发动机功率的检测分为稳态测功和动态测功两种。动态测功又称为无负荷测功,介绍了无负荷测功的原理与测功设备的使用方法。介绍了整机功率和单缸功率的检测诊断方法。

3. 汽缸密封性的检测

汽缸密封型的检测一般包括汽缸压缩压力的检测、汽缸漏气量和汽缸漏气率的检测、曲轴箱窜气量的检测、进气管真空度的检测。汽缸压缩压力的检测,主要有汽缸压力表检测法和发动机综合性能分析仪检测法。进气歧管真空度可以表征汽缸组和进气管的密封性。

4. 点火系统的检测与故障诊断

点火系统故障率较高,是发动机系统诊断与检测的重点对象。点火系统分为传统机械式触点点火系统、无触点电子点火系统和微机控制式点火系统,微机控制点火系是目前的主流产品。通过点火波形和点火正时的检测可以诊断点火系统的各种故障。不点火和点火不良是点火系统的常见故障。

5. 供油系统的检测和故障诊断

供油系统分为汽油机供油系统和柴油机供油系统两种。汽油机供油系统介绍了其组成,喷油信号的检测诊断、燃油压力的检测诊断、喷油泵和喷油器的检测诊断等;柴油机供油系统主要介绍了供油压力波形的检测诊断项目。

6. 发动机其他系统的检测诊断

起动系统故障检测诊断有起动机不转、起动机运转无力、起动机空转和起动机异响等；冷却系统故障检测诊断有发动机漏液，冷却液温度过高或过低等故障的检测诊断；润滑系统有机油压力过低、机油压力过高、机油消耗过大和机油变质等故障的检测诊断。

7. 发动机异响的检测诊断

发动机常见的异响，主要有机械异响、燃烧异响、空气动力异响和电磁异响等。发动机异响的检测诊断方法主要有人工经验诊断法和仪器检测法。可通过汽车专用示波器或发动机综合分析仪观测发动机异常波形的功能来对发动机异响进行检测和诊断。

自测题

一、单项选择题（下列各题的备选答案中，只有一个选项是正确的，请把正确答案的序号填写在括号内）

1. 空气流量传感器发生故障时可能会导致（　　）故障。
   A. 无点火高压　　　　　　　　B. 无喷油
   C. 发动机回火　　　　　　　　D. 发动机怠速不稳

2. 汽缸密封型的检测不包括下面哪一项（　　）。
   A. 汽缸压缩压力的检测　　　　B. 汽缸漏气量的检测
   C. 空气流量的检测　　　　　　D. 进气管真空度的检测

3. 发动机点火示波器不可观测的项目有（　　）。
   A. 点火波形　　　　　　　　　B. 各缸波形的重叠角
   C. 点火提前角　　　　　　　　D. 电容器容量大小

4. 下列不属于油路不供油原因的是（　　）。
   A. 油箱燃油不足　　　　　　　B. 汽油滤清器堵塞
   C. 发动机正时不对　　　　　　D. 油泵故障

5. 下列对连杆轴承响描述错误的是（　　）。
   A. 发动机加速时，有"铛铛"的敲击声
   B. 轴承严重松旷时，怠速运转也能听到明显的响声
   C. 可能是曲轴弯曲造成的
   D. 可能是机油压力或机油黏度过低造成的

二、判断题（在括号内正确打√、错误打×）

1. 传感器受 ECU 控制，具体执行某项控制功能的装置。（　　）
2. 无负荷测功是一种常见的稳态测功方式。（　　）
3. 火花线过短可能是因为火花塞间隙过小引起的。（　　）
4. 故障指示灯亮表示该车仪表有故障。（　　）
5. 发动机怠速时，拔下真空管，油压会上升至 300kPa。（　　）

三、简答题
1. 发动机电子控制系统主要由哪几部分构成?
2. 简述发动机无负荷测功原理。
3. 按发展阶段分,发动机点火系统分为哪几种?
4. 以索纳塔为例,介绍其供油系统故障的检测与诊断方法。
5. 发动机过热的检测与诊断步骤是什么?

第 3 章　底盘的检测与故障诊断

导言

本章主要介绍了汽车底盘上的传动系统、行驶系统、转向系统和制动系统的检测与诊断的程序和方法。通过本章学习,能够使学生掌握汽车底盘上各系统的检测与故障诊断流程和方法。

学习目标

1. 认知目标
(1)了解底盘各系统的常见故障现象。
(2)理解底盘各系统的故障诊断流程。
(3)掌握底盘各系统的故障检测与诊断方法。
2. 技能目标
(1)能识别底盘上各系统的结构组成。
(2)能够运用底盘常用的检测设备对底盘各系统进行检测与诊断。
(3)能够按照故障检测诊断的流程对底盘各系统进行故障检测诊断。
3. 情感目标
(1)养成规范操作的习惯。
(2)培养一丝不苟、严肃认真的工作作风。
(3)培养学生在检测诊断过程中记录数据、分析数据的能力。

3.1　传动系统检测与故障诊断

汽车底盘的传动系统主要由离合器、变速器、万向传动装置、主传动器、差速器和半轴等组成。越野车、工程车等特殊用途车还包括分动器。传动系统的技术状况对汽车动力性、经济性会有直接影响。

3.1.1　电控自动变速器的检测与故障自诊断

现今,以微机为控制核心的电控自动变速器(ECT)得到迅速发展。至 20 世纪 90 年代末期,美国已有 98% 的汽车装用了电控自动变速器,欧洲和日本也达到 80% 的普及率,逐渐淘汰了液控自动变速器等其他类型的自动变速器。电控自动变速器由液力变矩器、行星齿轮变速器、液压机构、电控系统、冷却系统、工作液、壳体和手动操纵机构等组成,包括机械部分、液压部分和电控部分。虽然电控自动变速器出现故障检修难度很大,但是,它们的基本工作原理都是一样的,检测诊断的程序和方法也是有规律可循的。电控自动变速器检测诊断的程序和方法,以丰田系列汽车自动变速器 ECT 为例,介绍如下:

1. 倾听用户意见

首先向汽车用户了解电控自动变速器(以下简称为自动变速器)故障的现象、出现的时机和条件等情况,并询问该车在此之前是否找其他厂家检修过以及检修的具体内容等问题。总之,要注意倾听用户对故障的陈述、意见和要求,以作为诊断的参考性依据之一。

2. 进行外观检查

进行外观检查,目的在于发现并消除从自动变速器外部能看见的故障和存在的问题。主要是检查自动变速器是否存在漏油现象、发动机怠速情况、电控系统接插件是否松动或脱开、节气门拉索和手动变速杆等的联动装置是否松动或脱开等现象。必要时可驾车路试,以体验汽车的运行状况。

3. 读取诊断代码

自动变速器的电控系统内设有故障自诊断系统。如果电控系统发生故障,自动变速器 ECU(自动变速器也可与发动机共用一个 ECU)将故障以诊断代码形式存储在存储器中,超速挡关断(O/D-OFF)指示灯(在转向盘前的组合仪表板上)闪烁,以警告驾驶人自动变速器出现故障。就车读取诊断代码的程序和方法如下。

1) O/D-OFF 指示灯检查

(1)将点火开关转到 ON。

(2)检查当超速挡(O/D)开关键处于关闭时,O/D-OFF 指示灯是否亮(应只亮不闪);当 O/D 开关键处于打开时,O/D-OFF 指示灯是否熄灭(应熄灭)。O/D 开关键如图 3-1 所示。

2) 读取诊断代码

(1)将点火开关转到 ON,但发动机不起动。

(2)将 O/D 开关键置于 ON。如果仅此时 O/D-OFF 指示灯闪烁,说明 ECU 存储器中存储有诊断代码。

(3)用专用维修工具 SST(跨接线)连接故障诊断通信插接器 TDCL 或检查连插接器的端子 TE1 和 E1,如图 3-2 所示。

(4)由 O/D-OFF 指示灯不同的闪烁方式(时间、次数),来显示 ECT 电控系统的技术状况。如果电控系统工作正常,指示灯每秒钟闪 2 次;如果电控系统有故障,则显示诊断代码。正常代码和诊断代码 42 的闪烁如图 3-3 所示。当存储器中存储两个以上诊断代码时,首先显示较低数码的诊断代码。

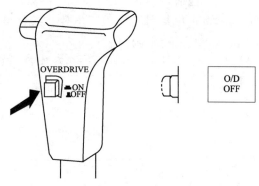

图 3-1 超速挡开关键

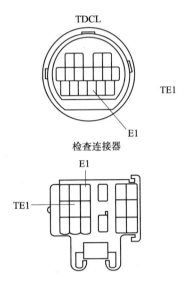

图 3-2　TDCL 和检查插接器端子

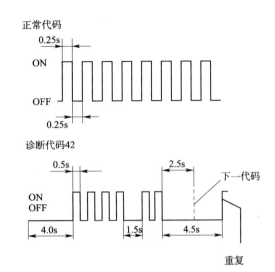

图 3-3　正常代码与诊断代码 42 的闪烁

3) 清除诊断代码

故障诊断并排除以后,在点火开关关断的情况下,拆下电控汽油喷射系统(EFI)的熔断丝 10s 以上,将 ECU 存储器中的诊断代码清除掉。接通熔断丝后还要再检查一下,应能输出正常代码。

4. 根据诊断代码按自诊断程序和方法进行检测诊断

通过 O/D-OFF 指示灯的闪烁读取诊断代码后,要根据被检车型在其维修手册中查出诊断代码代表的故障、故障部位和检查方法,然后进行故障诊断,主要是对电路进行检查。

也可以通过解码器或其他专用检测设备读取自动变速器的诊断代码,并获得检修的指示内容。丰田系列汽车 ECT 电控系统诊断代码见表 3-1。检查中,要严格按维修手册中的方法、步骤进行,举例如下。

丰田系列汽车 ECT 电控系统诊断代码表　　　　表 3-1

诊断代码	诊断内容	故障部位
42	1 号车速传感器故障	1 号车速传感器; 1 号车速传感器配线或插接器; ECU
46	4 号电磁阀开路或短路	4 号电磁阀; 4 号电磁阀配线或插接器; ECU
61	2 号车速传感器信号故障	2 号车速传感器; 2 号车速传感器配线或插接器; ECU

续上表

诊断代码	诊 断 内 容	故 障 部 位
62	1号电磁阀开路或短路	1号、2号或3号电磁阀； 电磁阀配线或插接器； ECU
63	2号电磁阀开路或短路	
64	3号电磁阀开路或短路	
67	O/D 直接挡转速传感器信号故障	O/D 直接挡转速传感器； O/D 直接挡转速传感器配线或插接器； ECU
68	自动跳合开关短路	自动跳合开关； 自动跳合开关配线或插接器； ECU

对于丰田系列汽车，如果读取的诊断代码为42，通过查其车型维修手册知：故障为1号车速传感器故障，需要检查1号车速传感器电路。故障部位为：

(1) 1号车速传感器。

(2) 1号车速传感器配线或插接器。

(3) ECU。

5. 按传统方法进行检查、试验和诊断

如果超速挡关断(O/D-OFF)指示灯不闪烁，读取诊断代码时显示正常代码，但自动变速器的故障又确实存在，可采用以下传统方法进行检查、试验和诊断。

1) 基本检查

(1) 发动机怠速检查。

(2) 节气门全开检查。

(3) 节气门阀拉索检查。

(4) 手动变速杆检查。

(5) 液位检查。

(6) 油质检查。

(7) 空挡起动开关检查。

(8) 超速挡控制开关检查。

2) 失速试验

失速试验的目的是通过测量变速器在 D 挡和 R 挡时发动机的最高转速，来分析判断发动机和自动变速器的性能及工作状况。试验时，由于变矩器的涡轮已制动，发动机的全部机械能都转变为变矩器内自动变速器油的动能，冲击和摩擦很大，故时间不要超过5s，试验次数不多于三次，以防油温急剧升高损坏变矩器。

3) 油压试验

油压试验是在自动变速器运转时，对控制系统各个油压进行测量。油压过高，会使自动变速器出现严重的换挡冲击，甚至损坏控制系统；油压过低，会造成换挡执行元件打滑，加剧其摩擦片的磨损,甚至使换挡执行元件烧毁。通过油压试验可以判断泵、阀的技术状况、密封性能和节气门阀拉索的调整状况。

4) 迟滞实验

在发动机怠速运转时将操纵手柄从空挡拨至前进挡或倒挡后,需要有一段短暂时间的迟滞或延时才能使自动变速器完成挡位的接合(此时汽车会产生一个轻微的振动),这一短暂的时间称为自动变速器换挡的迟滞时间。时滞实验就是测出自动变速器换挡的迟滞时间,根据迟滞时间的长短来判断主油路油压及换挡执行元件的工作是否正常。

5) 道路实验

道路试验是诊断、分析自动变速器故障的最有效的手段之一。此外,自动变速器在修复之后,也应进行道路试验,以检查其工作性能,检验修理质量。自动变速器的道路试验内容主要有:检查换挡车速、换挡质量以及检查换挡执行元件有无打滑等。

6) 手动换挡实验

所谓手动换挡试验就是将电子控制自动变速器所有换挡电磁阀的线束插头全部脱开,此时电脑不能通过换挡电磁阀来控制换挡,自动变速器的换挡取决于操纵手柄的位置。

对于电子控制自动变速器而言,为了确定故障存在的部位,区分故障是由机械系统、液压系统引起,还是由电子控制系统引起的,可进行手动换挡试验。

7) 故障诊断表或诊断树诊断

自动变速器的故障,不同的车型会有不同的诊断程序,可以根据维修手册中的故障诊断表的提示来迅速地找到自动变速器的故障部位,有些厂家还总结出适合自己自动变速器的故障诊断树,为排除自动变速器的故障提供了更加便利的方法。

3.1.2 离合器打滑的检测与故障诊断

干摩擦式离合器(简称离合器)的常见故障有离合器传力打滑、分离不彻底、起步发抖和异响等故障。下面我们主要来介绍离合器打滑的故障检测诊断。

1. 离合器打滑的现象

(1) 汽车起步时,完全放松离合器踏板,仍感到起步动力不足或起步困难。

(2) 汽车行驶中,车速不随发动机转速的提高相应增高,行驶无力。

(3) 汽车重载上坡以及在泥泞松软的道路行驶时,打滑较明显,严重时会从离合器内散发出焦臭味。

2. 离合器打滑的故障原因

(1) 离合器踏板自由行程过小或没有。

(2) 摩擦片表面性质发生变化,如油污、烧蚀、硬化、破裂、铆钉外露等。

(3) 离合器压紧弹簧弹力减弱或折断,使压紧力不足造成打滑。

(4) 压盘磨损过薄使压簧伸长过多。

(5) 主、从动盘翘曲不平使接触不良。

3. 离合器打滑的检测

离合器打滑的检测,采用离合器打滑频闪测定仪进行。

1)仪器的结构

离合器打滑频闪测定仪由闪光灯、高压电极、电容、电阻和电源组成,如图3-4所示。频闪测定仪可以使用鳄鱼夹直接连接汽车蓄电池供电,也可以用转换接头在点烟器取电,还可外接稳压电源供电。因其外形类似手枪,所以又称为频闪枪。

2)仪器工作原理

检测时,由火花塞给离合器打滑频闪测定仪内的高压电极输入电脉冲信号,火花塞跳火一次,闪光灯就亮一次,且闪光频率与发动机转速成正比。根据视觉暂留原理,通过判断物体是否运动来判断离合器是否打滑。

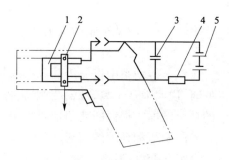

图3-4 离合器打滑频闪测定仪
1-频闪灯;2-高压电极;3-电容器;4-电阻;5-蓄电池

3)检测方法

检测时支起驱动轮或置驱动轮于滚筒式试验台上,保证车身不动而车轮可动。

(1)汽车低速挡起步,逐渐加挡变为高速挡,使汽车驱动轮在原地转动。

(2)将离合器打滑频闪测定仪的闪光灯发出的光亮点投射到传动轴的某一预先设置好标记的点上,若传动轴上的点与光亮点不同步,且看到似乎传动轴上的点相对于光亮点在缓慢转动,则离合器打滑;若传动轴上的点与光亮点同步,且看似静止,则离合器不打滑。如无离合器打滑频闪测定仪,也可用发动机点火正时灯替代。

4. 离合器打滑的检测结果分析与故障诊断。

如果检测出离合器打滑,则离合器不能可靠地传递发动机动力,影响动力传动效率。特别是汽车加速行驶时,行驶速度不能随发动机转速的升高而升高。离合器打滑使车辆行驶无力、起步困难、离合器发热等,严重时将烧蚀离合器从动盘摩擦片,影响离合器的使用寿命。

离合器打滑可能是离合器安装调整不当或离合器本身零件严重磨损等原因造成的。在进行故障诊断时,应先检查离合器踏板自由行程是否过小,再分别仔细检查离合器压紧弹簧、飞轮、压盘、从动盘等零件的技术状况。

3.1.3 传动系统功率消耗和滑行距离的检测

干摩擦式离合器(简称离合器)的常见故障有离合器传力打滑、分离不彻底、起步发抖和异响等故障。下面我们主要来介绍离合器打滑的故障检测诊断。

1. 传动系消耗功率的检测

在底盘测功机上测完驱动轮输出功率后,立即踩下离合器踏板,在底盘测功机对传动系的反拖中,即可测出一定初始车速下传动系的消耗功率。

对测得的驱动轮输出功率和传动系消耗功率求和,可得到发动机飞轮的输出功率,从而计算出传动效率,由此来评价底盘传动系总的技术状况。

将底盘测功试验台上测出的驱动车轮输出功率与发动机飞轮输出的功率进行对比,计算出机械传动效率 η_m:

$$\eta_m = \frac{P_k}{P_e} \tag{3-1}$$

式中:P_k——驱动车轮的输出功率;

P_e——发动机飞轮的输出功率。

汽车传动系中机械传动效率的正常值见表 3-2。当被检汽车的机械传动效率低于表中值时,说明消耗于离合器、变速器、分动器、万向传动装置、主减速器、差速器和轮毂轴承等处的功率增加。损耗的功率主要集中在各运动件的摩擦损耗和搅油损耗等方面。因此,通过正确的调整和合理的润滑,机械传动效率会得到提高。新车和大修车在传动系走合后,由于配合情况变好,摩擦力减小,使机械传动效率达到最高值。此后,随着车辆的继续使用,磨损增大导致配合情况逐渐恶化,机械传动效率不断降低。所以,定期对车辆底盘测功,计算机械传动效率,能为评价底盘传动系技术状况提供重要依据。

汽车传动系中机械传动效率的正常值 表 3-2

汽车类型		机械传动效率 η_m
轿车		0.90~0.92
载货汽车和公共汽车	单级主减速器	0.90
	双级主减速器	0.84
4×4 越野车		0.85
6×4 载货汽车		0.80

2. 滑行距离的检测

汽车滑行距离是指汽车加速至某一预定车速后挂空挡,利用汽车具有的动能来行驶的距离。滑行距离检测可用路试法或底盘测功机检测。

底盘滑行距离受到传动系中变速器万向传动装置、主传动器、差速器和前后车轮等的安装、调试及各总成零部件的工作状况等传动系总技术状况的综合影响。所以,汽车滑行距离的长短可反映汽车传动系统阻力的大小,汽车传动系消耗功率越小(传动效率越高),汽车的滑行距离愈长,则表明传动系统总的技术状况越好。但无法评价传动系各部分的技术状况。

滑行距离检测可用路试法或底盘测功机检测。

1)用路试法检测滑行距离

测得的滑行距离应满足的规定值见表 3-3。

车辆滑行距离要求 表 3-3

汽车整备质量 M(kg)	单轴驱动车辆滑行距离(m)	双轴驱动车辆滑行距离(m)
$M < 1000$	≥130	≥104
$1000 \leq M \leq 4000$	≥160	≥120
$4000 < M \leq 5000$	≥180	≥144
$5000 < M \leq 8000$	≥230	≥184
$8000 < M \leq 11000$	≥250	≥200
$M > 11000$	≥270	≥214

2)用底盘测功机检测滑行距离

在惯性式底盘测功机上可以进行滑行距离的检测。汽车检测前应运行至正常工作温度,检测时,汽车驱动轮带动滚筒及其飞轮旋转,当驱动车轮达到预定车速时,摘挡滑行,则储存在底盘测功机旋转质量中的动能、驱动轮及传动系旋转部件的动能释放出来,使汽车驱动轮及传动系旋转部件继续旋转,直至滑行的驱动轮停转。此时,测功机滚筒滚过的圆周长即为汽车的滑行距离,它可通过底盘测功机的测距装置测出。

3.1.4 传动系统游动角度的检测与故障诊断

传动系游动角度,是离合器、变速器、万向传动装置和驱动桥的游动角度之和,因此也称为传动系总游动角度。传动系游动角度,在汽车使用中随行驶路程增加将逐渐增大。因此,检测传动系游动角度能表征整个传动系的调整和磨损状况。

1. 传动系游动角度过大时的故障现象

在汽车起步和车速突然改变时,传动系发出"吭"的一声;当汽车缓慢行驶时,传动系发出"呱啦、呱啦"的响声;汽车静止,变速器挂在挡上,抬起离合器踏板,松开驻车制动器,在车下用手左右转动传动轴时,感到旋转方向的旷量很大。

2. 传动系游动角度过大的故障原因

(1)离合器从动片与变速器第一轴的花键配合松旷。
(2)变速器各挡传动齿轮啮合间隙太大或滑动齿轮与花键轴配合松旷。
(3)万向传动装置的伸缩节和各万向节等处松旷。
(4)驱动桥内主减速器锥形齿轮、差速器行星齿轮与十轴齿轮、半轴齿轮与半轴花键间的啮合间隙太大。

3. 检测方法

检测传动系游动角度应在热车熄火下进行。以发动机前置、后驱动、驻车制动器在变速器后端的汽车为例,介绍如下:

1)经验检查法

用经验检查法检查传动系游动角度时可分段进行,然后将各段游动角度求和即可获得传动系总游动角度。游动角度值只能凭经验估算。

(1)离合器与变速器游动角度的检查。

离合器处于结合状态,变速器挂在要检查的挡上,松开驻车制动器,然后在车下用手将变速器输出轴的凸缘盘或驻车制动盘(鼓)从一个极端位置转到另一个极端位置,两极端位置之间的转角即为在该挡下从离合器至变速器输出端的游动角度。依次挂入每一挡,可获得各挡下离合器与变速器的游动角度。

(2)万向传动装置游动角度的检查。

支起驱动桥,拉紧驻车制动器,然后在车下用手将传动桥凸缘盘从一个极端位置转到另一个极端位置,两极端位置之间的转角即为万向传动装置的游动角度。

(3)驱动桥游动角度的检查。

松开驻车制动器,变速器置空挡位置,驱动桥着地或处于制动状态,然后在车下用手将驱动桥凸缘盘从一个极端位置转到另一个极端位置,两极端位置之间的转角即为驱动桥的游动角度。

上述3个角度之和即为传动系游动角度。

2)仪器检测法

检查传动系游动角度可采用游动角度检测仪进行,游动角度检测仪有指针式和数字式两种。

(1)指针式游动角度检测仪及使用方法。

检测仪由指针、刻度盘和测量扳手等组成。在测量过程中,指针固定在驱动桥主动轴上,刻度盘固定在主减速器壳上,如图3-5a)所示。测量扳手一端带有U形卡嘴,以便卡在十字万向节上,为了适应多种车型,卡嘴上带有可更换的钳口;另一端有指针和刻度盘,可指示转动扳手的转矩值,如图3-5b)所示。检测传动系游动角度时,将测量扳手卡在万向节上,用不小于30N·m的转矩转动,使之从一个极端位置转动到另一个极端位置,刻度盘上指针转过的角度即为所测游动角度值。具体使用方法如下。

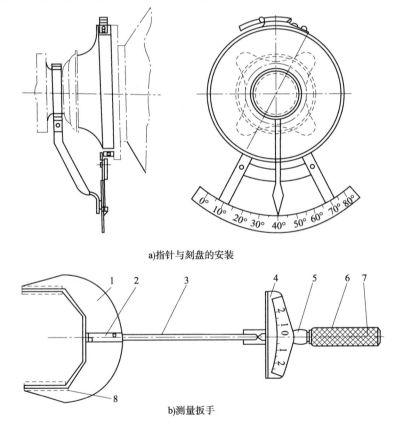

a)指针与刻盘的安装

b)测量扳手

图3-5 指针式游动角度检测仪

1-卡嘴;2-指针座;3-指针;4-刻度盘;5-手柄;6-手柄套筒;7-定位销;8-可换钳口

①检测驱动桥的游动角度。

变速器挂空挡位置,驻车制动器松开,驱动车轮制动,将测量扳手卡在驱动桥主动轴万向节的从动叉上,即可测得驱动桥的游动角度。

②检测万向传动装置的游动角度。

与检测驱动桥游动角度的方法基本相同,只是将测量扳手卡在变速器后端万向节的主动叉上。此时获得的游动角度减去驱动桥的游动角度,即为万向传动装置的游动角度。

③检测离合器和变速器的游动角度。

放松车轮制动,离合器处于接合状态,视必要可支起驱动桥,测量扳手仍卡在变速器后端万向节的主动叉上,依次挂入各挡即可获得不同挡位下从离合器到变速器的游动角度。

对上述3个游动角度求和,即可获得传动系游动角度。

(2)数字式游动角度检测仪及使用方法。

数字式游动角度检测仪由倾角传感器和测量仪两部分组成,二者以电缆相连,检测范围为0~30°,电源为直流12V。

①倾角传感器。

倾角传感器的作用是将传感器外壳随传动轴游动的倾斜角转换为相应频率的电振荡。传感器外壳是一个长方形的壳体,其上部开有V形缺口,并配有带卡扣的尼龙带,因而可方便地固定在传动轴上,其结构如图3-6所示。图中弧形线圈固定在外壳中的夹板上,弧形铁氧体磁棒通过摆杆和心轴支承在夹板的两轴承上,因此可绕心轴轴线摆动。在重力作用下,摆杆与重力方向始终保持某一夹角 α_0。当传感器外壳倾斜角度不同时,弧形线圈内弧形铁氧体磁棒的长度也随之不同,产生的电感量亦不同,因而也就改变了电路的振荡频率。可见,传感器实际上是一个倾角—频率转换器。为使传感器可动部分摆动后能迅速处于平衡状态,传感器外壳内装有变压器油。

②测量仪。

测量仪实际上是一台专用的数字式频率计,由于采用了与传感器特性相应的门时和初始置数的措施,因而能直接显示传感器的倾角。测量仪采用PMOS数字集成电路。由倾角传感器送来的振荡信号经计数门进入主计数器,在置成补数基础上累计脉冲数。计数结束后,锁存器在接收脉冲作用下,将主计数器的结果送入寄存器,并由荧光数码管将结果显示出来。使用中,将游动范围内两个极端位置的倾角读出,其差值即为游动角度。

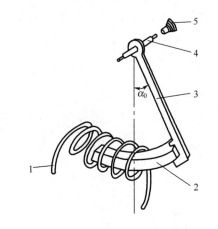

图3-6 倾角传感器结构示意图
1-弧形线圈;2-弧形铁氧体磁棒;3-摆杆;4-心轴;5-轴承

数字式游动角度检测仪的使用方法如下。

将测量仪接好电源,用电缆把测量仪和倾角传感器连接好,先按本仪器使用说明书的要求对仪器进行自校,再将转换开关扳到"测量"位置,就可以进行实测了。在汽车传动系中,最便于固定倾角传感器的部位是传动轴。因此,在整个检测过程中,该倾角传感器一直固定在传动轴上。

万向传动装置的游动角度:把传动轴置于驱动桥游动范围的中间位置或将驱动桥支起,拉紧驻车制动器。左、右旋转传动轴至极端位置,测量仪直接显示出固定在传动轴上的倾角传感器的倾斜角度。将两个极端位置的倾斜角度记下,其差值即为万向传动装置的游动角度。此角度不包括传动轴与驱动桥之间万向节的游动角度。

离合器与变速器各挡的游动角度:放松驻车制动器,变速器挂入选定挡位,离合器处于接合状态,传动轴置于驱动桥游动范围中间位置或将驱动桥支起。左、右旋转传动轴至极端位置,测量仪显示出倾角传感器的倾斜角度。求出两极端位置倾斜角度的差值,便可得到游动角度值。该游动角度减去已测得的万向传动装置的游动角度,即为离合器与变速器在该挡位下的游动角度。按同样方法,依次挂入各挡位,便可测得离合器与变速器各挡位下的游动角度。

驱动桥的游动角度:变速器置于空挡位置,松开驻车制动器,踩下制动踏板将驱动轮制动。左、右旋转传动轴至极端位置,即可测得驱动桥的游动角度。该角度包括传动轴与驱动桥之间万向节的游动角度。

对于多桥驱动的汽车,当需要检测每一段的游动角度时,倾角传感器应分别固定在变速器与分动器之间的传动轴、前桥传动轴、中桥传动轴和后桥传动轴上。

在测量仪上读取数值时应注意,其显示的角度值在 0~30° 内有效。出现大于 30° 的情况,可将固定在传动轴上的传感器适当转过一定角度。若其中一极限位置为 0°,另一极限位置超过 30°,说明该段游动角度已大于 30°,超出了仪器的测量范围。

4. 诊断标准

中型载货汽车传动系游动角度及各分段游动角度应不大于表 3-4 所列的数据,仅供诊断时参考。

游动角度参考数据 表 3-4

各分段	离合器与变速器	万向传动装置	驱动桥	传动系
游动角度(°)	≤5~15	≤5~6	≤55~65	≤65~86

5. 故障诊断

如果检测出的传动系游动角度超过标准值,则表明传动系有故障。当汽车起步或车速突然改变时,传动系发出异响,产生冲击,此时根据检测的各段传动系游动角度大小,即可判断出各段的配合情况。

如果检测出离合器与变速器游动角度过大,则表明离合器轴与从动盘花键配合松旷,变速器中各对传动齿轮的啮合间隙过大或滑动花键配合松旷等。

如果检测出万向传动装置游动角度过大,则表明万向传动装置的万向节松旷或伸缩花键磨损较大。

3.2 行驶系统的检测与故障诊断

汽车底盘的行驶系统的好坏直接影响汽车的平顺性、操纵稳定性、通过性和安全性,所以现在对行驶系的检测越来越严格。行驶系的检测主要包括车轮定位的检测、车轮平衡检测和悬架装置检测几个方面。

3.2.1 汽车四轮定位参数检测

四轮定位是以车辆的四轮参数为依据,通过调整以确保车辆良好的行驶性能并具备一定的可靠性。轿车的转向车轮、转向节和前轴三者之间的安装具有一定的相对位置,这种具有一定相对位置的安装叫作转向车轮定位,也称前轮定位。前轮定位包括主销后倾(角)、主销内倾(角)、前轮外倾(角)和前轮前束四个内容。这是对两个转向前轮而言,对两个后轮来说也同样存在与后轴之间安装的相对位置,称后轮定位。后轮定位包括车轮外倾(角)和逐个后轮前束。这样前轮定位和后轮定位总起来说叫四轮定位。

1. 四轮定位参数不正常时的故障现象

(1)车辆跑偏,当转向盘摆正车子直线行驶的时候,车子自己会向左或者向右跑偏,驾驶人需要不停地调整转向盘,稍微不留神,车子就跑偏好几米!

(2)"吃胎",也就是车轮一侧磨损严重。其实这种现象如果不是很细心或者经过专业的检测是很难发现的,车辆长期高速行驶,如果有"吃胎"现象会严重影响轮胎的使用寿命,不仅仅轮胎抓地力变小,严重还会导致爆胎!

(3)车子发飘、侧滑、转向不稳、转向盘过沉或过轻、悬挂系统零部件异常磨损等故障,都有可能与四轮定位有关系。

2. 什么情况下需要做四轮定位

(1)车子的行驶性能受到影响,如车子发飘,侧滑、转向不稳、转向盘过沉或过轻等。

(2)发生事故后造成底盘或悬架系统受到损伤,维修完毕后。

(3)车辆出现异常磨损(胎压不足造成的磨损除外)。

(4)车子的悬架以及零部件被拆下来过。

3. 四轮定位的检测项目

四轮定位的检测项目包括转向轮前束值角及前张角、转向轮外倾角、主销后倾角、主销内倾角、后轮前束值/角及前张角、后轮外倾角、轮距、轴距、转向20°时的前张角、推力角和左右轴距差等,如图3-7所示。其中,推力角是后轴中心线与汽车纵向对称线的夹角;转向轮定位参数的检测工作在转向轮定位仪上也能完成。因此,用于检测四轮定位的四轮定位仪不仅可检测转向轮的定位参数,还可检测后轮定位参数。

现代先进的电脑四轮定位仪,不仅采用了先进的测量系统和科学的检测方法,而且储存了大量常见车型的四轮定位标准数据。在检测过程中,可随时把实测数据与标准数据进行比较,并通过屏幕用图形和数字显示出需要调整的部位、调整方法及在调整过程中数值的变化,把复杂的四轮定位检测调整简化为菜单操作。

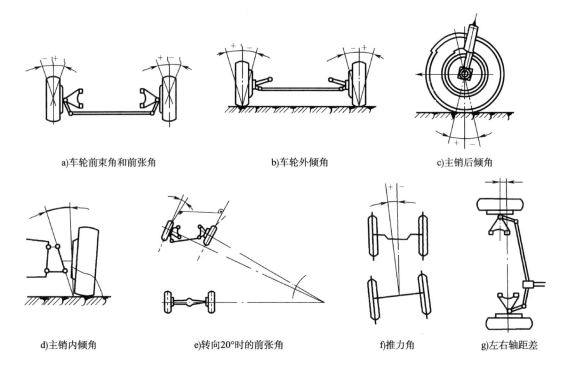

图 3-7 四轮定位的检测项目

4. 四轮定位的检测方法

汽车车轮定位的检测方法,有静态检测法和动态检测法两种类型。

1) 静态检测法

车轮定位的静态检测法,是在汽车静止的状态下,根据车轮旋转平面与各车轮定位间存在的直接或间接的几何关系,用专用检测设备对车轮定位进行几何角度的测量。使用的检测设备一般有气泡水准式、光学式、激光式、电子式和微机式等前轮定位仪或四轮定位仪(统称为车轮定位仪)。

微机式车轮定位仪比以上几种车轮定位仪先进,目前国内外生产的四轮定位仪多以这种类型为主,可同时检测前、后轮的车轮定位参数。微机式车轮定位仪由于采用微电脑技术和精密传感测量技术,并备有完整齐全的配套附件,所以具有测量准确和操作简便等优点。它一般由微机主机、彩色显示器、操作键盘、传感器、转盘、自中式支架、打印机和遥控器等组成,往往制成可移动台式,其外形如图 3-8 所示。它由安装在车轮上的传感器把车轮定位角的几何关系转变成电信号,送入微机进行处理、分析和判断,然后由显示屏显示和打印机打印输出。测试过程中,可通过操作全功能红外线遥控器或蓝牙适配器,在汽车的任何位置实现远距离的测试控制。

为便于检测和调整,被检测汽车需放在地沟或举升平台上。地沟或举升平台应处于水平状态,四轮定位仪则安装在地沟两旁或举升平台上。图 3-9 所示是四轮定位仪安装在举升平台上的示意图。

图 3-8　微机式四轮定位仪外形

图 3-9　四轮定位仪安装在举升平台上的示意图

2）动态检测法

动态检测法,是在汽车以一定车速行驶的状态下,用检测设备检测车轮定位产生的侧向力或由此引起的车轮侧滑量。为了确知前轮前束和前轮外倾配合是否恰当,可使汽车以一定的行驶速度通过侧滑试验台,从而测量转向轮的横向侧滑量。侧滑的检测在后面整车性能检测与诊断中讲解,在此不再赘述。

5. 四轮定位的检测步骤

1）检测前的准备

(1) 把汽车开上举升平台,托住车轮,把汽车举升 0.5m(第一次举升)。

(2) 托住车身,把汽车举升至车轮能自由转动的位置(第二次举升)。

(3) 检查轮胎气压,其值应符合标准值。

(4) 拆下各车轮,检查轮胎的磨损情况。一般要求各轮胎的磨损基本一致。

(5) 作车轮动平衡试验。动平衡试验完成后,将车轮装回车上。

(6) 检查车身高度,检查车身四个角的高度和减振器的技术状况。如车身不平应先将其调至水平;同时检查转向系统和悬架是否松旷,如松旷则应将其紧固或更换零件。

2）检测步骤

(1) 把传感器支架安装在轮辋上,再把传感器(定位校正头)安装到支架上,并按使用说明书的规定调整。

(2) 开电脑主机进入测试程序,输入被测汽车的车型和生产年份。

(3) 进行轮辋变形补偿,转向盘位于直驶位置,使每个车轮旋转一周,即可把轮辋变形误差输入电脑。

(4) 降下第二次举升量,使车轮落到平台上,把汽车前部和后部向下压动 4~5 次,使各部位落到实处。

(5) 用刹车锁压下制动踏板,使汽车处于制动状态。

(6) 将转向盘左转至电脑显示"OK",输入左转角度数;然后将转向盘右转至电脑显示"OK",输入右转角度数。

(7) 将转向盘回正,电脑显示出后轮的前束及外倾角数值。

(8)调下转向盘,并用转向盘锁锁止转向盘,使之不能转动。

(9)将安装在四个车轮上的定位校正头的水平仪调到水平线上,此时电脑显示出转向轮的主销后倾角、主销内倾角、转向轮外倾角和前束的数值。电脑将比较各测量数值,得出"无偏差""在允许范围内"或"超出允许范围"的结论。

(10)若"超出允许范围",按电脑提示的调整方法进行针对性调整。调整后仍不能解决问题,则应更换有关零部件。

(11)将转向轮左右转动,观察屏幕上数值有无变化,若有变化应重新调整参数。

(12)拆下定位校正头和支架,进行路试,检查四轮定位调整的效果。

6. 四轮定位的检测标准及检测结果分析

1)检测标准

国家标准《机动车运行安全技术条件》(GB 7258—2017)对车轮定位的要求如下:汽车(三轮汽车除外)车轮定位应符合该车有关技术条件,车轮定位值应在产品使用说明书中标明。

2)检测结果分析

四轮定位不良引起的故障及原因见表3-5。

四轮定位不良引起的故障及原因 表3-5

故障现象	原因分析
转向沉重	主销后倾角过大
转向盘发抖	车轮不平衡
转向盘不正	后轮前束不正确,造成转向系统不正
轮胎块状磨损	车轮静态不平衡,后轮前束不正确
轮胎块状、羽毛状磨损	前束或外倾角不正确
轮胎凸凹状磨损	车轮动态不平衡,后轮前束不正确
车辆行驶时往一边跑偏	左右车轮后倾角或外倾角不相等,车身高度左右不等,左右轮胎尺寸或气压不等,转向系统有故障或一边制动片卡住
直行时转向盘摇摆不定,转向后转向盘不能自动回正	主销后倾角太小
轮胎内缘磨损,悬架零件不正常磨损	车轮外倾角太小
轮胎外缘羽毛状磨损,轮胎内缘快速磨损,方向发飘不稳定	前束过大
轮胎内缘羽毛状磨损,轮胎外缘快速磨损,方向发飘不稳定	前束过小

3.2.2 车轮动平衡检测

随着高等级公路的兴建,汽车行驶条件越来越好,汽车车速也不断提高,车轮的不平衡度对汽车的平顺性、安全性和乘坐舒适性的影响力越来越大,所以现代汽车对汽车车轮平衡度的要求日渐提高,车轮平衡检测已成为汽车检测的重要项目之一。

1. 车轮不平衡时的故障现象

(1) 车轮高速行驶时会横向摆动或上下跳动,影响操纵稳定性和行车安全性。

(2) 加剧轮胎磨损。

(3) 转向机构及部分行驶系和传动系机件的非正常冲击和磨损加剧,寿命缩短。

(4) 整车行驶过程中有振动或振动加剧。

2. 车轮平衡的认知

车轮的平衡可分为车轮静平衡和车轮动平衡。

1) 车轮静平衡与静不平衡

车轮的静平衡,是指车轮的质量在车轮圆周上分布的均匀性。在具体检验时,可以支起车轴,调整好轮毂轴承松紧度,用手轻转动车轮,使其自然停转。车轮停转后在离地最近处作一标记,然后重复上述试验多次。若车轮经几次转动自然停转后,所做标记的位置各不一样,或强迫停转后,消除外力车轮也不再转动,则车轮为静平衡。静平衡的车轮,其旋转中心与车轮中心重合。如图3-10所示为车轮静不平衡示意图。

2) 车轮动平衡与动不平衡

车轮的动平衡,指车轮的质量在车轮旋转轴向分布的均匀性。在图3-11a)中,车轮是静平衡的,在该车轮旋转轴线的径向相反位置上,各有一作用半径相同质量也相同的不平衡点m_1与m_2,且不处于同一平面内。这样的车轮,其不平衡点的离心力合力为零,但离心力的合力矩不为零,转动中产生方向反复变动的力偶M,使车轮处于动不平衡中。动不平衡的前轮绕主销摆动。如果在m_1与m_2同一作用半径的相反方向上配置相同质量m_1'与m_2',则车轮处于动平衡中,如图3-11b)所示。

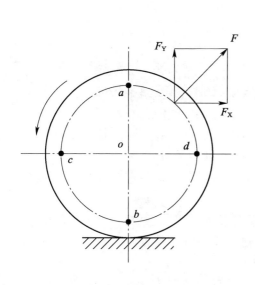

图3-10 车轮静不平衡示意图

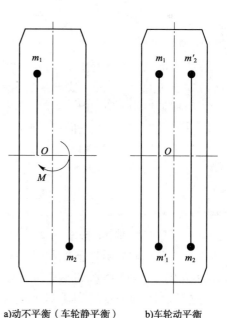

a) 动不平衡(车轮静平衡) b) 车轮动平衡

图3-11 车轮平衡示意图

3. 离车式车轮动平衡机检测

1) 离车式车轮平衡机的结构简介

离车式车轮动平衡机,目前应用最多的是硬式二面测定车轮动平衡机,如图3-12所示。该平衡机一般由驱动装置、转轴与支撑装置、显示与控制装置、制动装置、机箱和车轮防护罩等组成。驱动装置一般由电动机、传动机构等组成,可驱动转轴旋转。驱动装置、转轴与支撑装置安装在机箱内。车轮防护罩防止车轮旋转时其上的平衡块或花纹内杂物飞出伤人。制动装置可使车轮停转。车轮在转轴上安装位置如图3-13所示。

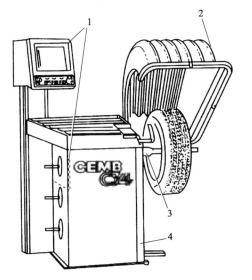

图3-12 离车式车轮动平衡机
1-显示与控制装置;2-防护罩;3-转轴;4-机箱

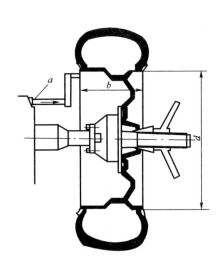

图3-13 车轮在平衡机上的安装

2) 检测步骤

(1) 清除被测车轮上的泥土、石子和旧平衡块。

(2) 检查轮胎气压,视必要充至规定值。

(3) 根据轮辋中心孔的大小选择锥体,仔细地装上车轮,用大螺距螺母上紧。

(4) 打开电源开关,检查指示与控制装置的面板是否指示正确。

(5) 用卡尺测量轮辋宽度b、轮辋直径d(也可由胎侧读出),用平衡机上的标尺测量轮辋边缘至机箱距离a,用键入或选择器旋钮对准测量值的方法,将a、b、d直接输入指示与控制装置中。为了适应不同计量制式,平衡机上的所有标尺一般都同时标有英制和公制刻度。

(6) 放下车轮防护罩,按下起动键,车轮旋转,平衡测试开始,微机自动采集数据。

(7) 车轮自动停转或听到"笛"声,按下停止键并操纵制动装置使车轮停转后,从指示装置读取车轮内、外不平衡量和不平衡位置。

(8) 抬起车轮防护罩,用手慢慢转动车轮。当指示装置发出指示(音响、指示灯亮、制动、显示点阵或显示检测数据等)时停止转动。在轮辋的内侧或外侧的上部(时钟12点位置)加装指示装置显示的该侧平衡块质量。内、外侧要分别进行,平衡块装卡要牢固。

（9）安装平衡块后有可能产生新的不平衡，应重新进行平衡试验，直至不平衡量<5g，指示装置显示"00"或"OK"时才能满意。当不平衡量相差10g左右时，如能沿轮辋边缘左右移动平衡块一定角度，将可获得满意的效果。

（10）测试结束，关闭电源开关。

4. 就车式车轮动平衡机检测

1）就车式车轮平衡机的结构简介

就车式车轮平衡机检测车轮平衡状态的原理与离车式平衡机的原理基本相同，只不过用就车式车轮平衡机检测车轮平衡状态时，测力传感装置是装于转向节、悬架或制动底板等车轮引起振动的部位，而不是装于车轮平衡机上。检测时将车辆支起，此时支离地面的车轮如果不平衡，转动时产生的上下振动或横向摆动将通过转向节或悬架传给检测装置的传感磁头及其底座内的传感器。因平衡机的应变位移正比于车轮的不平衡力，所以传感器可得到力的信号，经运算输出后，控制频闪灯闪光，指示车轮不平衡点的位置，同时在显示屏显示其不平衡质量。

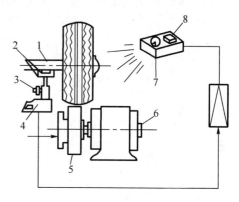

图3-14 就车式车轮动平衡机示意图
1-转向节；2-传感磁头；3-可调支杆；4-底座；5-转轮；
6-电动机；7-频闪灯；8-不平衡度表

就车式车轮动平衡机，一般由驱动装置、测量装置、指示与控制装置、制动装置和小车组成。其示意图如图3-14所示，检测图如图3-15所示。

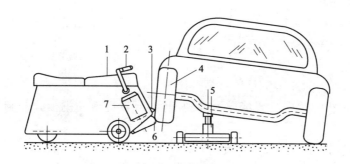

图3-15 就车式车轮动平衡机检测图
1-仪表板；2-手柄；3-光电传感器；4-被测车轮；5-传感器支架；6-摩擦转轮；7-驱动电动机

2）检测步骤

检测前准备：用千斤顶支起车轴，两边车轮离地间隙要相等，清除被测车轮上的泥土、石子和旧平衡块；检查轮胎气压，视必要充至规定值；检查轮毂轴承是否松旷，视必要调整至规定松紧度、在轮胎外侧面任意位置上用白粉笔或白胶布做上记号。进行车轮静平衡检测，具体操作如下：

（1）用三角垫木塞紧非测试车轮，将就车式车轮动平衡机的测量装置推至被测前轮一端的前轴下,传感磁头吸附在悬架下或转向节下,调节可调支杆高度并锁紧。

(2)推平衡机至车轮侧面或前面(视车轮平衡机形式不同而异),检查频闪灯工作是否正常,检查转动的旋转方向能否使车轮的转动力与前进行驶时方向一致。

(3)操纵车轮动平衡机转轮与轮胎接触,起动驱动电机带动车轮旋转至规定转速。

(4)观察频闪灯照射下的轮胎标记位置,并从指示装置(第一挡)上读取不平衡量数值。

(5)操纵平衡机上的制动装置,使车轮停止转动。

(6)用手转动车轮,使其上的标记仍处在上述观察位置上,此时轮辋的最上部(时钟12点位置)即为加装平衡块的位置。

(7)按指示装置显示的不平衡量选择平衡块,牢固地装卡到轮辋边缘上。

(8)重新驱动车轮进行复查测试,指示装置用二挡显示。若车轮平衡度不符合要求,应调整平衡块质量和位置,直至符合平衡要求。

3.2.3 悬架装置检测

随着汽车行驶速度的提高,汽车悬架装置的完好程度对减少事故、保证行车安全是至关重要的。影响汽车操纵稳定性的直接因素固然是轮胎特性,但轮胎与车身相连的部件是悬架装置,汽车悬架装置性能和品质的好坏直接影响到汽车操纵稳定性、平顺性和行驶安全性,所以检测悬架装置的各元件品质及其匹配后的性能,尤其是减振器的工作性能,对于保证汽车乘坐舒适性、操纵稳定性和行驶安全性是十分重要的。

1. 悬架常见的故障

1)非独立悬挂系统常见故障

(1)钢板弹簧折断。

钢板弹簧折断,尤其是第一片折断,会因弹力不足等原因,使车身歪斜。前钢板弹簧一侧第一片折断时,车身在横向平面内歪斜;后钢板弹簧一侧第一片折断时,车身在纵向平面内歪斜。

(2)钢板弹簧弹力过小或刚度不一致。

当某一侧的钢板弹簧由于疲劳导致弹力下降,或者更换的钢板弹簧与原弹簧刚度不一致时,会使车身歪斜。

(3)钢板弹簧销、衬套和吊耳磨损过甚。

(4)骑马螺栓松动或折断(或钢板弹簧第一片折断),会由于车辆移位歪斜,导致汽车跑偏。

2)独立式悬挂系统常见故障

独立悬挂系统主要由螺旋弹簧、上下摆臂、横向稳定杆及减振器等组成,独立悬挂常见的故障有如下几项:

(1)现象。

①车身歪斜,汽车在转弯时车身过度倾斜等;

②前轮定位角改变;

③轮胎异常磨损;

④车辆摆振及行驶不稳。
(2)原因。
①螺旋弹簧弹力不足；
②稳定杆变形；
③上、下摆臂变形；
④各铰接点磨损、松旷。
3)减振器常见故障

减振器常见的故障为衬套磨损和泄漏。衬套磨损后，因松旷易产生响声。减振器轻微的泄漏是允许的，但泄漏过多，会使减振器失去减振作用而失效。

当汽车产生上述现象时，应对悬挂系统进行仔细检查，即可发现故障部位及原因。

2. 悬架装置检测

汽车悬架装置工作性能的检测方法有经验法、按压车体法和试验台检测法三种类型。

(1)经验法是通过人工外观检视的方法，主要从外部检查悬架装置的弹簧是否有裂纹，弹簧和导向装置的连接螺栓是否松动，减振器是否漏油、缺油和损坏等项目。

(2)按压法主要是靠检查人员的经验，主观因素大、可靠性差、只能定性分析、不能定量分析等问题。

(3)检测台能快速检测、诊断悬架装置工作性能，并能进行定量分析。根据激振方式不同，悬架装置检测台可分为跌落式和谐振式两种类型。其中，谐振式悬架装置检测台根据检测参数的不同，又可分为测力式和测位移式两种类型。下面主要来介绍检测台检测法。如图 3-16 所示为谐振式悬架装置检测台。

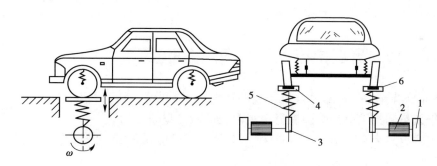

图 3-16　谐振式悬架装置检测台
1-惯性飞轮；2-电动机；3-凸轮；4-台面；5-激振弹簧；6-测量传感器

3. 检测步骤

以悬架装置检测台检测法为例，其检测步骤如下：

(1)将汽车驶上台面，保证车轮中心与台面中心重合，放松制动。起动测试程序，悬架装置检测台自动控制电动机带动偏心机构使整个"台面—汽车"系统振动。

(2)激振数秒钟后，当达到角频率为 ω 的稳定强迫振动后，自动断开电动机电源。此时与电动机紧固的储能飞轮以起始频率为 ω 的角频率进行扫频激振。由于停在台面上的车轮的固有频率处于 ω 和 0 之间，因此储能飞轮的扫频激振总能使"台面—汽车"系统产生共振。控制系统在自动断开电动机电源的同时,也起动采样测试装置,进行数据采集、处理、分析和评价。

(3)悬架装置检测台的整个工作过程都是自动进行的,因此使用起来比较简单。检测前轴悬架系统后,再进行下个车轴悬架系统的检测,所有车轴悬架系统检测结束后,可以得到最终的评价结果。

4. 检测评价方法

悬架装置检测台利用检测车轮和道路接地力的原理来快速评价悬架装置的品质和性能。依靠汽车行驶中车轮作用在道路上的接地力的变化可评价汽车悬架装置的品质和性能。定义汽车车轮稳态时的载荷为车轮和道路的静态接地力。定义汽车车轮在受外界激荡振动下,在检测台上的变化载荷为动态载荷。将动态载荷的最小值与静态载荷的比值作为评价汽车悬架装置的指标。

其比值可分为四级:①80%～100%表示很好;②60%～79%表示好;③40%～59%表示足够;④0～39%表示弱、不够。

悬架装置检测台考查了汽车在工作条件最差的情况下,即地面激振使悬架达到共振时,车轮与地面的接触状态。这是一个比较直观的评价指标,既能够快速检测悬架性能,又能够评价汽车悬架装置的弹簧与减振器的匹配与品质。

3.3 转向系统的检测与故障诊断

转向轴和转向系是汽车底盘的重要组成之一,其技术状况的变化对汽车操纵稳定性和高速行驶的安全性等性能有直接影响。

3.3.1 转向盘自由行程和转向阻力的检测

检测转向盘转向力、转向盘自由行程的数值可以判断转向轴和转向系中各零件的配合状况。对于新车和在用车都必须进行上述两项诊断参数的检测。

转向盘转向阻力和自由行程的检测,应采用专用检测仪进行,如转向参数测量仪。

1. 转向盘自由行程和转向阻力的诊断标准

转向盘的转向阻力,是指在一定行驶条件下,作用在转向盘外缘的圆周力。

按照国家标准《机动车运行安全技术条件》(GB 7258—2004)的规定,转向盘转向力应转动灵活、操纵轻便、无阻滞现象。最大设计车速≥100km/h 的机动车的转向盘从中间位置向左或向右的转角不得大于 10°。最大设计车速≤100km/h 的机动车的转向盘从中间位置向左或向右的转角不得大于 15°。

2. 转向盘自由行程的检测

1)用简易转向盘自由行程检测仪检测

简易转向盘自由行程检测仪主要由刻度盘和指针组成。刻度盘固定在转向轴管上,指针固定在转向盘边缘上,如图 3-17 所示。

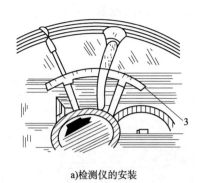
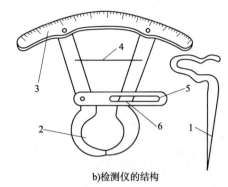

a）检测仪的安装　　　　　　　　　b）检测仪的结构

图 3-17　简易转向盘自由转动量检测仪
1-指针；2-夹臂；3-刻度盘；4-弹簧；5-连接板；6-固定螺钉

测量时，使汽车处于直线行驶位置不动，轻轻向左（或向右）转动转向盘至空行程一侧的极端位置（感到有阻力时），调整指针指向刻度盘 0 位。然后再轻轻转动转向盘至另一侧空行程的极端位置，此时指针指示刻度的一半即为转向盘自由行程。

2）用转向参数测量仪检测转向盘自由行程

（1）按前述方法安装好转向参数测量仪，接好电源，使前轮保持直线位置。

（2）支起汽车转向桥，按下"角测"按钮，向一个方向缓慢转动操纵盘直至车轮开始摆动，停止转动，仪器上显示转向盘的自由行程。

（3）将转向盘回正后，向另一个方向缓慢转动操纵盘，直至车轮开始摆动，测出转向盘另一个方向的自由行程。

3）检测结果分析

转向盘自由行程过大时，行驶时要用较大幅度转动转向盘才能控制车辆的行驶方向，因此汽车转向不灵敏。同时直线行驶时操纵不稳定，严重影响行车安全。转向盘自由行程过小，也会因过于灵敏而造成驾驶员过度紧张，影响行车安全。但在用车辆及维修过的车辆的转向盘自由行程一般不会过小，随着行驶里程的增加，转向盘自由行程过大经常发生。

磨损和松旷是导致转向盘自由行程过大的主要原因。可能的故障部位有：前轮毂轴承间隙过大、转向器主从动啮合部位间隙过大或主从动部位轴承松旷、主销与转向节衬套间隙过大、拉杆球铰严重磨损等，可采用分段检查方法判断出磨损或松旷过大的部位。

3.转向盘转向阻力的检测

1）用弹簧秤检测转向阻力

最简单的转向阻力检测方法是用弹簧秤检测转向阻力，如图 3-18 所示。沿着转向盘的切线方向，用弹簧秤拉转向盘边缘进行测量。测量结果直接在弹簧秤上读出。

2）用转向参数检测仪检测转向阻力

（1）转向参数测量仪的结构及工作原理。

转向参数测量仪的结构如图 3-19 所示。该测量仪是以

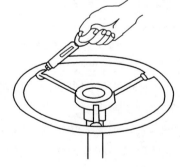

图 3-18　转向阻力检测

微机为核心的智能测试仪器,可测量转向盘的转向阻力和转向盘的自由行程。

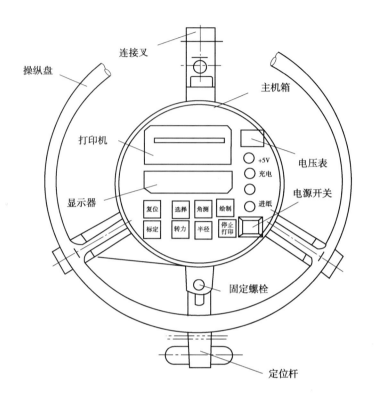

图 3-19 转向参数测量仪

转向参数测量仪由控制盘、主机、连接杆和定位杆等部分组成。控制盘由螺钉固定在爪底板上,底板经力矩传感器与三个连接杆相连,每个连接杆上都有一只可伸缩的活动卡爪,可以方便地与被测转向盘相连。主机为一圆形结构,固定在底板中央,内部装有接口板、微机板、转角编码器、力传感器、打印机和电池等。定位杆从底板下伸出,可吸附安装在驾驶室内的仪表盘上。定位杆的内端连接有光电装置,光电装置在主机内的下部。

测量时转动操纵盘,转向力通过底板、力矩传感器、连接杆传递到被测转向盘上,使转向盘转动以实现汽车转向。此时力矩传感器将转向力矩转变成电信号,而定位杆内端连接的光电装置则将转角的变化转变成电信号。这两种电信号由微机自动完成数据采集、转角编码、运算、分析、存储、显示及打印。因此,使用转向参数测量仪既可测量转向盘的转向阻力,又可测量转向盘的自由行程。

(2)仪器的使用方法。

首先把转向参数测量仪对准被测转向盘中心,调整好3个连接杆上伸缩卡爪的长度,与转向盘连接牢固,并接好电源;然后支起汽车转向桥,按下"转力"按钮,缓慢地将转向盘由一端尽头转到另一端尽头,即可测量出转动力矩,最后根据测量出的转动力矩和转向盘半径可以计算出转向盘边缘上的转动阻力。

3)检测结果分析

转向阻力过大会造成汽车转向沉重,增加驾驶人的劳动强度,容易造成行车事故。

转向阻力过大主要是转向系各部分间隙过小、运动机件变形、缺油等原因引起的。这些问题造成机件运动阻力增大或运动发卡,从而造成转向阻力过大。

进行故障诊断时,可先采用分段方法检测出故障是在转向器或转向传动机构,还是在行驶系,然后再仔细查出具体故障原因。

3.3.2 转向系统常见故障的诊断

1. 液压动力转向系检测与诊断

1)动力转向系统的检测

动力转向系统是一个复杂精密的液压系统,按期进行检查和调整是确保其安稳定工作的重要条件,也是延长动力转向机构使用寿命的有力保障;当动力转向系统出现故障时,有必要对其进行检测。

(1)检查储液罐油液。
(2)检查动力转向液压系统是否有空气。
(3)检测动力转向泵传动带的松紧度。
(4)检测动力转向泵输出压力。
(5)检测动力转向操纵力。

2)动力转向系统的常见故障诊断

液压动力转向系统的常见故障主要有液压助力系统因油液泄漏、渗入空气、动力转向泵失效、转向控制阀损坏和机械传动机构损坏而引起的转向沉重、车辆发飘和转向噪声等故障。故障诊断的重点为液压助力系统,机械转向系统的诊断可参照后述内容。

(1)故障现象。

动力转向的汽车,本来转向应是很轻便的,但在汽车行驶中却感到转向困难、转向沉重。

(2)故障原因。

一般是液压转向助力系统失效或助力不足、机械传动机构损坏或调整不当所致,其具体原因如下:

①储液罐缺油或油液高度低于规定要求。
②各油管接头处密封不良,有泄漏现象。
③转向液压回路中渗入了空气。
④油管变形、油路堵塞。
⑤动力转向泵传动带张紧力不足,传动带打滑。
⑥动力转向泵内部磨损、泄漏严重,使动力转向泵输出压力达不到标准。
⑦动力转向泵内调压阀失效,使输出压力过低。
⑧转向控制阀、动力液压缸内部泄漏。
⑨转向齿轮机构损坏或调整不当。

(3)故障诊断。

①检查轮胎气压是否正常,按规定气压充气。

②检查转向液压系统各油管接头是否泄漏,检查油管有无损坏、变形或裂纹。一旦发现油管有缺陷应予以更换;若油管接头泄漏,应予以拧紧,必要时更换油管重接。

③检查储液罐内的油液质量和液面高度。若油液变质则应重新更换规定油液;若液面低于规定高度,则应找出油液液面过低的原因,重新加油使液面达到规定的液面高度。

④检查油路中是否渗入空气,若发现储液罐中的油液有气泡时,说明油路中有空气渗入,此时应检查系统内进入空气的原因,检查油管接头松动、油管裂纹、密封件损坏、储液罐液面过低等情况并排除故障,然后对油压系统进行排气操作,最后加注转向液至规定的液面高度。

2. 机械转向系常见故障及诊断

汽车转向系常见的故障有:转向盘自由转动量过大、转向沉重、自动跑偏、前轮摆振等。这些故障现象通常为综合性故障,除与转向系统有关外,还可能与轮胎、悬架、车身等有关。下面来介绍转向盘自由转动量过大的故障检测及诊断。

1) 故障现象

汽车转向盘位于直行位置时,转向盘左右转动的游动角度过大。

2) 故障原因

(1) 转向系的齿轮啮合间隙调整不当。

(2) 转向系齿轮箱安装不良。

(3) 转向系齿轮磨损。

(4) 转向轴万向节磨损。

(5) 左、右横拉杆连接处磨损。

3) 故障诊断与排除

在自由转动量过大的诊断过程中,重点应判明故障是由转向器,还是由拉杆轴节磨损的原因造成的。检查故障时,架起汽车转向轮,左右转动转向盘,当用力转动时,拉杆才同步运动,说明拉杆连接处磨损而旷量过大;若拉杆不动,则说明转向器齿轮的磨损过大。

3. 电子控制动力转向系检测与诊断

1) 电控液压助力转向系的技术状况检测

液压式电子控制动力转向系统是通过控制系统的油压来控制转向助力的,因此可通过转向时的液压和转向盘转向力的检测来反映系统电控组件的工作性能和技术状况。不同型式的电子控制动力转向系统检测方法和标准不尽相同。

(1) 检测转向盘转至极限位置时的油压。

(2) 检测转向盘转向力。

正常情况下,电磁阀线圈通电后,电磁阀动作会使阀的节流面积增大,使转向助力减少,因而导致转向盘转向力增大。若通电后转向阻力没有增大,则说明电磁阀存在故障。

2) 电控液压助力转向系的故障诊断

(1) 电控液压助力系统故障自诊断,故障码见表3-6。

三菱轿车电子控制动力转向系统故障码表　　　　　表3-6

故障码	诊 断 结 论	故障码	诊 断 结 论
11	EPS 主电脑电源不良	13	EPS 电磁阀工作不良
12	VSS 车速信号不良	14	EPS 主电脑故障

（2）电控液压助力系统的常见故障诊断。

电子控制动力转向系统机械及油路的故障诊断，可参考普通动力转向部分进行。其电控部分的故障诊断以皇冠轿车电子控制动力转向系统为例进行说明，如图3-20所示为该车动力转向系统的控制电路和ECU插接器示意图。

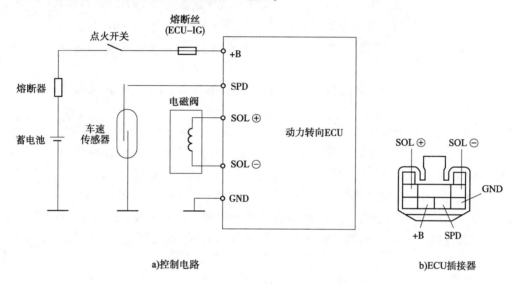

图3-20　电控助力转向系统控制电路及 ECU 插接器

①故障现象：怠速或低速时转向沉重；高速时转向过于灵敏。

②故障原因：机械故障或油路故障；ECU-IG 熔断丝烧毁；ECU 插接器接触不良；车速传感器线束短路或断路故障；助力转向电磁阀损坏；助力转向 ECU 损坏。

③故障检测：根据故障原因，依次对电控助力转向系统的各个元件进行检测。对于电磁阀的检测主要是检测电磁阀电磁线圈的电阻值和检测电磁阀的工作状况，电磁线圈电阻值一般应为 6.0~11.0Ω；用蓄电池短接电磁阀，电磁阀的针阀应缩回 2mm。对于电控单元 ECU 的检测，主要检测在怠速和 60km/h 车速时候，ECU 的 SOL⊖端子和 GND 端子间的电压值，60km/h 车速时候得电压值比怠速时提高 0.07~0.22V，若所测电压值为零，应更换 ECU 重试。

3.4　制动系统的检测与故障诊断

汽车制动性能好坏，是安全行车最重要的因素之一，因此也是汽车检测诊断的重点。汽车具有良好的制动性能，遇到紧急情况，可以化险为夷；在正常行驶时，可以提高平均行驶速度，从而提高运输生产效率。

本节主要从制动系常见的故障现象、故障原因及故障检测诊断方法或流程上来介绍制动系统的检测与故障诊断。

3.4.1 气压制动系统的检测与故障诊断

1. 气压制动汽车的工作原理

气压制动系统以发动机的动力驱动空气压缩机作为制动器制动的唯一能源。气压制动系统主要由供能装置、控制装置、传动装置和制动器4部分组成。

(1) 供能装置：包括调节、供给制动所需能量及改善传动介质状态的各种部件。

(2) 控制装置：控制制动效果和产生制动动作的各种部件，如：制动踏板。

(3) 传动装置：将压缩空气传输到各轮边制动器的部件，如：空气干燥器、储气筒、气管等。

(4) 制动器：产生阻止车辆运动或降低运动趋势的部件，如：轮边制动器、制动盘、摩擦片等。

气压制动汽车一般组成如图3-21所示。首先由空气压缩机提供汽车所需的压缩空气，其次在空气压缩机到湿储气筒之间一般装有空气干燥器，保证进入阀体的气体处于干燥状态，避免阀体生锈失效。湿储气筒后面又相连一个储气筒，储气筒有4大作用：蓄能、过滤、稳压和降温。湿储气筒和储气筒下方一般都装有放水阀，定期进行放水；储气筒侧面还装有安全阀，是为了防止压缩空气压力过高而造成失效故障。然后再由储气筒分配给前后的制动气室，由制动阀来控制前后制动管路的压缩空气的通断，最终控制前后车轮的制动器，保证行车安全。

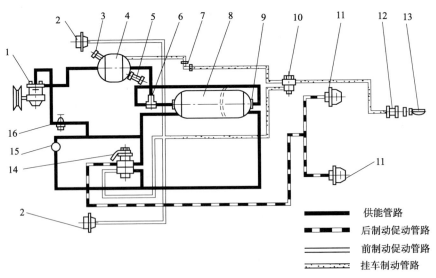

图3-21 气压制动系统一般组成

1-空气压缩机；2-前制动气室；3-放气阀；4-湿储气筒；5-安全阀；6-三通管；7-管接头；8-储气筒；9-单向阀；10-挂车制动阀；11-后制动气室；12-分离开关；13-连接头；14-串列双腔活塞式制动阀；15-气压表；16-气压调节器

2. 气压制动系统常见故障检测诊断

1)气压制动不良故障

(1)故障现象。

①制动时不能迅速减速或停车。

②第一次踏下制动板时制动不良,连续踩踏制动板,踏板逐渐升高,但脚踏触感减弱,且制动效果不佳。

(2)故障原因。

①空气压缩机故障:皮带打滑或断裂,活塞与缸筒严重磨损,卸荷阀关闭不严,气压调节阀起不到很好的调节作用。

②储气筒上安全阀失效导致气压过低。

③制动阀故障:进排气阀关闭不严,膜片破裂,活塞的密封圈密封性不好,排气间隙过大。

④快放阀膜片破裂。

⑤制动气室膜片破裂。

⑥车轮制动器发生故障。例如:制动鼓与制动蹄之间间隙过大或接触面积过小;制动蹄片上沾有油污或水;制动蹄片上铆钉松动;制动鼓失圆或磨出沟槽;凸轮轴、制动蹄的支撑销锈死或磨损松旷;调节臂上的调整蜗杆调整不当。

⑦制动气室推杆行程过小。

⑧制动踏板自由行程太大。

⑨制动管路凹瘪、内壁积垢严重或软管内孔不畅通,或制动管路漏气。

(3)故障检测诊断。

①检查踏板自由行程是否太大,气室推杆动作是否良好,制动器制动间隙是否正常。

②起动发动机,气压表的读数应能上升至正常气压,若气压不足,应检查空气压缩机传动带是否松动,至储气筒的管路是否有泄漏。

③气压正常,但发动机熄火后气压下降,检查制动阀是否漏气,管路是否漏气。

④气压正常,发动机熄火后也正常,但踩下制动踏板后气压不断下降,故障为制动控制阀关闭不严,管路接头漏气,制动气室膜片破裂。

⑤气压正常,发动机熄火后也正常,但踩下制动踏板后气压下降太小,故障是制动控制阀进气阀打开太小或平衡弹簧预紧力太小。

2)气压制动失效故障

(1)故障现象。

汽车行驶中,将制动踏板踩到底,制动装置不起作用,或在使用一次或几次制动后,制动装置突然不起作用,都属于制动失效故障。

(2)故障原因。

①储气筒无气或充气量不足。例如:空气压缩机传送带折断或打滑;空气压缩机与储气筒之间的储气管路破损、堵塞,或管路接头松脱漏气严重;卸荷阀卡死;挂车制动分离开关未关或关闭不严;储气筒破裂,储气筒各功能阀失效、漏气。

②制动阀故障。例如:制动阀的进气阀被卡住或关闭不严造成进气阀不能打开,压缩空

气从排气口排出;制动踏板传动机构折断;制动管路折断,接头松脱或管路堵塞。

③制动气室故障。例如:制动气室膜片破裂;壳体破损,接合面松动;推杆在壳体孔中卡死而不能移动;调整臂调整不当导致制动气室推杆行程过小。

④车轮制动器故障。例如:制动凸轮轴与支架衬套卡死,导致凸轮轴不能转动,或转角过小;制动蹄摩擦片、制动鼓磨损后间隙过大;制动蹄摩擦片大面积脱落或严重烧蚀;制动鼓开裂破碎;制动器过热或潮湿。

3)气压制动跑偏故障

(1)故障现象。

汽车在行驶的过程中,制动时自动向一侧偏驶。

(2)故障原因。

①车轮制动器故障。

②制动气室故障。

③其他故障。

(3)故障检测诊断。

①各车轮制动促动凸轮轴转角相差是否过大,或制动促动凸轮轴与支架配合、磨损程度是否不一致,又或者某制动促动凸轮轴转动是否不灵活;各车轮制动器的制动间隙、制动蹄摩擦片的质量以及制动蹄摩擦片与制动鼓的接触贴合情况相差是否过大;各车轮制动鼓的直径、圆度、圆柱度等技术指标以及各制动鼓工作表面状况相差是否过大;车轮制动器的蹄片回位弹簧弹力相差是否过大,或者各制动蹄轴与衬套配合、磨损程度是否不一致。

②车轮制动器的制动气室进气管是否被压扁、锈蚀或堵塞,或进气软管老化膨胀,进气管接头是否松动漏气;某车轮制动气室壳体连接螺栓是否松动漏气;或制动气室的膜片是否老化、破裂;各车轮制动器的制动气室推杆行程是否一致,或某制动气室推杆是否有卡滞现象。

③检测车辆是否严重偏载,使车身倾斜;车辆左右轮胎气压、轮胎规格是否一致,各轮胎花纹磨损程度相差是否过大;车辆两侧悬架弹簧弹力是否一致;车架是否变形、车桥是否发生位移;前轮定位是否失准或转向系松旷;路面两侧附着系数相差是否过大,路面是否向一侧倾斜,致使车身倾斜。

4)气压制动拖滞故障

(1)故障现象。

抬起制动踏板,制动阀排气缓慢或不排气,不能迅速解除制动,致使车辆出现起步困难,行驶无力等现象。

(2)故障原因。

①制动阀故障。

②传动机构故障。

③车轮制动器故障。

④其他故障。例如:半轴套管与轮毂轴承配合松旷导致制动鼓偏斜;轮毂轴承外圈与轮毂配合松旷导致制动鼓倾斜;制动气室膜片老化、膨胀、变形,制动软管老化、发胀、堵塞;制动踏板轴发卡,踏板回位弹簧脱落、折断引起踏板不回位。

(3)故障检测诊断。

①制动阀排气间隙是否过小;制动阀排气阀座橡胶是否发胀,堵塞排气口;排气阀导向座是否锈蚀、发卡。

②踏板传动机构是否卡住不回位;制动踏板是否无自由行程或自由行程过小。

③制动气室推杆是否卡住不回位;制动凸轮轴支架固定螺栓是否松动,使凸轮轴不同心而导致转动是否灵活;制动蹄摩擦片与制动鼓间隙是否过小;制动蹄摩擦片与制动鼓是否烧结、粘住、脱落,回位弹簧是否脱落、折断或弹力过小;制动蹄轴是否因锈蚀、润滑不良或与衬套配合间隙过小而导致转动困难。

④检测半轴套管与轮毂轴承配合是否松旷导致制动鼓偏斜;轮毂轴承外圈与轮毂配合是否松旷导致制动鼓倾斜;制动气室膜片是否老化、膨胀、变形,制动软管是否老化、发胀、堵塞;制动踏板轴是否发卡,踏板回位弹簧是否脱落、折断引起踏板不回位。

3.4.2 液压制动系统的检测与故障诊断

1.制动不灵

制动不灵又叫制动力不足。

1)故障现象

汽车行驶中制动时,驾驶人感到减速度小;汽车紧急制动时,制动距离长。

2)故障原因

制动不灵故障如图3-22所示。

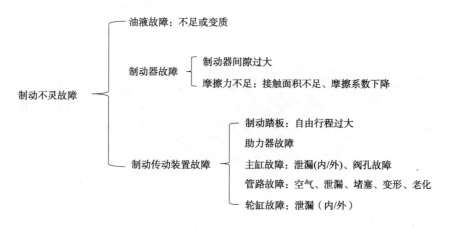

图3-22 制动不灵故障

造成制动不灵的具体原因如下:

(1)制动管路中有空气,或油管凹瘪,软管老化、发胀、内孔不畅通或管路内壁积垢太厚。

(2)储液罐制动液不足或变质。

(3)制动主缸、制动轮缸的皮碗、活塞、缸壁磨损过甚。

(4)制动主缸、制动轮缸、管路或管接头漏油。

(5)制动鼓磨损过甚,或制动间隙调整不当。

（6）制动主缸出油阀、回油阀不密封或活塞回位弹簧预紧力太小，或进油孔、补偿孔、储液罐通气孔、活塞前贯通小孔堵塞。

（7）制动主缸或制动轮缸皮碗老化、发黏、发胀。

（8）制动器摩擦片（制动盘）与制动鼓（制动钳）的接触面积太小，制动蹄摩擦片质量欠佳或使用中表面硬化、烧焦、油污、铆钉头外露。

（9）增压器、助力器效能不佳或失效。

（10）制动踏板自由行程太大。

3）故障诊断

液压制动系统制动不灵故障的诊断流程，如图3-23所示。

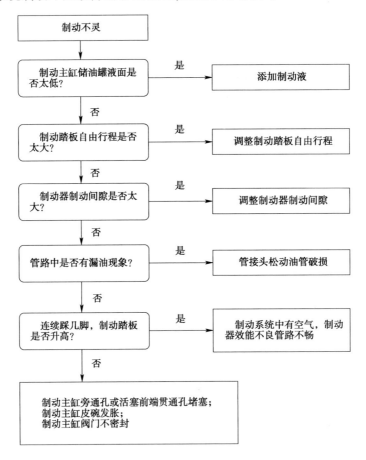

图3-23 液压制动系统制动不灵故障诊断流程

2. 制动失效

1）故障现象

汽车行驶时，踩下制动踏板车辆不减速，即使连续踩几脚制动也无明显作用。

2）故障原因

造成制动失效的原因主要如下。

（1）油液。制动主缸储液罐内油液严重缺失。

(2) 主缸/轮缸故障。制动主缸、制动轮缸皮碗严重破裂。
(3) 管路故障。制动软管、金属管断裂或接头处严重泄漏。
(4) 机械连接松脱。制动踏板至制动主缸的连接脱开。

3) 故障诊断

制动失效容易造成严重交通事故,因此,应及时找到故障点,尽快排除修复。

制动失效故障诊断思路如下:踩下制动踏板,如无连接感,说明是踏板与制动主缸的连接脱开。检查系统管路有无泄漏或破裂(通常根据油迹)。管路的泄漏或破裂会使回路中形成不了高压,使制动性能失效。如上述情况正常,则应检查制动主缸和制动轮缸。

液压制动系统制动失效故障的诊断流程如图 3-24 所示。

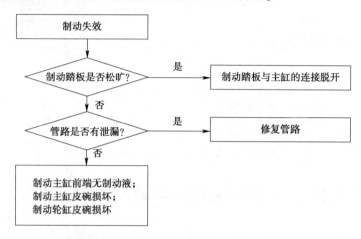

图 3-24 液压制动系统制动失效故障诊断流程

3. 制动拖滞

1) 故障现象

在行车制动中,当抬起制动踏板后,全部或个别车轮的制动作用不能完全立即解除,以致影响车辆重新起步、加速行驶或滑行。

2) 故障原因

造成制动拖滞的原因主要如下:
(1) 制动踏板无自由行程。
(2) 踏板回位弹簧脱落、拉断、拉力不足或踏板锈蚀、卡住而回位困难。
(3) 制动主缸皮碗发胀、发黏或活塞回位弹簧拉断、预紧力太小,造成回位不畅。
(4) 制动主缸补偿孔被污物堵塞。
(5) 制动蹄回位弹簧脱落、拉断、拉力太小而回位不畅。
(6) 制动器制动间隙太小。
(7) 制动油管凹瘪、堵塞或制动液太脏、太稠而使回油困难。

3) 故障诊断

制动拖滞诊断思路如下:若个别车轮发热,应检查该轮制动轮缸是否回位不畅、管路是否不畅、制动器制动间隙是否太小、制动蹄(盘)是否回位不畅;若全部车轮发热,应检查制动踏板自由行程是否太小、制动器制动间隙是否太小、制动主缸是否回油慢(回油孔不畅,皮碗发胀)、真空助力器空气阀是否漏气。

液压制动系统制动拖滞故障的诊断流程如图3-25所示。

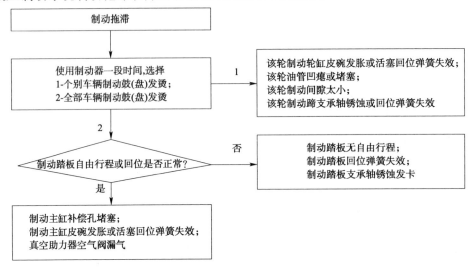

图3-25 液压制动系统制动拖滞故障诊断流程

3.4.3 防抱死ABS系统的检测与故障自诊断

制动防抱死系统(Antilock Brake System)简称ABS。作用就是在汽车制动时,自动控制制动器制动力的大小,使车轮不被抱死,处于边滚边滑(滑移率在20%左右)的状态,以保证车轮与地面的附着力在最大值。

1. ABS系统的工作原理

ABS系统是在传统制动系统基础上增加了轮速传感器、电控单元ECU、制动压力调节器等元件组成,如图3-26所示。

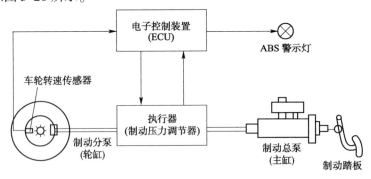

图3-26 制动防抱死系统(ABS)的基本组成

1) ABS系统不工作时

在ABS中,每个车轮上各安置一个转速传感器,将车轮转速的信号输入电子控制装置。电子控制装置根据各车轮转传感器输入的信号对各个车轮的运动状态进行监测和判定并形成相应的控制指令。各处液压电磁阀均不通电而处于关闭状态,电动泵也不通电运转,制动主缸至各制动轮缸的制动管路均处于沟通状态,而各制动轮缸至储液器的制动管路均处于封闭状态,各制动轮缸的制动压力将随制动主缸的输出压力而变化,此时的制动过程与常规制动系统的制动过程完全相同。

2) ABS 系统工作时

在制动过程中,ABS 通过使趋于抱死车轮的制动压力循环往复地经历保持—减小—增大过程,而将趋于抱死车轮的滑动率控制在峰值附着系数滑动率的附近范围内,在该ABS 中对应于每一个制动轮缸各有一对进液和出液电磁阀,可由电子控制装置分别进行控制,因此,各制动轮缸的制动压力能够被独立地调节,从而使四个车轮都不发生制动抱死现象。

当遇到情况汽车制动时,根据车轮转速,自动调整制动管内的压力大小,使车轮总是处于边抱死边滚动的滑移状态,尤其紧急制动,它将断续制动,即制动—松开—制动,以避免危险。防抱死制动装置,以每秒 6~10 次的频率进行制动—松开—制动的脉式制动,用电子智能控制方式代替人工方式,防止车轮抱死,使车轮始终获得最大制动力,并保持转向灵活。车轮要抱死时,降低制动力,而车轮不会抱死时,又增加制动力,如此反复动作,使制动效果最佳。使用该装置可以减小制动距离,保证制动过程中转向操纵依然有效。尤其紧急制动,能充分利用轮胎的峰值附着性能,提高汽车抗侧滑能力,缩短制动距离,充分发挥制动效能。

2. ABS 系统检测诊断的一般步骤

在汽车制动防抱死系统的诊断当中,先执行一些初步检查手段,任何故障都有可能是因为细节上的影响因素所造成的,所以在初步检查上不能有任何的马虎现象。

第一,应针对汽车的驻车制动器做出检查,这是制动防抱死系统最基础的部分,要观察驻车制动器是否完全释放。

第二,针对汽车制动液液面进行检查分析,观察是否保持在规定的范围内,如果超出范围,则比较容易产生故障的情况,需要进行调整和补充。

第三,针对汽车制动防抱死系统的电控单元导线插头、插座的连线进行检查分析,同时还必须在插接器、导线方面做出检查。这些内容的检查,是汽车制动防抱死系统的内部组成部分,多数都呈现为精密化的特点,即便是出现了很小的问题,都会导致汽车制动防抱死系统的故障。

3. 警告灯检测诊断

1) ABS 报警灯常亮

ABS 警告灯会监视防抱死制动系统。这个警告灯在点火开关转到 ON 的位置时,会持续点亮 4s,这属于正常现象。

如果 ABS 警告灯点亮,应尽快检修制动系统以恢复防抱死制动系统的功能。如果点火开关转到 ON 的位置,ABS 警告灯却不亮时,请尽快修理此灯泡。

2) 制动警告灯和 ABS 报警灯均点亮

如果制动警告灯和 ABS 警告灯都亮着,那么防抱死制动系统(ABS)和电子式制动力分配系统(EBD)会失去功能,必须立刻修复防抱死制动系统。

4. 故障自诊断

在对汽车制动防抱死系统的诊断过程中，直接关系到技术人员能否采用合理的手段进行维修，所以有必要在诊断工作当中，对汽车制动防抱死系统的故障代码进行积极的读取分析，这样才能在工作中得到良好的效果。结合以往的工作经验和当下的工作方法，认为在读取故障代码的时候，可从以下几个方面出发。

第一，跨接自诊断电路读取故障代码，这是一种比较便捷的方法，得到的效果也比较理想。

第二，利用汽车仪表板上的信息显示，对故障代码进行读取分析。该项方法在实施的过程中，是必要性的手段，展现出的效果也较好。

第三，可以借助专用的诊断测试仪器，对故障代码进行读取。该项方法的优势在于，能够对故障代码更好地掌握，不会造成严重的疏漏情况，在工作的可靠性方面表现较高，但是对于专用诊断测试仪器而言，其造价成本上比较高。

利用故障诊断仪读取 ABS 系统的故障码后，应对照维修手册查看故障码的含义，结合电路图和有关元件的测试方法，按照步骤进行更深一步的诊断。表 3-7 列出了桑塔纳 2000GSI 轿车 ABS 故障码的内容。

桑塔纳 200GSI 轿车 ABS 系统故障码表 表 3-7

V. A. G1552 显示屏显示	可能的故障原因	故障排除方法
未发现故障	如果在维修完毕后，用 V. A. G1552 查询故障后未发现故障，自诊断结束。如果显示屏显示"未发现故障"，但 ABS 不能正常工作，则应按以下步骤操作： ①以大于 20km/h 的车速，进行紧急制动试车； ②重新用 V. A. G1552 查询故障，仍无故障显示； ③在无自诊断的情况下，全面进行电气检查	
00668 汽车 30 号线终端电压信号超差	电压供应线路、连接插头、熔断丝故障	检查 ECU 供电线路、熔断丝和连接插头
01276 ABS 液压泵（V64）信号超差	电动机与 ECU 连接线路对正极或对地短路、断路；液压泵电动机故障	检查线路、进行执行元件诊断
65535 电控单元	ECU 故障	更换 ECU
01044 ECU 编码不正确	ECU 的 25 针插头端子 6 和 22 之间断路或短路	检查线路、线束的插头
01130 ABS 工作信号超差	与外界干涉信号源发生电气干涉	①检查所有线路连接对正极或对地是否短路； ②清除故障码； ③在车速大于 20km/h 时，进行紧急制动试车； ④再次查询故障码

续上表

V. A. G1552 显示屏显示	可能的故障原因	故障排除方法
00283 左前轮速传感器 （C47）	轮速传感器导线、传感器线圈、传感器的线路短路或断路；连接插头松动；传感器头和齿圈的间隙超差	①检查轮速传感器与 ECU 之间的线路和连接插头； ②检查传感器头和齿圈的安装间隙； ③读取数据流
00285 右前轮速传感器 （C45）	轮速传感器导线、传感器线圈、传感器的线路短路或断路；连接插头松动；传感器头和齿圈的间隙超差	①检查轮速传感器与 ECU 之间的线路和连接插头； ②检查传感器头和齿圈的安装间隙； ③读取数据流
00287 左后轮速传感器 （C44）	轮速传感器导线、传感器线圈、传感器的线路短路或断路；连接插头松动；传感器头和齿圈的间隙超差	①检查轮速传感器与 ECU 之间的线路和连接插头； ②检查传感器头和齿圈的安装间隙； ③读取数据流
00290 右后轮速传感器 （C46）	轮速传感器导线、传感器线圈、传感器的线路短路或断路；连接插头松动；传感器头和齿圈的间隙超差	①检查轮速传感器与 ECU 之间的线路和连接插头； ②检查传感器头和齿圈的安装间隙； ③读取数据流

3.4.4 电子控制驱动防滑转系统的检测与故障自诊断

汽车驱动防滑系统(Acceleration SlipRegulation 或 Traction Control System)，简称 ASR 或 TCS(日本车型称它为 TRC 或 TRAC)是继 ABS 后采用的一套防滑控制系统，其目的就是要防止车辆尤其是大马力车子，在起步、再加速时驱动轮打滑现象，以维持车辆行驶方向的稳定性。

ASR 与 ABS 的区别在于，ABS 是防止车轮在制动时被抱死而产生侧滑，而 ASR 则是防止汽车在加速时因驱动轮打滑而产生的侧滑，ASR 系统是 ABS 功能的进一步发展和重要补充。ASR 系统和 ABS 系统密切相关，通常配合使用，构成汽车行驶的主动安全系统。

1. ASR 系统的工作原理

ASR 可以通过减少节气门开度来降低发动机功率或者由制动器控制车轮打滑来达到对汽车牵引力的控制。装有 ASR 的车上，从加速踏板到汽油机节气门（柴油机喷油泵操纵杆）之间的机械连接被电控加速装置所代替，当传感器将加速踏板的位置及轮速信号传送至控制单元时，控制单元就会产生控制电压信号，伺服电机依此信号重新调整节气门的位置（或者柴油机操纵杆的位置），然后将该位置信号反馈至控制单元，以便及时调整制动器。

典型的具有制动防抱死和驱动防滑功能的汽车防滑控制系统其中，驱动防滑系统和制动防抱死系统共用车轮转速传感器和电子控制单元（ECU），只在通往驱动车轮制动轮缸的制动管路中增设一个驱动防滑系统制动压力调节装置，在由加速踏板控制的主节气门上方增设一个由步进电机控制的副节气门,并在主、副节气门外各设置一个节气门开度传感器,即可实现驱动防滑控制。

当汽车行驶在易滑的路面上时,没有 ASR 的汽车加速时驱动轮容易打滑,如果是后驱动轮打滑,车辆容易甩尾,如果是前驱动打滑,车辆方向容易失控。有 ASR 时,汽车在加速时就不会有或能够减轻这种现象。在转弯时,如果发生驱动轮打滑会导致整个车辆向一侧偏移,当有 ASR 时就会使车辆沿着正确的路线转向。

总之,ASR 可以最大限度利用发动机的驱动力矩,保证车辆起动、加速和转向过程中的稳定性。

2. ASR 系统故障检测诊断的一般步骤

ASR 故障现象多样,原因复杂,诊断的难度较大。故 ASR 故障的诊断,需要分析 ASR 电路图,采用合理的步骤,利用 ASR 自诊断、专用检测仪器诊断及人工诊断综合进行诊断。ASR 故障检测诊断的一般步骤如下:

(1) 初步检查。

(2) 确认故障情况、故障症状。

(3) 利用专用检测仪器或人工法读取 ASR 系统自诊断的故障内容,确定故障所在的部位。

(4) 根据提示的故障信息,利用检测盒、万用表等工具对故障部位进行深入的快速检查,确诊故障部位和故障原因。

(5) 排除故障。

(6) ASR 故障排除后,须进行故障码的清除;否则,尽管 ASR 故障排除,且系统恢复正常,但 ASR ECU 存储器仍然记忆着原故障情况。

(7) 检查 ASR 故障指示灯是否仍然常亮。如果常亮,则说明 ASR 系统故障依然存在,或故障已经排除,但未清除故障码。根据具体情况进行清码或继续排除故障。

(8) 若 ASR 故障指示灯不再点亮,可进行路试,确认 ASR 系统恢复正常。

3. ASR 系统故障的自诊断

在电子控制驱动防滑转系统中,设有故障自诊断功能。出现故障时,系统会自动记录故障,并点亮仪表板上的 ASR 故障指示灯,对 ASR 防滑控制系统进行故障自诊断时,故障代码的读取一般有下面三种方法。

(1) 用专业的故障诊断仪与 ASR 的故障码读取接口相连,按程序起动,故障诊断仪的显示器或指示灯会按指令有规律的显示故障代码。

(2) 按规定连接起动线路,通过故障指示灯闪亮的规律来读出。

(3) 起动车上的计算机系统自检程序,信息就在显示器上逐步显示不同的故障代码。

如表 3-8 所示为丰田雷克萨斯 LS400 轿车的电子控制驱动防滑转系统的故障码表。

TRC 系统故障码表 表 3-8

故障码	TRC 故障指示灯	故 障 诊 断
11	闪烁	TRC 制动主继电器电路断路
12	闪烁	TRC 制动主继电器电路短路

续上表

故障码	TRC 故障指示灯	故 障 诊 断
13	闪烁	TRC 节气门继电器电路断路
14	闪烁	TRC 节气门继电器电路短路
15	闪烁	长时间向 TRC 制动泵电动机供电(制动液渗漏)
16	闪烁	压力开关电路断路(LHD)、压力传感器电路短路(RHID)
17	闪烁	压力开关(传感器)保持关断状态
19	闪烁	TRC 泵电动机 ON(开)和 OFF(关)操作比预定次数多(蓄压器制动液泄漏)
21	闪烁	主制动缸关断电磁阀电路断路或短路
22	闪烁	蓄压器关断电磁阀电路断路或短路
23	闪烁	储液罐关断电磁阀电路断路或短路
24	闪烁	辅助节气门执行器电路断路或短路
25	闪烁	步进电动机运行时达不到 ECU 指示的位置
26	闪烁	ECU 控制辅助节气门至全开位置,但辅助节气门不转动
27	闪烁	当停止向步进电动机供电时,辅助节气门未达到它的全开位置
44	闪烁	TRC 控制时,NE 信号未送至 ECU
45	闪烁	当急速开关接通时,主节气门位置传感器信号为 1.5V 或更高
46	闪烁	当急速开关关断时,主节气门传感器信号为 4.3V 或更高,或为 0.2V 或更低
47	闪烁	当急速开关接通时,辅助节气门位置传感器信号为 1.45V 或更高
48	闪烁	当急速开关关断时,辅助节气门位置传感器信号为 4.3V 或更高,或为 0.2V 或更低
49	闪烁	发动机信息交换电路断路或短路
50	闪烁	发动机控制系统出现故障
51	闪烁	制动液位警告灯开关电路故障
52	闪烁	TRC 泵电动机继电器电路断路
53	闪烁	TRC 泵电动机继电器电路短路
54	闪烁	TRC 泵电动机锁死

本章小结

本章主要介绍了底盘系统上的传动系统、行驶系统、转向系统和制动系统故障检测与诊断的基本内容,包括常见故障现象以及故障产生的原因,检测的项目内容、检测方法和检测结果的诊断分析等。

下面对具体学习的内容做一次简要的回顾,学习者可以利用下面的线索对本章关联的主要知识点进行归纳和总结。

1. 传动系统检测与故障诊断

这部分介绍了电控自动变速器的检测与故障自诊断;离合器打滑的检测与故障诊断;传动系统功率消耗和滑行距离的检测和传动系统游动角度的检测与故障诊断。重点介绍了常见故障的检测方法和对检测结果的诊断分析。

2. 行驶系统的检测与故障诊断

这部分从汽车四轮定位检测诊断、车轮动平衡检测诊断和悬架装置检测诊断几个方面介绍了行驶系统的故障检测与诊断。重点介绍了行驶系常见故障的检测诊断基本方法或流程,检测的步骤,故障检测标准和结果分析。

3. 转向系统的检测与故障诊断

转向系统的检测诊断主要介绍了转向盘自由行程和转向阻力的检测原理、检测方法和检测结果分析,介绍了机械转向系、液压动力转向系及电控液压助力系统的故障现象、故障原因及故障诊断等内容。

4. 制动系统的检测与故障诊断

这部分主要介绍了气压制动系统的检测与故障诊断,液压制动系统的检测与故障诊断,防抱死 ABS 系统的检测与故障自诊断和电子控制驱动防滑转系统的检测与故障自诊断四部分内容。重点介绍了各系统的组成及工作原理,常见故障的检测诊断方法和流程。

自测题

一、单项选择题(下列各题的备选答案中,只有一个选项是正确的,请把正确答案的序号填写在括号内)

1. 下面不属于离合器打滑故障原因的是(　　)。
    A. 离合器踏板自由行程过大
    B. 摩擦片油污或破裂
    C. 离合器压紧弹簧弹力减弱
    D. 主、从动盘翘曲不平

2. 不属于独立式悬挂系统常见故障的有(　　)。
    A. 车身歪斜,在转弯时车身过度倾斜
    B. 前轮定位角发生改变
    C. 轮胎磨损异常
    D. 钢板弹簧折断

3. 转向阻力过大的原因有(　　)。
    A. 运动机件变形
    B. 转向系各部分间隙过大
    C. 各运动件磨损
    D. 各运动件松旷

4. 关于 ASR 系统描述错误的是(　　)。
    A. ASR 系统又叫驱动防滑系统
    B. ASR 系统可防止汽车加速时驱动轮的打滑现象
    C. ASR 系统可防止车轮在制动时被抱死而产生侧滑
    D. TCS 系统和 ASR 系统是一种相同的系统

二、判断题(在括号内正确打√、错误打×)
1. 自动变速器油压过高,会造成换挡执行元件打滑,加剧磨损。 (　　)
2. 做动平衡试验时需清除被测车轮上的泥土、石子和旧平衡块。 (　　)
3. 转向参数测量仪可测量转向盘转向阻力和转向盘自由行程。 (　　)
4. 车轮制动器的蹄片回位弹簧弹力相差过大会导致制动失效。 (　　)
5. 制动器制动间隙过大会导致制动拖滞现象。 (　　)

三、简答题
1. 传动系游动角度过大时的现象和故障原因有哪些?
2. 什么情况下需要做四轮定位?
3. 简述电控液压助力转向系统的常见故障诊断方法。
4. 简述液压制动系统制动失效的故障诊断步骤。
5. ABS 系统检测诊断的一般步骤是什么?

第4章　车身及附件的检测与故障诊断

导言

本章主要介绍了车身损伤的检测与诊断,汽车空调系统的检测与故障诊断和汽车安全气囊系统的检测与故障诊断。通过本章学习,能够使学生掌握车身损伤、汽车空调和安全气囊系统发生损伤或故障时的检测方法与诊断流程。

学习目标

1. 认知目标
(1)了解车身损伤、汽车空调和安全气囊系统的常见故障现象。
(2)理解车身损伤、汽车空调和安全气囊系统的故障诊断流程。
(3)掌握车身损伤、汽车空调和安全气囊系统的故障检测与诊断方法。
2. 技能目标
(1)能识别汽车空调和安全气囊系统的结构组成。
(2)能运用常用检测工具对车身损伤、汽车空调和安全气囊系统进行检测与诊断。
(3)能按照故障诊断流程对车身损伤、汽车空调和安全气囊系统进行故障检测诊断。
3. 情感目标
(1)养成自觉规范、及时记录总结的习惯。
(2)培养分析、解决问题的能力。
(3)培养学生查阅资料、规范使用仪器设备的能力。

4.1　车身损伤的检测与诊断

车身损伤主要是指车身骨架(大客车)、厢体(轿车)及表面蒙皮的损伤。常见的损伤形式有变形、断裂、腐蚀、凹陷和刮伤等。

4.1.1　车身损伤的检测诊断步骤

(1)了解车身结构的类型。
(2)以目测确定碰撞部位。
(3)以目测确定碰撞的方向及碰撞力大小,并检查可能有的损伤。

(4) 确定损伤是否限制在车身范围内,是否还包含功能部件或零配件(如车轮、悬架、发动机及附件等)。

(5) 沿着碰撞路线系统地检查部件的损伤,直到没有任何损伤痕迹的位置。例如,立柱的损伤可以通过检查门的配合状况来确定。

(6) 测量汽车的主要零部件,通过比较维修手册车身尺寸图表上的标定尺寸和实际汽车上的尺寸来检查汽车车身的是否产生变形量。

(7) 用适当的工具或仪器检查悬架和整个车身的损伤情况。

4.1.2 车身损伤的直观检测

在大多数情况下,碰撞部位能够显示出结构变形或者断裂的迹象。用肉眼进行检查时,先要后退离开汽车对其进行总体观察。从碰撞的位置估计受撞范围的大小及方向,并判断碰撞如何扩散。同样先从总体上查看汽车上是否有扭转、弯曲变形,再查看整个汽车,设法确定出损伤的位置以及所有的损伤是否都是由同一起事故引起的。

碰撞力沿着车身扩散,并使汽车的许多部位发生变形,碰撞力具有穿过车身坚固部位抵达并损坏薄弱部件,最终扩散并深入至车身部件内的特性。因此,为了查找出汽车损伤,必须沿着碰撞力扩散的路径查找车身薄弱部位(碰撞力在此形成应力集中)。沿着碰撞力的扩散方向一处一处的进行检查,确认是否损伤和损伤程度。具体可从以下几个方面来加以识别:

1. 钣金件的截面突然变形

碰撞所造成的钣金件的截面变形与钣金件本身的设计的结构变形不一样,钣金件本身的设计结构变形处表面油漆完好无损,而碰撞所造成的钣金件的截面变形处油漆起皮、开裂。车身设计时,要使碰撞产生的能量能够按照一条既定的路径传递到指定的地方吸收。

2. 零部件支架断裂、脱落及遗失

发动机支架、变速器支架、发动机各附件支架是碰撞应力吸收处,发动机支架、变速器支架、发动机各附件支架在汽车设计时就有保护重要零部件免受损伤的功能。在碰撞事故中常有各种支架断裂、脱落及遗失现象出现。

3. 检查车身每一部位的间隙和配合

车门是用铰链装在车身立柱上的,通常立柱变形就会造成车门与车门、车门与立柱的间隙不均匀。

另外还可通过简单地开关车门,查看车门锁机与锁扣的配合,从锁机与锁扣的配合可以判断车门是否下沉,从而判断立柱是否变形,查看铰链的灵活程度可以判断主柱及车门铰链处是否变形。

在汽车前端碰撞事故中,检查后车门与后翼子板、门槛、车顶侧板的间隙并做左右对比,是判断碰撞应力扩散范围的主要手段。

4. 检查汽车本身的惯性损伤

当汽车受到碰撞时,一些质量较大部件(如装配在橡胶支座上的发动机附离合器总成)在惯性力的作用下会造成固定件(橡胶垫、支架等)及周围部件及钢板移位和断裂,对于承载式车身结构的汽车还需检查车身与发动机及底盘结合部是否变形。

5. 检查来自乘员及行李的损伤

乘客和行李在碰撞中由于惯性力作用还能引起车身的二次损伤,损伤的程度因乘员的位置及碰撞的力度而异,其中较常见的损伤有转向盘、仪表工作台、方向柱护板及座椅等。行李舱中的行李是造成行李舱中如 CD 机、音频功率放大器等设施损伤的常见因素。

4.1.3 车身变形和损伤的仪器诊断

车身变形和损伤的仪器测量主要有机械式测量系统、激光测量系统和计算机辅助测量系统。如图 4-1 所示为车身激光测量系统。

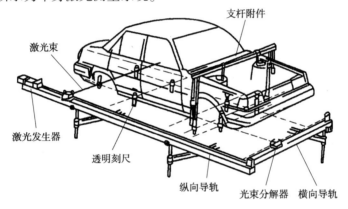

图 4-1 车身激光测量系统

通过车身测量系统或仪器检测车身变形和损伤,可以诊断车身的位置偏差,并确定偏移方向,为车身的矫正和修复提供方便。采用车身测量系统检测诊断车身损伤的步骤如下:

(1) 将损伤车身通过夹具固定在车身矫正仪上。

(2) 在车身矫正仪上安装测量系统,并选择合适的检测点。

(3) 用机械测量系统或电子测量系统精确测量各检测点的参数。

(4) 将各检测点的检测结果对照各自的标准参数,诊断车身是否变形。

(5) 当变形超标时,对车身进行矫正。对于激光、计算机测量系统,通过检测可以控制拉伸过程,做到边检测边矫正,直至符合要求。

4.2 汽车空调系统检测与故障诊断

汽车空调通过促进车厢内外的空气流动,将车厢内的温度、湿度等调节到最好的状态,从而为驾驶人以及乘客创造一个良好舒适的乘车环境,保证行驶安全,确保旅途愉快。

4.2.1 汽车空调的检测

在进行空调系统故障检测时,可按循环系统部件和电器控制两大部分来检测分析。

1. 电器控制的故障检查

当一台车空调不制冷时,应检查控制系统。如果控制系统完好则检查空调电路。下面主要对汽车空调系统的循环系统部件故障进行检测。

2. 循环系统部件的故障检查

检查空调制冷系统的方法很多,主要有直观检查、仪器检测和故障自诊断检测几种。

1) 直观检查

(1) 看。用眼睛来观察整个空调系统。

首先,查看干燥过滤器视镜中制冷剂的流动状况,若流动的制冷剂中有大量气泡,这说明制冷剂不足,应补充至适量。若视液镜呈透明,则表示制冷剂加注过量,应缓慢放出部分制冷剂。若看到偶尔有少量气泡,则说明制冷剂量正好。

其次,查看系统中各部件与管路连接是否可靠密封,是否有微量的泄漏。若有泄漏,在制冷剂泄漏过程中常夹有冷冻机油一起泄出,故在泄漏处有泄漏痕迹。此时应将该处连接螺母拧紧或更换密封胶圈,以杜绝慢性泄漏。

最后,查看冷凝器是否被杂物封住,散热翅片是否倾斜变形。若有此现象将影响流过冷凝器的空气量,导致冷凝效果变差,使流经膨胀阀的制冷剂温度升高,从而影响系统制冷效果。这时,应将冷凝器表面清理干净,将变形的散热翅片予以修正。

(2) 听。用耳朵聆听运转的空调系统有无异常声音。

首先,听压缩机离合器有无发生刺耳噪声,若有噪声,则多为电磁离合器磁力线圈老化,通电后电磁力不足或离合器片磨损引起其间隙过大,造成离合器打滑而发出尖叫声,或者皮带松动引起异响。

其次,听压缩机在运转中是否有液击声,若有,则多为系统内制冷剂过多或膨胀阀开度过大,导致制冷剂在未被完全气化的情况下吸入压缩机,此现象对压缩机危害很大,应缓慢释放制冷剂至适量,及时加以排除。

(3) 摸。在无温度计的情况下,可用手触摸空调系统各部件以及连接管路的表面,触摸高压回路(压缩机出口、冷凝器、干燥过滤器、膨胀阀进口),应呈较热状态,若在某一部位特别热和进出口之间有明显的温差,则说明此处有堵塞。

触摸低压回路(膨胀阀出口、蒸发器、压缩机入口),用手触摸膨胀阀前后应有明显的温差,即前热后凉。若压缩机高低压侧无明显温差,则说明系统故障或制冷剂不足。用手按压制冷压缩机皮带松紧度是否适中。

2) 仪器检测

通过看、听、摸,只能发现比较明显的不正常现象,对于一些复杂的故障,还要借助仪器对制冷系统进行测试。下面介绍各种常用的检测工具。

(1) 检漏计。用检漏仪检查整个系统各接头是否有泄漏。

(2)歧管压力表。将歧管压力表的高、低压表分别接在压缩机的排气、吸气口的维修阀上,检查制冷系统的压力。运转压缩机,使发动机的转速保持在2000r/min,然后观察歧管压力表的读数。

(3)万用表。用万用表可以检查出空调电路故障,判断电路是断路还是短路。

(4)温度计。用温度计可以判断出冷凝器、蒸发器、储液干燥器是否有故障。

①蒸发器。正常情况下,蒸发器的表面温度在不结霜的前提下越低越好。

②冷凝器。正常情况下,冷凝器的入口温度为70℃,冷凝器出口温度为50℃左右。

③储液干燥器。正常情况下,储液干燥器的温度应为50℃左右。如果其上下部分的温度不一致,说明储液干燥器被堵塞。

3)故障自诊断

对微机控制全自动空调系统,还要结合自诊断系统进行综合分析和判断,确定故障部位并进行排除。当汽车空调电子控制系统出现故障时,会及时采取保护措施并存储故障码。利用系统的自诊断功能,可以快速检测出故障。下面以丰田雷克萨斯LS400的空调系统为例,来说明故障自诊断的功能。

(1)指示灯检查功能。

指示灯检查的步骤为:接通点火开关,同时按下AUTO(全自动)和REC(循环空气)开关。正常状态:指示灯及显示屏上的指示符号以1s的间隔连续闪烁4次,同时蜂鸣器鸣叫40ms。若指示灯检查出现故障,则应检查电源和显示器。

指示灯检查结束后,故障码检查便自动开始。如要取消检查状态,则需按下"OFF"开关。

(2)读取故障码。

指示灯检查结束后,系统自动进入故障码检查状态。空调微机内存储的故障码由仪表板上的温度显示屏进行数字显示。显示屏显示的故障码有两种:一种历史故障;另一种是现存故障。对历史故障只显示其故障码,而对于现存故障,在显示故障码的同时蜂鸣器鸣叫。如果同时存在多个故障,则按从小到大的顺序依次显示故障码。雷克萨斯LS400空调系统的故障码见表4-1。

雷克萨斯LS400空调系统的故障码 表4-1

故障码	故 障 内 容	故 障 部 位
00	正常	
11	车内温度传感器电路断路或短路	①车内温度传感器。 ②在车内温度传感器和空调控制器之间的配线或插接器上。 ③空调控制器
12	车外温度传感器电路损坏断路或短路	①环境温度传感器。 ②在环境温度传感器和空调控制器之间的配线或插接器上。 ③空调控制器
13	蒸发器温度传感器电路断路或短路	①蒸发器温度传感器。 ②在蒸发器温度传感器和空调控制器之间配线或插接器上。 ③空调控制器

续上表

故障码	故障内容	故障部位
14	冷却液温度传感器电路断路或短路	①冷却液温度传感器。 ②在冷却液温度传感器和空调控制器之间配线或插接器上。 ③空调控制器
21	日光温度传感器电路断路或短路	①日光温度传感器。 ②在日光温度传感器和空调控制器之间的配线或插接器上。 ③空调控制器
22	压缩机锁止传感器电路断路或短路	①压缩机。 ②压缩机驱动皮带。 ③压缩机锁止传感器。 ④在压缩机锁止传感器和空调控制器之间配线或插接器上。 ⑤空调控制器
31	空气混合风门传感器电路断路或短路	
33	空气混合风门传感器电路断路； 空气混合伺服电动机电路断路或短路； 空气混合伺服电动机锁止	①空气混合风门位置传感器。 ②空气混合伺服电动机和空调控制器之间配线和插接器上。 ③空调控制器
32	进气风门位置传感器电路断路或短路	
34	进气风门位置传感器电路断路； 进气伺服电动机电路断路或短路； 进气伺服电动机锁止	①进气风门位置传感器。 ②在进气伺服电动机和空调控制器之间的配线或插接器上。 ③空调控制器

(3) 清除故障码。

故障排除后,必须清除存储的故障码。清除故障码的方法是按"OFF"键退出诊断状态,将熔断器拔出 10s 以上,然后将其插入以清除故障码。此外,故障码可以通过拆卸电池的方法来清除,但应注意其他存储系统(如时钟、窃贼、声音系统等)的信息同时会被清除。因此,电源恢复后应重新设置。

(4) 执行元件测试功能。

进入执行元件检测的步骤是:故障代码功能,然后按下"REC"开关。此时,空调微机使各电机离合器依次工作。根据表 4-2,检查相应执行器的检查代码和工作状态,即可检查执行器是否正常工作。

雷克萨斯 LS400 空调系统的故障码　　　　　　　表 4-2

序号	检查代码	执行器工作情况				
		鼓风机转速	进风方式	送风方式	空气混合	磁吸状况
1	20	停止	新鲜导入	脸（最冷）	冷（全闭）	断开
2	21	低速	新鲜导入	脸（最冷）	冷（全闭）	断开
3	22	中速	混合方式	脸（最冷）	冷（全闭）	吸合
4	23	中速	内气循环	吹脸	冷（全闭）	吸合
5	24	中速	新鲜导入	吹脚双向	冷热（半开）	吸合
6	25	中速	新鲜导入	吹脚双向	冷热（半开）	吸合
7	26	中速	新鲜导入	吹脚	冷热（半开）	吸合
8	27	中速	新鲜导入	吹脚	热（全开）	吸合
9	28	中速	新鲜导入	吹脚/除霜	热（全开）	吸合
10	29	高速	新鲜导入	除霜	热（全开）	吸合

4.2.2 汽车空调的常见故障诊断

汽车空调的制冷系统是一个完全密封的循环系统。其中任何一个零部件出现故障都会使汽车空调系统不能正常运行，制冷系统出现故障时是不能随便拆卸零部件的。作为汽车空调维修技术人员，掌握常见故障的分析判断方法是很重要的。汽车空调常见的故障有暖风系统故障、制冷系统故障两大类。

1．暖风系统故障的检测诊断

1）不供暖或暖气不足故障诊断

(1) 送风系统故障及排除。

鼓风机或其控制电路故障：用万用表检查鼓风机电动机电阻，如鼓风机电动机电阻过大或过小，则应更换。鼓风机继电器、调温器故障：用万用表测继电器线圈电阻和调温器电阻，如为零或无穷大，则应更换。热风管道堵塞故障：清除堵塞物。温度门真空驱动器故障：检查真空驱动管路是否漏气，检查相关真空部件是否正常。若正常，则更换真空驱动器。

(2) 加热器系统故障及排除。

加热器漏风故障：应更换加热器壳。加热器芯内部有空气：应排出其内部空气。加热器翅片变形造成通风不良故障：对翅片校正或更换。温度门加热器管道积垢堵塞故障：应除垢使管道疏通。

(3) 冷却液管路故障及排除。

冷却液流动不畅：应维修或更换。热水开关或真空驱动器失效故障：应检修或更换。发动机冷却液石蜡节温器失效故障：应更换节温器。冷却液不足：应首先补足冷却液，并检查散热器盖是否漏气。

2)不送风故障及排除

(1)鼓风机电路或其控制电路熔断丝熔断或开关接触不良:更换熔断丝或开关。

(2)鼓风机电动机绕组短路或断路:维修或更换鼓风机电动机。

(3)鼓风机调速电阻断路、鼓风机继电器故障、鼓风机电路导线连接故障等:应维修或更换相应部件。

3)管路泄漏故障诊断

(1)管路老化故障:更换软管。

(2)接头不牢、密封不严故障:检修紧固接头。

(3)热水开关不能闭合故障:修复热水开关。

4)供暖过热故障诊断

(1)调风门调节不当:应重新调整。

(2)发动机节温器损坏:应更换节温器。

(3)风扇调速电阻损坏:应更换调速电阻。

5)除霜热风不足故障诊断

(1)除霜门调整不当:应重新调整。

(2)出风口堵塞:应清堵。

6)操作不灵敏故障诊断

(1)操作机构卡死故障:应重新调定。

(2)风门过紧:应修理风门。

(3)真空器失灵:应检查真空系统是否漏气,如真空系统正常,则更换真空驱动器。

2.制冷系统故障的检测诊断

1)系统不制冷故障诊断

起动发动机,打开空调开关,打开鼓风机开关,温度设置在较低的位置,如出风口无冷风吹出,则应从电气和机械两方面去分析。

(1)加热器电气系统故障及排除。

系统不制冷主要是指压缩机没工作,压缩机电磁离合器基本控制电路主要是由空调A/C开关、高压开关、低压开关及温度控制器组成的串联电路,只要有一个元件发生故障,空调压缩机就要停止工作。

排除故障应做如下检查:

①检查压缩机主电路及其控制电路熔断丝是否熔断,若熔断,应用万用表电阻挡分段检查相关线路对地电阻,找出线路中非正常搭铁点,排除故障。

②拔下压缩机电磁离合器线束插头,直接将电源正极连到电磁离合器线圈电路接头上,若电磁离合器工作,说明电磁离合器正常;否则,更换或维修电磁离合器。

③检查电路中的A/C开关(风扇调速开关)、高压开关、低压开关、冷气继电器触点及温控器等,用短路法在接通电源时,分别短接所要检查的开关,如短接某开关时空调离合器工作,则该开关有故障。

(2)机械方面故障。

①压缩机驱动皮带折断,压缩机停止工作。

②制冷系统堵塞,制冷剂无法循环,导致系统不制冷。用歧管压力计检测系统内压力,如果低压侧压力很低,高压侧压力很高,系统最可能产生堵塞的部位是储液干燥器和膨胀阀。

③膨胀阀感温包破裂,内部液体流失,造成膨胀阀膜片上方压力为零,阀针在弹簧力作用下将阀孔关闭,制冷剂无法流向蒸发器,因此系统无法制冷。感温包破裂后,膨胀阀一般要换新件。

④系统内制冷剂全部泄漏。用歧管压力表测系统压力,若高、低压侧压力都很低,说明制冷剂已经泄漏,应用测漏仪详细检查确定其泄漏部位,并进行修复。修复后要对系统抽真空,然后按规定加足制冷剂及冷冻润滑油。

⑤压缩机进、排气阀片损坏,制冷剂无法循环。用歧管压力表检测系统内压力,若高低压侧压力接近相等,则说明阀片损坏。阀片损坏后,要拆卸压缩机,对其进行修理或更换新件。

2)系统制冷不足故障诊断

(1)制冷剂和冷冻润滑油原因。

①系统内制冷剂不足。制冷剂不足时,从膨胀阀喷入蒸发器的制冷剂减少,从而蒸发器蒸发时吸收热量减少,故系统制冷能力下降。当诊断制冷剂不足时,可以从视液镜中看到偶尔冒出的气泡,说明制冷剂稍少;如果出现明显的翻腾气泡,则说明制冷剂缺少很多。

②制冷剂注入量过多。制冷剂多,所占容量大,影响散热效果,因制冷效果和散热效果是热力学吸热和放热的两个过程,所以散热不好将直接影响制冷效果。如果从视液镜中看不到气泡,制冷系统高、低压两侧压力都提高,则可用歧管压力表排出多余的制冷剂。

③制冷剂和润滑油中含有脏物。当脏物较多时,过滤器滤网上会出现堵塞现象,这使制冷剂流量减少,影响制冷效果。用手摸干燥器两端,正常情况是没有温差的,如感觉温差明显,则说明干燥器堵塞。可用歧管压力表检测,如高压侧压力过高,低压侧压力过低,则说明高压侧有堵塞。否则,说明干燥器堵塞,需更换。

④制冷剂中含有空气。空气是导热不良物质,在系统压力和温度下,它不能溶于制冷剂,制冷剂中混有空气影响其散热;有些空气随制冷剂在系统中循环,使膨胀阀喷出的制冷剂量下降,导致制冷能力下降。当制冷剂通过膨胀阀节流孔时,由于其压力和温度迅速下降,导致空气中的水分在膨胀阀小孔处产生"冰堵"现象。停机一会儿,待冰融化后系统又恢复工作。这种情况需抽真空,重新充注制冷剂。

(2)机械方面因素。

压缩机工作性能下降的故障及诊断修理方法如表4-3所示。

压缩机工作性能下降的故障及诊断修理方法　　　　表4-3

故障现象	故障诊断	故障排除
低压侧压力高	压缩机内部泄漏磨损	拆下压缩机缸盖,检验压缩机,必要时更换阀板总成
高压侧压力低	缸盖密封垫漏气	更换密封垫
制冷效果不良	压缩机皮带打滑	调整皮带轮

①检测压缩机进排气管口温度,如果温差不大,则用歧管压力计检测进排气口压力;如

果高压侧压力偏低,低压侧压力偏高,则可诊断为压缩机漏气,原因为:压缩机使用时间较长,汽缸及活塞磨损,汽缸间隙增大及进、排气阀片关闭不严。压缩机漏气会使压缩机实际排气量远小于理论排气量。解决方法:更换压缩机。

②压缩机驱动带松弛,工作时打滑,传动效率低。如有同步传感器的空调控制系统,可自动监控压缩机转速与发动机转速是否比例恒定,如超过某差值,将自动切断压缩机电磁离合器电路。解决方法:调紧驱动带。

③电磁离合器压力板与带轮的接合面磨损严重或有油污,工作时出现打滑。电磁离合器线路电阻过大或供电电压太低也会使电磁离合器线圈吸力不足,造成离合器打滑。解决方法:观察离合器压力板与带轮的间隙是否均匀,压力板是否扭曲,如无法维修,则更换离合器。

④冷凝器散热性能下降。出现此现象的原因为:冷凝器表面有污泥,被杂物盖或堵塞,翅片变形,冷却风扇驱动带松弛或转速过低等。解决方法:调整驱动带张力,清除冷凝器表面污物及覆盖物,修整好弯曲的翅片。

⑤出风口吹出的冷气量不足。蒸发器表面结霜或鼓风机转速下降都会使吹出的冷气量不足。解决办法:检查鼓风机调速开关、鼓风机电动机、鼓风机继电器等电路。

3)制冷系统有噪声故障诊断

(1)制冷剂过量引起的高压管、压缩机的敲击声故障,此时应排放制冷剂,直至高压侧显示值正常。

(2)制冷剂不足引起蒸发器进口的"嘶嘶"声故障,此时应查清有无泄漏;如有泄漏,则应先补漏,然后加足制冷剂。

(3)制冷系统水分过量故障,此时应更换干燥器,排出原制冷剂,系统再次抽真空,充注制冷剂。

(4)压缩机离合器噪声异常的故障诊断及排除方法见表4-4,空调系统的异响主要来源于压缩机和电磁离合器。

压缩机离合器噪声异常的故障诊断及排除方法　　　　　　　　表4-4

故障现象及原因	排除方法
传动带打滑	拉紧传动带
传动带不平行	调整平行度
离合器打滑	调整间隙或更换离合器轮毂
轴承损坏	更换轴承或离合器组件
压缩机油封泄漏	更换油封
零部件匹配不当	更换匹配良好的零部件
离合器压力板有油污	查找油污来源,修理或更换

(5)尖叫声。尖叫声主要由离合器接合时打滑发出,或者由于皮带过松或磨损引起。

(6)振动。压缩机的振动以及轴的振动也是异响的来源之一,检查其支撑是否断裂,紧固螺栓是否松动。引起压缩机振动的原因还有皮带张力过紧或皮带轮轴线不平行;压缩机的轴承磨损过大会引起轴的振动;皮带轮轴承润滑不良也会引起异响。

4.3 安全气囊系统的检测与故障诊断

安全气囊系统(SRS:Supplemental Restraint System)是一种被动安全性的保护系统,它与座椅安全带配合使用,可以为乘员提供有效的防撞保护。在汽车相撞时,汽车安全气囊可使头部受伤率减少25%,面部受伤率减少80%左右。

4.3.1 安全气囊系统的组成

安全气囊系统主要包括碰撞传感器、安全气囊系统控制单元(SRS ECU)、安全气囊系统指示灯(SRS 指示灯)、气囊组件以及连接线路,气囊组件主要包括气囊、气体发生器以及点火器等。丰田雷克萨斯LS400轿车的安全气囊系统电路图如图4-2所示。

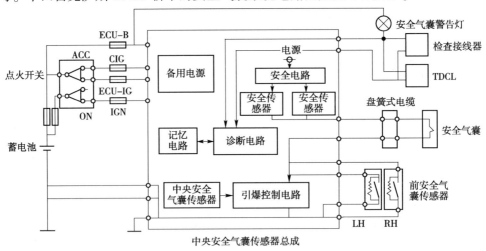

图4-2 丰田雷克萨斯 LS400 轿车气囊电路图

1. 碰撞传感器

按照气囊布置形式的不同,正面碰撞设有前碰撞传感器,侧面碰撞设有侧撞传感器及乘员区别传感器、安全带扣环。

侧撞传感器:装于汽车B柱及C柱上用于检测汽车的侧面碰撞,条件符合后,SRS ECU 将侧安全气囊展开。

乘员区别传感器:用来检测座椅垫上是否有乘客或物品。若座椅是空的或座椅上放置重量非常轻的物品时,SRS ECU 检测到这一信号,当发生正面碰撞时,不展开乘客侧安全气囊,避免不必要的维修成本。

2. 安全气囊系统控制单元(SRS ECU)

其功能是连续监测汽车行驶过程中传感器输送来的信号,经计算处理后,确定是否需要气囊展开。此外,SRS ECU 还不断地对系统中的主要部件和外部电路进行诊断检测。一旦系统有故障被ECU的诊断功能检测出来,便以故障码的形式存于存储器中,同时点亮 SRS

指示灯提示安全气囊系统有故障。

3. 气囊组件

1）气囊

气囊是安全气囊系统的核心部件,气囊的用途不同时,气囊的形状、结构、容积、充气的速度、充气的压力等都有所不同。

2）气体发生器

气体发生器是气囊组件中非常重要而又复杂的一部分。该装置最突出的特点是燃爆品,在极短的时间内可使环境发生剧烈变化,是安全气囊控制系统的执行元件,是能否对驾驶人或乘员提供安全保护的关键。

3）点火器

点火器安装在气体发生器的中央位置,作用是在触发碰撞传感器和防护碰撞传感器将气囊电路接通时,引爆点火剂,产生热量使充气剂分解。

4. SRS 指示灯

SRS 指示灯又叫故障提示警告灯,当打开点火开关时,SRS ECU 点亮 SRS 指示灯,系统进入自检,自检时间内(约7s),对撞车信息进行分析及发出点火指令只有自检完成后系统才开始正常工作,SRS 指示灯熄灭。当系统自检出故障时,SRS 系统将停止工作,SRS 指示灯闪烁警告。

4.3.2 安全气囊的检测与故障诊断

安全气囊系统的故障诊断方法因车型不同而不同。下面以丰田雷克萨斯 LS400 为例来说明其故障诊断方法。它包括安全气囊的初始诊断、安全气囊系统故障自诊断、故障检测排除和故障码清除。

1. 初始诊断

安全气囊系统能否正常工作,SRS 指示灯可用于初步诊断。诊断方法如下:

(1)点火开关置于 ON 位置,SRS 指示灯亮起并在 6s 后自动熄灭,则安全气囊系统正常。

(2)点火开关置于 ON 位置,SRS 指示灯不亮,表明 SRS 指示灯系统电路故障。

(3)点火开关置于 ON 位置,SRS 指示灯亮起但熄灭后不亮,则表明 SRS 指示灯系统有故障。

(4)点火开关置于 ON 位置,SRS 指示器常亮或闪烁,表明安全气囊系统有故障。

(5)点火开关置于 OFF 位置,SRS 指示灯仍然亮着,表明 SRS 指示灯系统有故障。

(6)如果 SRS 指示灯在发动机正常运行时仍处于点亮状态,表明安全气囊系统有故障。

2. 安全气囊系统故障自诊断

在安全气囊电路中,设计了测试机构。因此,气囊本身具有故障自诊断功能。当故障发生时,自诊断电路可以诊断故障产生原因,并将故障码存储到 SRS 电子控制单元(ECU)中。此外,仪表板上的 SRS 指示器闪烁,指示 SRS 系统有故障。

故障自诊断的过程如下：

1）进入故障自诊断状态

检查SRS指示灯。如果气囊系统正常，您可以读取故障代码。如果SRS指示灯不亮，表明SRS指示灯电路有故障。故障排除后，方可读取故障码。

2）读取故障码

故障码的读取有两种方法：专用仪器诊断法和人工读取法。建议使用专用诊断仪器来读取故障码。当没有诊断仪器时，可选择人工读取故障码。

(1) 利用故障诊断仪读取故障码。

①将点火开关置于关闭位置。

②把诊断仪连接到诊断插座。

③打开点火开关。

④接通诊断仪的电源。

⑤通过诊断仪读取故障码。

⑥断开点火开关，根据故障码提示排除故障。

⑦拆下故障诊断仪。

(2) 故障码的人工读取。

①将点火开关置于ON或ACC位置，等待20s或更长时间。

②将TDCL插槽的T_c端子和E_1端子短接，如图4-3a)所示。

③读取故障码。当SRS有故障时，SRS指示灯以闪烁模式显示故障码。故障码是两位数字，通过检查指示灯的闪烁模式可以读出故障码。

(3) 指示灯闪烁规律。

①SRS指示灯的闪烁频率为2次/s。处于高电压时灯亮，处于低电压时灯灭，灯亮和灯灭的持续时间均为0.25s，表明安全气囊功能正常，如图4-3b)所示。

②SRS指示灯首先显示十位数字，然后显示个位数字，十位数字和个位数字之间的间隔为1.5s。

③同一数字灯亮与灯灭的时间间隔为5s。

④如果存在多个故障码，则故障码之间的间隔为2.5s，故障码按从小到大的顺序显示。

⑤在输出故障代码后，间隔4s后故障码将再次显示。

故障代码11和31的闪烁规律如图4-3c)所示。

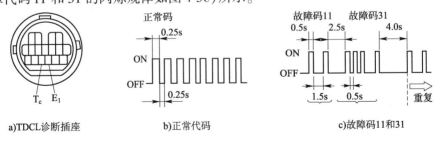

a) TDCL诊断插座　　　b) 正常代码　　　c) 故障码11和31

图4-3　SRS故障码的读取

3）故障诊断

读取故障码后，可以根据表4-5中的故障码诊断安全气囊系统的故障。

丰田雷克萨斯 LS400 轿车 SRS 故障码表　　　　　　表 4-5

故障码	故 障 诊 断	故障可能部位
正常代码	SRS 正常	—
	SRS 电源电压过低	蓄电池;SRS ECU
11	SRS 点火器线路搭铁;前气囊传感器线路搭铁	前气囊传感器;SRS 气囊组件;盘簧式电缆;SRS ECU;配线
12	SRS 点火器引线与电源线短路;前气囊传感器引线与电源线短路;前气囊传感器引线断路;盘簧式电缆与电源线短路	SRS 气囊组件;传感器线路;SRS ECU;盘簧式电缆;配线
13	SRS 点火器线路短路	SRS 点火器;SRS ECU;盘簧式电缆;配线
14	SRS 点火器线路断路	SRS 点火器;SRS ECU;盘簧式电缆;配线
15	前气囊传感器线路断路	前气囊传感器;SRS ECU;配线
22	SRS 指示灯线路断路	SRS 指示灯;SRS ECU;配线
31	SRS ECU 故障	SRS ECU
41	SRS ECU 曾记忆过故障码	SRS ECU

3. 故障检测排除

为了确定故障的确切原因和排除故障,有必要通过自诊断对 SRS 故障码所指示的故障进行详细的检测。应根据车辆制造商维修手册所提供的方法,使用推荐的测试工具进行详细检查。

4. 故障码清除

只有在 SRS ECU 存储器中的所有故障码被清除之后,SRS 指示器才能恢复到正常的显示状态。因此,在排除了 SRS 故障之后,应该清除故障代码。

当排除对应故障的故障代码 11 至 31 并且清除故障代码时,SRS 电子控制单元(ECU)将故障代码 41 保存到存储器中。当点火开关转到 ON 位置时,SRS 指示灯将点亮,直到故障代码 41 被清除,SRS 将正常显示。因此,气囊故障代码的清除分为两个步骤。首先,清除故障代码 11~31,然后清除故障代码 41。方法如下:

1) 清除故障代码 11~31

(1) 将点火开关关闭。

(2) 去掉蓄电池负极电缆或移除 ECU-B 熔断丝 10s,然后清除故障代码 11~31。

(3) 将点火开关置于 LOCK(锁定)位置,连接蓄电池负极或插入 ECU-B 熔断丝。

2) 清除故障代码 41

(1) 将点火开关关闭,将 TDCL 诊断插座的 TC 和 AB 端子短接。

(2) 将点火开关置于 ON 或 ACC 位置,等待 6s 以上的时间。

(3) 从 TC 端子开始,使 TC 端子和 AB 端子分别交替搭铁两次,如图 4-4 所示。每次搭铁在 0.5~1.5s 内完成。

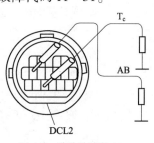

图 4-4　清除故障码 41

(4) 最后保持 TC 端子搭铁,几秒钟后,故障码将被清除。SRS 指示灯以连续的形式闪烁正常代码。如果不闪烁正常代码,则需要重复上面清码步骤,直到闪烁正常代码为止。

需要注意的是,安全气囊是一种灵敏的装置,在检查过程中,可能由于疏忽或误操作而引爆气囊,造成不必要的损失。因此,在维修前应阅读注意事项,严格按照规定的操作程序和方法进行。

本章小结

本章的主要内容是汽车车身系统的检测与诊断,重点介绍了车身损伤的检测诊断、汽车空调系统的检测诊断和安全气囊系统的检测诊断等三部分内容。

下列的总体概要覆盖了本章的主要学习内容,可以利用以下线索对所学内容进行做一次简要的回顾,以便归纳、总结和关联相应的知识点。

1. 车身损伤的检测与诊断

具体对汽车车身进行损伤鉴定时,需要按照检测诊断步骤进行,可通过目测等直观检测的办法和运用适当的仪器或工具进行车身损伤情况的检测。

2. 汽车空调的检测与故障诊断

汽车空调检测可分为循环系统部件检测和电器控制电路检测两种方式进行。检查空调制冷系统的方法很多,主要有直观检查、仪器检测和故障自诊断检测几种。其中重点是空调故障自诊断系统的检测诊断步骤和方法。

汽车空调系统的常见故障是暖风系统故障和制冷系统故障,重点介绍了制冷系统故障检测与诊断。

3. 安全气囊系统的检测与故障诊断

安全气囊系统主要由碰撞传感器、安全气囊系统控制单元(SRS ECU)、安全气囊系统指示灯(SRS 指示灯)、气囊组件以及连接线路组成。通过 SRS 指示灯可以发现 SRS 系统的故障,本节重点介绍了安全气囊的初始诊断、安全气囊系统故障自诊断、故障检测排除和故障码清除等故障诊断流程和方法。

自测题

一、单项选择题(下列各题的备选答案中,只有一个选项是正确的,请把正确答案的序号填写在括号内)

1. 下面哪一个不是车身变形和损伤的仪器测量方式(　　)。
   A. 机械式测量系统　　　　　　　　B. 激光测量系统
   C. 计算机辅助测量系统　　　　　　D. 故障诊断仪测量系统
2. 下面哪一个不是空调系统不制冷的原因(　　)。
   A. 空压机损坏　　　　　　　　　　B. 空压机电磁离合器损坏
   C. A/C 开关故障　　　　　　　　　D. 制冷剂注入量过多

3. SRS 系统中的气囊组件不包括下面哪一项(　　)。
　　A. 安全气囊　　　　　　　　　B. SRS 指示灯
　　C. 气体发生器　　　　　　　　D. 点火器

二、判断题(在括号内正确打√、错误打×)

1. 车身的损伤包括车身骨架、箱体及车身电器的损伤。　　　　　　　　　　(　　)
2. 测量汽车空调性能时,蒸发器表面温度越低越好。　　　　　　　　　　　(　　)
3. 储液干燥器上下部分的温度不一致,说明储液干燥器被堵塞。　　　　　　(　　)
4. 人工读取 SRS 系统故障码时,丰田雷克萨斯 LS400 空调系统灯亮和灯灭的持续时间均为 0.25s,表明安全气囊功能正常。　　　　　　　　　　　　　　　　(　　)
5. 故障排除后,故障码会自动清除。　　　　　　　　　　　　　　　　　　(　　)

三、简答题

1. 简述车身测量系统检测诊断车身损伤的步骤。
2. 以丰田雷克萨斯 LS400 为例说明汽车空调的自诊断流程。
3. 以丰田雷克萨斯 LS400 为例说明人工清除 SRS ECU 存储器中故障码的步骤。

第5章 汽车整车性能检测与故障诊断

导言

本章从整车的层面介绍了汽车动力性、经济性等综合性能的检测诊断；介绍了汽车制动性能、侧滑性能和车速表误差等安全性能的检测诊断，介绍了灯光、尾气和噪声等环保舒适性能的检测诊断。通过本章学习，能够使学生掌握整车性能检测的检测方法与诊断流程；掌握整车检测设备的使用方法。

学习目标

1. 认知目标
(1) 了解汽车整车性能检测设备的种类及使用方法。
(2) 理解汽车整车性能检测设备的工作原理。
(3) 掌握汽车整车性能检测方法。
(4) 掌握汽车整车性能的故障诊断技术。
2. 技能目标
(1) 会使用检测设备检测汽车整车使用性能。
(2) 能根据检测结果，分析评价汽车整车的使用性能。
3. 情感目标
(1) 养成规范使用技术资料检测诊断的习惯。
(2) 培养学生自主学习的能力和团队合作的精神。
(3) 培养按流程规范进行汽车检测诊断的思维习惯。

5.1 汽车动力性的检测

汽车动力性是指汽车在良好路面上直线行驶时由汽车受到纵向外力决定的、所能达到的平均行驶速度。汽车动力性越好，运行的平均行驶速度越高，运输效率也就越高。因此，汽车动力性是汽车各种性能中最基本、最重要的性能。

汽车动力性评价的路试试验主要有：最高车速、加速性能和最大爬坡能力试验。

汽车动力性评价的台试检测通常称为底盘测功。

5.1.1 汽车最高车速的检测

1. 汽车最高车速

汽车最高车速是指汽车以厂定最大总质量,在风速小于3m/s的条件下,在干燥、清洁、平坦的混凝土或沥青路面上,能够达到的最高稳定行驶速度。

2. 汽车最高车速的检测

根据汽车加速性能的好坏,选定充足的加速区段,使汽车在驶入测量路段前能够达到最高的稳定行驶车速。要求供加速用的直线路段长度至少为1~3km,视汽车质量大小和加速性能而定。在符合规定的试验道路上,选定中间一段200m为测试路段。

测试汽车在加速区间以最佳加速状态行驶,在到达测量路段前保持变速器(及分动器)在汽车设计最高车速的相应挡位,将加速踏板踩到底,使汽车以最高的稳定车速通过测量路段。记录汽车以最高车速通过测速路段的时间。

最高车速试验可在汽车试验场内利用高速跑道进行加速,在直线段达到最高的稳定车速后进行测量。

最高车速反映了汽车依靠动力所能达到的车速极限,检测时要关闭车窗和附加设施,如空调系统等。为了消除道路微小坡度的影响,提高测量准确性,测试往返各进行一次,测量路段应尽量重合,结果取其平均值。

5.1.2 汽车加速性能的检测

1. 汽车加速性能

汽车加速性能是指汽车从较低车速到获得较高车速时所需最短时间的能力,通常用加速时间来评价。加速时间又分为原地起步加速时间和超车加速时间。

汽车原地起步加速时间,是汽车由一挡或二挡起步,以最大的加速度且选择恰当的换挡时刻逐步换至最高挡后,加速到某一预定的距离或车速时所需的时间。

超车加速时间,是汽车以最高挡或次高挡由某一预定的车速全力加速到某一高速所需的时间。常用40~60km/h、40~80km/h或40~100km/h加速所需时间来表示。

2. 汽车加速性能的检测

1) 原地起步加速性能的测定

检测时,先将变速器置于该车的起步挡位,然后快速起步并将加速踏板踩到底,使汽车尽快加速,当发动机转速达到最大功率转速时,力求迅速换挡;换挡后立即踩下加速踏板,这样连续换挡加速直至预定车速或预定距离为止;记录加速过程的速度、时间和行驶距离。

对于使用自动变速器的汽车,应在D挡进行。

2) 超车加速性能的测定

汽车在正常行驶时以最高挡和次高挡行驶居多,当汽车由较低车速过渡到较高车速时,动力性好的汽车能在较短时间内达到预定的车速,表现为加速快,能迅速实现超车。

检测时,汽车变速器置于预定挡位,加速中不能换挡。现以预定的车速作等速行驶,进入测试路段后,迅速将加速踏板踩到底,使汽车以最快速度行驶至某一速度或行驶一定距离,记录加速过程的速度、时间及行驶距离。

对于使用自动变速器的汽车,测试在 D 挡进行,初始车速的选取一般以汽车在加速中不至于有自动换挡操作为原则。

加速性能测试往返各进行一次,测量路段应尽量重合,结果取其平均值。

5.1.3 汽车最大爬坡度的检测

1. 汽车爬坡能力

汽车爬坡能力是指汽车满载,在良好路面上用一挡行驶时所能克服的最大坡度。通常用最大爬坡度表示。

汽车要求有足够的爬坡能力,载货汽车在 30% 左右;越野汽车在 60% 左右。

2. 汽车最大爬坡度的检测

选择与该车预计爬坡度相近的坡道,坡道长度应大于 25m,坡前应有 8~10m 的平直路段。测试车停于坡底靠近坡道的平直路段上,变速器置于最大牵引力输出挡(通常是一挡)。汽车起步后,将加速踏板踩到底爬坡。如果汽车能顺利爬上该坡道,再选择更大一级坡道进行测试,直到汽车不能爬上坡道为止,所能爬上的最大坡度,就是汽车所能越过的最大坡度。

5.1.4 汽车底盘输出功率的检测

底盘输出功率是指汽车驱动轮的输出功率。汽车底盘输出功率的检测,也就是通常所说的底盘测功。

1. 底盘测功试验台的功能

汽车底盘测功试验台有如下基本功能:
(1)测试汽车驱动轮输出功率。
(2)测试汽车的加速性能。
(3)测试汽车的滑行能力和传动系统的传动效率。
(4)检测校验车速表。

辅以油耗仪、废气分析仪等设备,还可以对汽车的燃油经济性和废气排放性能进行检测。

2. 底盘测功试验台的基本结构与工作原理

1)基本结构

滚筒式底盘测功试验台,一般由框架、滚筒装置、举升器、测功装置、测速装置、控制与指示装置、飞轮装置和辅助装置等组成,如图 5-1 所示。

第5章 汽车整车性能检测与故障诊断

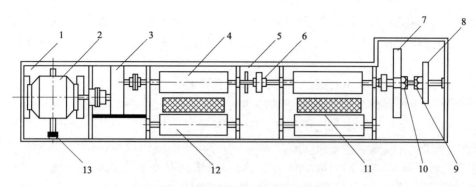

图 5-1 底盘测功机机械部分结构示意图

1-框架;2-电涡流测功机;3-变速器;4-主动滚筒;5-速度传感器;6-万向节;7、8-飞轮;9、10-电磁离合器;11-举升机;12-从动滚筒;13-压力传感器

2) 工作原理

底盘测功试验台的滚筒相当于连续移动的路面,被测车辆的驱动车轮在其上滚动。该种试验台有单滚筒和双滚筒之分,如图 5-2 所示。

a) 单轴单滚筒式　　b) 双轴双滚筒式　　c) 单轴双滚筒式

图 5-2 滚筒式底盘测功试验台

(1) 单滚筒试验台。

支承两边驱动车轮的滚筒各为单个的试验台,称为单滚筒试验台。单滚筒试验台的滚筒直径一般较大,多在 1500~2500mm 之间。滚筒直径愈大,车轮在滚筒上就愈像在平路上滚动,轮胎与滚筒间的滑转率小、滚动阻力小,因而测试精度较高。但滚筒直径大会受到制造、安装、占地和费用等多方面的限制,因此滚筒直径不宜过大。

单滚筒试验台对车轮在滚筒上的安放及定位要求严格,而车轮中心与滚筒中心在垂直平面内的对中又比较困难,故使用不方便。所以,这种试验台仅适用于汽车制造厂、科研院所和大专院校科研性试验,不适用于汽车维修企业、汽车综合检测站等试验。

(2) 双滚筒试验台。

支承汽车两边驱动车轮的滚筒各为两个的试验台,称为双滚筒试验台。双滚筒试验台的滚筒直径要比单滚筒小得多,一般在 185~400mm。滚筒直径往往根据试验台的最大试验车速而定,当最大试验车速高时,直径也大些。由于滚筒直径相对比较小,轮胎与滚筒的接触与在道路上不一样,使滑转率增大、滚动阻力增大、滚动损失增加,故测试精度较低。据有关资料介绍,在较高试验车速下,轮胎的滚动损失可达到传递功的 15%~20%,因此滚筒直径不宜太小。当滚筒直径过小时,长时间在较高试验车速下运转会使轮胎温度升高,致使胎面达到临界温度而导致早期损坏。因此,最大试验车速达 160km/h 时,滚筒直径不应小于

300mm；试验车速达200km/h时，滚筒直径不应小于350mm。近来滚筒直径已有变大的趋势，有的高达530mm。根据行业标准《汽车底盘测功机通用技术条件》（JT 445—2001），建议采用370mm。

双滚筒试验台具有车轮在滚筒上的安放、定位方便和制造成本低等优点，因而适用于汽车维修企业和汽车检测站等生产单位，尤其是单轮双滚筒式得到了广泛应用。

双滚筒试验台的滚筒多采用钢质材料制成，采用空心结构。按其表面形状不同，又可分为光滑式、滚花式、沟槽式和涂覆层式。目前，光滑式滚筒应用最多，镶花式和沟槽式应用较少。光滑式滚筒表面的摩擦因数较低，而涂覆层式滚筒是在光滑式滚筒表面上涂覆摩擦因数与道路实际情况接近一致的材料制成的，是比较理想的一种形式。

单滚筒试验台的滚筒多采用硬质木料或钢板制成，也是采用空心结构。

双滚筒式底盘测功试验台还有主、副滚筒之分。与测功器相连的滚筒为主滚筒，左右两个主滚筒之间装有联轴器，左右两边的副滚筒处于自由状态。

不管哪种类型的滚筒，均要经过平衡试验，并通过滚动轴承安装在框架上，可以做到高速旋转而不振动。框架是底盘测功试验台机械部分的基础，由型钢焊接而成，坐落在地坑内。

3. 检测方法

1) 底盘测功试验台的测功方法

(1) 试验条件和准备工作。

①环境状态。

环境温度：0～40℃。

环境湿度：<85%。

大气压力：80～110kPa。

准备好温度计、湿度计和气压计。

②试验台准备。用被检车辆带动底盘测功试验台滚筒运转，使试验台预热至正常热状态。

③车辆准备。汽车开上底盘测功试验台以前，必须通过路试运行至正常工作温度，然后调试发动机供油系、点火系至最佳工作状态，检查并紧固传动系、车轮的连接情况，检查轮胎气压并使其达到汽车制造厂的规定值。

(2) 确定测功项目。

对汽车进行底盘测功前，根据测试目的或车主要求，确定测功项目。一般包括以下几项。

①发动机额定功率下驱动车轮的输出功率或驱动力。

②发动机最大转矩转速下驱动车轮的输出功率或驱动力。

③发动机全负荷选定车速下驱动车轮的输出功率或驱动力。

④发动机部分负荷选定车速下驱动车轮的输出功率或驱动力。

(3) 测功方法（以双滚筒式底盘测功机为例）。

①接通试验台电源，并根据被检测车辆驱动轮输出功率的大小，将功率指示表的转换开关置于相应挡位。

②升起举升器的托板,使被检测汽车的驱动轮,尽可能与滚筒成垂直状态地停放在试验台滚筒间的举升器托板上。

③降下举升器托板,直到轮胎与举升器托板完全脱离为止。

④用三脚架抵住位于试验台滚筒之外的一对车轮的前方,以防止汽车在检测时从试验台滑出去,将冷却风扇置于被检测汽车正前方,并接通电源。

⑤起动发动机,松开手制动,由低挡逐渐换入选定挡位,踩下加速踏板,同时调节测功机的功率吸收装置的负荷,使发动机在全负荷情况下以额定功率相应的转速运转,待发动机转速稳定后,读取并打印驱动车轮的输出功率(或驱动力)值、车速值。

⑥保持发动机全负荷运转,调节功率吸收装置的负荷,测出额定转矩点下的驱动轮输出功率(或驱动力)值、车速值。重复检测3次,取平均值。

⑦测量驱动轮在发动机部分负荷选定车速下的输出功率或驱动力与前述方法类似,差异仅在于发动机选定的是部分负荷下工作而已;测量不同挡位下驱动轮的输出功率或驱动力,则需依次挂入每一挡位按上述方法检测。

必须指出,挂直接挡,发动机发出额定功率时,可测得驱动轮的最大输出功率;挂1挡时,可测得驱动轮的最大驱动力。

⑧全部检测结束,待驱动车轮停止转动后,移开风扇,去掉车轮前的三脚架,举起举升器的托板,将被检测汽车驶离试验台。

⑨切断测功机电源,收检仪器、工具、量具等,并清洁工作现场。

2) 底盘测功机使用注意事项及维护

(1) 对于国产DCG-10C型底盘测功机不允许轴载质量大于10t的车辆通过或进行检测,车辆或人均不允许进入试验台盖板,被测汽车的胎压应达到规定值。

(2) 车辆上台前应将车轮及底盘下部的杂物清除干净。

(3) 对于前后桥驱动的汽车测试,应将非测试桥的动力断开,否则不允许上台测试。

(4) 当高速测试时(80~100km/h),应特别注意安全操作,高速检测的时间应小于1min/次,测试时,一定要用挡块将非测试车轮抵住或用钢丝绳将汽车拉住,并且汽车前、后严禁站人或通行,测试过程中,严禁举升器升起。

(5) 在测功过程中,如发动机加速不良或有其他事故,应立即将电流给定旋钮调到0位。在使用"恒电流"测功时,禁止采用低速挡测功。测功完毕,应首先将电流给定旋钮调回0位。

(6) 定期检查齿轮箱油量,不足时应补充。主副滚筒轴承及飞轮轴承均采用2号锂基润滑脂润滑,若发现轴承有异响应予更换。

(7) 测功机的冷却水应干净无杂质,传感器不允许受潮。

滚筒式底盘测功试验台,除能检测驱动车轮的输出功率或驱动力外,还能校验车速表指示误差,模拟道路等速行驶、上坡行驶和测试等速行驶油耗量。如果试验台属于惯性式,则飞轮的转动惯量能够等效(通过更换不同质量的飞轮实现)试验汽车加速时的惯性力(即加速阻力),并且还可模拟加速行驶、减速行驶,测试滑行距离和多工况试验汽车的油耗量。

还有些惯性式底盘测功试验台,在测得驱动车轮输出功率后,立即踩下离合器踏板,利用试验台对汽车的反拖,可测得传动系统消耗功率。对于这种试验台,如果将测得的同转速下的驱动车轮输出功率与传动系统消耗功率相加,就可求得这一转速下的发动机有效功率。

除上述测试项目外,凡需要汽车在运行中进行的检测与诊断项目,只要配备所需的仪器,均可在滚筒式底盘测功试验台上进行。

4. 检测结果分析与故障诊断

在底盘测功试验台上测得汽车驱动轮输出功率或驱动力后,可以评价出汽车动力性的优劣。一般情况下,同类车型中驱动轮输出功率或驱动力较大的车型动力性较好。

将底盘测功试验台上测得的驱动轮输出功率与发动机飞轮输出功率进行比值运算,可计算出底盘的传动效率。另外,通过汽车滑行性能试验也能得出底盘的传动效率。通过底盘的传动效率可以判断底盘传动系的技术状况。新车的传动效率并不是最高的,只有传动系完全磨合、调整到最佳时,才能使其传动效率达到最大值。随着车辆的使用,磨损逐渐增加,润滑条件变差,配合情况逐渐恶化,摩擦损失也逐渐增加,因而传动效率也就逐渐降低。

一般轿车底盘的传动效率在70%左右,载货汽车底盘的传动效率在60%~65%。考虑到传动系的阻力功率损失,在用底盘测功试验台测试时,只要驱动轮的输出功率能达到发动机标定功率的50%以上,就算符合标准规定。

被测车辆的传动效率低于标准值,说明消耗于离合器、变速器、分动器、万向传动装置、主减速器、差速器和轮毂轴承处的功率增加或发动机输出功率不足。排除发动机技术状况不良的原因后,传动系损耗的功率主要集中在各运动件的搅油损耗和摩擦损耗两方面,所以提高传动效率,必须正确调整和合理润滑传动系各部件。

综上所述,驱动轮输出功率的检测即底盘测功,能为评价汽车底盘总的技术状况提供重要的参考依据。

5.2 汽车燃油经济性的检测

汽车的燃油经济性,是指一定数量的燃油完成运输工作量的能力。由于汽车的燃油费用约占汽车运输成本的30%,因此燃油经济性对汽车的运输成本有很大的影响。同时,当前、世界能源问题和环保问题日益突出,提高汽车的燃油经济性,已经成为汽车用户和全社会共同关注的重大课题。

5.2.1 车用油耗仪

1. 常用车用油耗仪工作原理

车用油耗仪有多种类型,常用的有容积式和质量式。

容积式车用油耗仪按传感器结构不同,可分为膜片式、量管式和活塞式三种。

膜片式车用油耗仪,有单油室式和双油室式之分;量管式车用油耗仪,有单量管式和双量管式之分;活塞式车用油耗仪,有单活塞式和四活塞式之分。

在上述车用油耗仪类型中,以采用膜片式、单活塞式和四活塞式传感器为多见。容积式车用油耗仪如按计量显示仪表分,可分为电磁计数器式和有运算功能的数字显示式两种。目前,后者已发展成微机控制的智能化仪表。在常见的车用油耗仪中,采用膜片式传感器的和单活塞式传感器的,多以电磁计数器作为计量显示仪表;采用四活塞式传感器的,多以具有运算功能的数字显示式作为计量显示仪表。

1) 膜片式车用油耗仪

膜片式油耗仪的传感器是通过油室膜片的变形来测量油耗的传感器。当油膜中的膜片从最大值变为最小值时,容积差是油室的排油量。油室的排油量是一个固定值,通过电磁计数器记录油的排出量,从而可以测量流过它的燃油量。膜片式车用油耗仪具有结构简单、密封性能好、燃油清洁度要求低的优点。然而,在使用中膜片不可避免地会产生塑性变形,导致计量精度的变化,因此需要不断地校正。

国产 GD-30 型车用油耗仪由传感器和电磁计数器两部分组成,如图 5-3 所示。该传感器为容积膜片式,适用于汽油、柴油发动机。当燃油流过传感器时,传感器可以发出与燃油流量成正比的脉冲信号,并将脉冲信号发送到电磁计数器。放大后,由驱动计数器记录,油耗便在数码管显示出来。

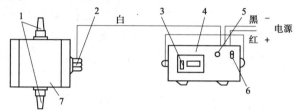

图 5-3　GD-30 型车用油耗仪

1-进出油口;2-磁敏开关;3、4-计数器;5-电源指示灯;6-电源开关;7-传感器

2) 单活塞式车用油耗仪

单活塞式车用油耗仪的传感器是在液压缸中每移动活塞一次,便排出固定容积的燃油,通过记录油的数量,以测量燃油的消耗量。由于活塞及其缸体使用中变化速度极慢,所以测试准确,测试精度高。然而,该结构比较复杂,加工精度和装配精度较高,燃油清洁度要求较高。

3) 四活塞式车用油耗仪

四活塞油耗仪的传感器由流量测量机构和信号转换机构组成,如图 5-4 所示。

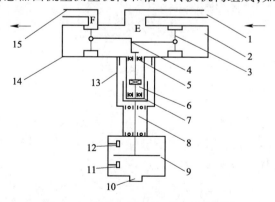

图 5-4　四活塞式车用油耗仪传感器简图

1-进油道;2-油缸;3-活塞;4-曲轴;5-曲轴轴承;6-主动磁铁;7-从动磁铁;8-转轴;9-光栅板;10-电缆插座;11-光敏管;12-发光二极管;13-下壳体;14-上壳体;15-出油道

流量测量机构主要由活塞、液压缸、连杆、曲轴、上壳体、上盖和进、出油道组成。四个活塞和它们的汽缸呈"十"字形向心布置,活塞安装在液压缸中,并通过各自的连杆与曲轴连接。曲轴通过轴承支撑在上壳体。在上壳体和上盖中开有进、出油道。当燃油在泵油压力下通过油道进入E室并通过上壳内的油道到达活塞顶部时,迫使活塞和连杆驱动曲轴旋转,而将对面活塞顶部的燃油通过F油道排出。可以看出,当四活塞和液压缸各完成一次进、排油时,曲轴旋转一周。

信号转换机构装在曲轴的另一端,由主动磁铁、从动磁铁、转轴、光栅板、发光二极管、光敏管、电缆插座和下壳体等组成。从图中可以看出,主动磁铁装在曲轴上,从动磁铁装在转轴上,转轴通过轴承支承在下壳体内,转轴的下端固装有光栅板。在光栅板的上、下方装有发光二极管和光敏管。当曲轴转动时,由于一对永久磁铁的吸引作用,转轴及其上的光栅板也随之转动,通过发光二极管和光敏管的光电作用,能把曲轴的转动变成光电脉冲信号。每个光电脉冲信号代表一定容积的燃油量,通过专用电缆线把脉冲信号送入计量显示仪表,经过计算、处理后,即可显示出流经的燃油量。国产LCH-1型流量传感器就是一种四活塞式结构,如图5-5所示。其输出的光电信号为0.2mL/脉冲。

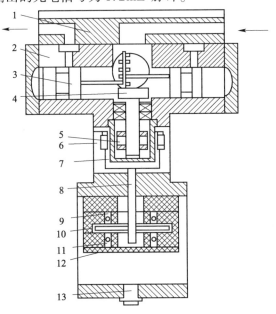

图5-5 LCH-1型流量传感器结构

1-缸盖;2-缸体;3-活塞及连杆;4-曲轴;5-主动磁铁;6-从动磁铁;7-密封罩;8-从动轴;9-发光二极管;10-光栅;11-光敏管;12-线路板;13-插座

四活塞式车用油耗仪传感器,具有结构紧凑、布置对称、工作平稳、计量精度高等优点,在国内外获得了广泛应用,特别适用于需精确计量燃油量的检测和试验。但是,也有结构相对复杂、加工精度和装配精度要求高、生产成本高和对燃油的清洁性要求高等缺点。

前面提及,四活塞式车用油耗仪的计量显示仪表,多采用有运算功能的数字显示型仪表。由于微机的发展,该种仪表已发展成微机控制的、功能全、质量轻、检测参数多、工作可靠、使用方便的智能化仪表。如国产SLJ-3型流量计,能对数据进行运算、处理、存储、显示和打印,其外形如图5-6所示。

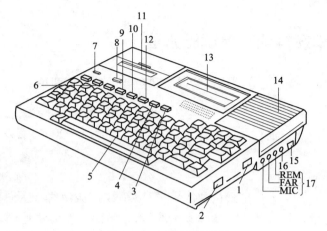

图 5-6 SLJ-3 型流量计外形

1-屏幕图像对比度调节钮;2-电源开关;3-运行/功能键;4-打印键;5-键盘;6-复位键;7-打印机开关;8-手工供纸按钮;9-开始键;10-停止键;11-打印机;12-连存键;13-LED 显示器;14-微型磁带机;15-复零键;16-条形码接口;17-音频接口

2. 车用油耗仪使用方法

车用油耗仪的安装方法及注意事项具体如下:

(1) 将油耗仪传感器串接在燃料系供油管路上;化油器式汽油机应串接在汽油泵与化油器之间;柴油机应串接在柴油滤清器与喷油泵之间,从高压回油管和低压回油管流回的燃油应接在油耗仪传感器与喷油泵之间,以免重复计量;电控燃油喷射发动机应串接在燃油滤清器与燃油分配管之间,从燃油压力调节器经回油管流回燃油箱的燃油应改接在油耗仪传感器与燃油分配管之间,避免重复计量。串接好的传感器应放置平稳或吊挂牢固。

(2) 传感器的进出油管最好为透明塑料管,以便观察燃油中有无气体。供油管路中有气体会导致测量误差。当发现管路不断产生气泡时,应仔细检查并消除不密封部位。汽油蒸气会形成气阻。

测量开始前应将供油管路中的气体排净。测量中若发现油耗仪传感器出油管有气泡,应宣布数据作废,重新测量。比较妥当的办法是,在油耗仪传感器进口处串接气体分离器,以保证测量精度。气体分离器的简图如图 5-7 所示。当混有气体的燃油进入气体分离器浮子室时,气体会迫使浮子室内的油平面下降,使针阀打开,气体排入大气,从出油管进入传感器的燃油便没有气体了,使测量精度提高。气体分离器在燃料系中的安装位置见上所述。

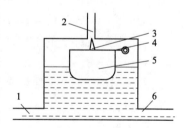

图 5-7 气体分离器简图

1-进油管;2-排气管;3-针阀;4-浮子室;5-浮子;6-出油管

(3) 为了减少活塞式油耗仪传感器的磨损,防止活塞卡阻,被测燃油在密闭容器内应经 24h 以上沉淀,并应在油耗仪传感器入口处安装纸质燃油滤清器,以保证燃油的清洁性。

(4) 油耗仪传感器串接到供油管路后,传输信号的电缆线应插入油耗仪传感器的插座上,另一端插入计量显示仪表输入插座上。

(5) 油耗仪的电源线必须夹紧在蓄电池极柱上,不要随意就近接在电路某部位上,以免供电电压发生较大变化,影响油耗仪正常工作。

5.2.2 汽车燃料消耗量试验方法

汽车燃料消耗量试验方法分道路试验方法和台架试验方法两种。

1. 道路试验方法

国家标准《乘用车燃料消耗量试验方法》(GB/T 12545.1—2008)有以下规定。

1) 条件

(1) 试验车辆载荷。

除有特殊规定外,轿车为规定乘员数的一半(取整数);城市客车为总质量的65%;其他车辆为满载,乘员质量及其装载要求按国家标准《汽车道路试验方法通则》(GB/T 12534)的规定。

(2) 试验仪器。

车速测定仪器和燃料流量计:精度为0.5%。

计时器:最小读数为0.1s。

(3) 试验的一般规定。

①试验车辆必须清洁,关闭车窗和驾驶室通风口,只允许开动为驱动车辆所必需的设备。

②由恒温器控制的空气流必须处于正常调整状态。

(4) 试验车辆必须按规定进行磨合,其他试验条件、试验车辆准备按 GB/T 12534 的规定。

2) 试验项目

(1) 直接挡节气门全开加速燃料消耗量试验。

(2) 等速燃料消耗量试验。

(3) 多工况燃料消耗量试验。

(4) 限定条件下的平均使用燃料消耗量试验。

3) 试验方法

具体试验方法按《乘用车燃料消耗量试验方法》(GB/T 12545.1—2008)的规定进行,本书不再赘述。

2. 台架试验方法

台架试验方法是整车在滚筒式底盘测功试验台上模拟道路试验条件进行汽车燃料消耗量试验的一种方法。

1) 试验条件

试验车辆载荷、试验仪器、试验的一般规定、试验车辆磨合和其他试验条件等,同于道路试验方法。

2) 试验准备

(1) 试验车辆应预热至正常工作温度,轮胎气压应符合汽车制造厂的规定。

(2) 滚筒式底盘测功试验台应预热至正常工作温度,油耗计和气体分离器的安装位置应正确,供油系气体应排除干净。

3)检测方法

等速燃料消耗量检测方法如下。

(1)将汽车开上滚筒式底盘测功试验台,落下举升器,逐挡加速至常用挡位(直接挡或超速挡),同时给滚筒加载,使车辆模拟满载等速行驶,直至达到规定试验车速。

(2)待车速稳定后,测量不低于500m行程的燃料消耗量。连续测量两次,等速燃料消耗量取算术平均值。

(3)计算等速百公里燃料消耗量。

不管是道路试验还是台架试验,燃料消耗量的测量值均应按公式校正到标准状态下的数值。标准状态是指:气温20℃,气压100kPa,汽油密度0.742g/mL,柴油密度0.830g/mL。

5.3 汽车侧滑的检测

我们知道,汽车车轮定位的检测方法有静态四轮定位检测和动态侧滑的检测。四轮定位在第三章已经做了介绍,这一节我们来介绍汽车侧滑的检测。

汽车转向轮的侧滑量主要受转向轮外倾角及转向轮前束值的影响。所以,侧滑试验台就是为检测汽车转向轮外倾角与前束值这两个参数配合是否恰当而设计制造的一种专门的室内量测设备。

车轮定位动态检验设备,按其测量的参数分为测定车轮侧滑量的滑板式试验台和测定侧向力的滚筒试验台两类。其中,滑板式侧滑试验台(以下简称侧滑试验台)在我国获得了广泛应用。侧滑量的滑板式试验台按其构造形式的不同,又分为单板和双板两种。汽车直线行驶时,由于前轮外倾角的作用,前轮在转动时会出现向外侧画圆弧滚动现象。对此,只有与之相反的给车轮加上一个向内侧滚动作用的适当的前轮前束值,使前轮外倾角的作用与前轮前束值相互结合,产生平衡作用,这样可保持转向车轮直线滚动。如前束、外倾角不均衡时,前轮无法保持直线滚动,从而发生侧滑。

汽车产生侧滑现象是汽车前轮前束、外倾的综合作用所致。上述定位角如相对保持平衡,汽车在直线行驶时,车轮接地轨迹便为一直线;如果各定位角配合不当,不能保持相对平衡,将产生破坏汽车直线行驶的外力。它不但加剧轮胎的磨损,而且影响行车安全。因此,汽车的侧滑量应不超过规定量,利用侧滑试验台可以测出汽车的侧滑量,从而判断汽车前轮各定位角的综合结果。

5.3.1 侧滑试验台结构及工作原理

1. 侧滑试验台的测量原理

两块滑动板平放于地面,与地面之间设有滚动装置,该装置使滑动板在沿汽车行驶的纵向不能产生位移,而在横向上则可任意移动,而且阻力很小。

让汽车两转向轮滚过有一定长度的两块滑动板,若车轮具有前束,就会受到前轴向外的侧向力。由于车轮胎与滑板之间摩擦系数很大,因而前轮就会带动两滑动板同时向外滑动,如图5-8a)所示。若车轮具有外倾,则如图5-8b)所示,两滑动板就会同时向内滑动。若外倾与前束配合得当,则当两转向轮驶过滑动板时,滑动板不产生任何方向的侧滑。

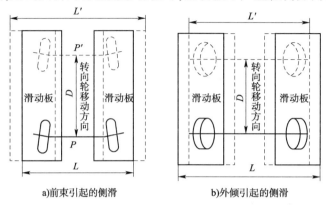

a)前束引起的侧滑　　　　　　b)外倾引起的侧滑

图5-8　转向轮侧滑的测量原理

2.侧滑试验台的结构

侧滑试验台是汽车在其滑板上行驶过后,根据滑板向左右方向的移动量,测定出车轮的侧滑量的。试验台由侧滑量的检测装置、侧滑量指示装置、侧滑量报警装置等组成。

1)侧滑量检测装置

图5-9为机械式侧滑试验台。指示装置与滑板是用机械方式连接在一起的,通过左右两个滑板和连杆机构等测量侧滑量后传送到指示部分。滑板的长度有500mm、800mm和1000mm三种,滑板表面和轮胎间产生的滑移可忽略不计。依靠滚轮、座圈和中间的连杆机构(钟形曲柄),完成左右方向等量的相对运动,正前束或负前束时,滑板分别向外侧或内侧移动,移动后的板由于使用了弹簧复位装置,能自动恢复到0的位置。

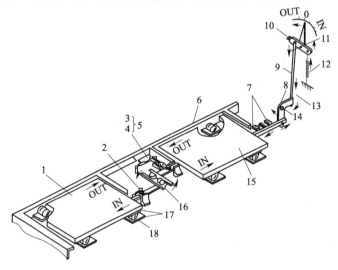

图5-9　机械式侧滑试验台

1-左滑动板;2-导向滚轮;3-复位弹簧;4-摆臂;5-复位弹簧;6-框架;7-限位开关;8-L形杠杆;9-连杆;10-刻度放大倍数调整器;11-指示机构;12-调整弹簧;13-零位调整装置;14-支点;15-右滑动板;16-双销叉式曲柄;17-轨道;18-滚轮

电气式检测装置是把滑板的位移量通过位移传感器变成电信号,再经过放大与处理后传给指示装置。位移传感器有自整角电动机式、电位计式和差动变压器式等。图 5-10 所示为电气式侧滑试验台。

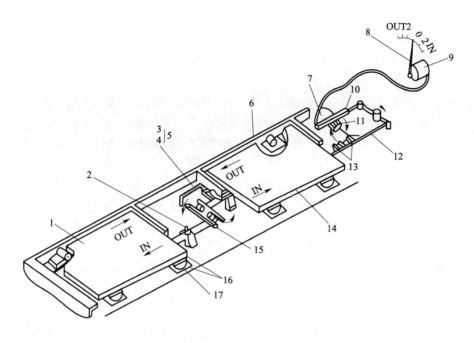

图 5-10 电气式侧滑试验台

1—左滑动板；2—导向滚轮；3—复位弹簧；4—摆臂；5—复位弹簧；6—框架；7—产生电信号的自整角电动机；8—指针；9—接收电信号的自整角电动机；10—齿条；11—齿轮；12—连杆；13—限位开关；14—右滑动板；15—双销叉式曲柄；16—轨道；17—滚轮

电气式侧滑试验台是把滑板的滑移通过齿条和小齿轮组成的机构，将直线运动转变为回转运动，由小齿轮带动自整角电动机转动一定角度以产生电信号，并把同样大小的电信号传给指示机构中的自整角电动机的一种结构形式。指示机构中的自整角电动机接收到这电信号后，立即转动同一角度，即指示出滑板的滑移量。

2）侧滑量指示装置

侧滑量的指示装置也有机械式和电气式两类。把侧滑量的检测部分传输来的滑板移动量，按汽车每行驶 1km 侧滑 1m 定为 1 格刻度，正前束和负前束能分别用 7 个以上的刻度表示。因此，当滑板长为 1000mm 时，用一个刻度表示侧滑板移动 1mm；滑板长度为 500mm 时，用一个刻度表示 0.5mm 的移动量。

指示装置的刻度板上除用数字及符号标明侧滑量的大小及方向外，还有不同的颜色把侧滑量划分为 3 个区间，即侧滑量 -3 ~ +3m/km 范围涂为绿色，表示良好区域；侧滑量 -3 ~ -5m/km 和 +3 ~ +5m/km 范围涂为黄色，表示准用区域；侧滑量 -5 ~ -10m/km 和 +5 ~ +10m/km 范围涂为红色，表示不良区域，以引起注意。

3）侧滑量报警装置

检测转向轮侧滑量时，为快速表示出检测结果是否合格，当侧滑量超过规定值时，报警装置能根据侧滑板限位开关发出的信号，用蜂鸣器或信号灯报警，而无须再读取仪表数值，以节省检测时间。

5.3.2 侧滑的检测与故障诊断

1. 侧滑的测量

1) 检测前的准备工作

(1) 轮胎气压应符合汽车制造厂的规定。

(2) 轮胎上沾有油污、泥土、水或花纹沟槽内嵌有石子时,应清理干净。

(3) 检查侧滑试验台导线连接情况,在导线连接良好的情况下打开电源开关,查看指针式仪表的指针是否在机械零点上,并视必要进行调整;或查看数码管是否亮度正常并都在零位。

(4) 检查报警装置在规定值时能否发出报警信号,并视需要进行调整或修理。

(5) 检查侧滑试验台表面及其周围的清洁状况,如有油污、泥土、砂石及水等应予以清除。

(6) 打开侧滑试验台的锁止装置,检查滑动板能否在外力作用下左右滑动自如,外力消失后回到原始位置,且指示装置指在零点。

2) 检测方法

(1) 将汽车对正侧滑试验台,并使转向盘处于正中位置。

(2) 使汽车沿台板上的指示线以 3~5km/h 的速度前行,使前轮(或后轮)平稳通过滑动板。在行进过程中,不允许转动转向盘。

(3) 当前轮(或后轮)完全通过滑动板后,从指示装置上观察侧滑方向并读取、打印最大侧滑量。

(4) 检测结束后,切断电源并锁止滑动板。

3) 使用注意事项

(1) 不能让超过试验台允许轴荷的车辆通过侧滑试验台。

(2) 不能使车辆在侧滑试验台上转向或制动。

(3) 保持侧滑试验台内、外及周围环境清洁。

(4) 其他注意事项见侧滑试验台使用说明书。

4) 检测后轴技术状况

对于后轮没有车轮定位的汽车,可用侧滑试验台按下列方法检测后轴是否弯曲变形和轮毂轴承是否松旷。

(1) 使汽车后轮从侧滑试验台滑动板上前进和后退平稳驶过,如果两次侧滑量读数均为零,表明后轴无任何弯曲变形。

(2) 如果两次侧滑量读数不为零,且前进和后退驶过侧滑板后,侧滑量读数相等而侧滑方向相反,表明后轴在水平平面内发生弯曲。

①若前进时滑动板向外滑动,后退时向内滑动,说明后轴端部在水平平面内向前弯曲。

②若前进时滑动板向内滑动,后退时向外滑动,说明后轴端部在水平平面内向后弯曲。

(3) 如两次侧滑量读数不为零,且前进和后退驶过侧滑板后,侧滑量读数相等而侧滑方向相同,表明后轴在垂直平面内发生弯曲。

①若滑动板向外滑动,说明后轴端部在垂直平面内向上弯曲。
②若滑动板向内滑动,说明后轴端部在垂直平面内向下弯曲。

(4)后轮多次驶过侧滑试验台滑动板,每次读数不相等,说明轮毂轴承松旷。

对于后轮有定位的汽车,仍可按上述方法检测后轴是否变形和轮毂轴承是否松旷,只是在检测结果中减去定位值,剩余值即为后轴弯曲变形造成的。

2. 侧滑量检测标准及检测结果分析

1)诊断参数标准

按国家标准《机动车运行安全技术条件》(GB 7258—2017)(发布稿)的规定,对前轴采用非独立悬架的汽车,其转向轮的横向侧滑量,用侧滑试验台检验时侧滑量值应在 ±5m/km 之间。

2)检测结果分析

检测中若滑板向内移动,表明前轮外倾太大或负前束太大;若滑板向外移动,表明前束太大或负外倾太大。

5.4 汽车制动性能的检测

汽车制动性能的检测可以全面评价汽车的制动性,反映汽车制动系的技术状况。在用汽车制动性能的检测指标有:制动力、制动距离、制动减速度、制动协调时间和制动稳定性。

汽车制动性能的检测方法主要有路试和台试两种。

5.4.1 汽车制动性能的路试检测

路试检测主要仪器设备有五轮仪和制动减速度仪等,主要检测制动距离、制动减速度等指标。

1. 用五轮仪检测制动性能

1)检测原理

第五轮仪,简称五轮仪,是用于汽车道路试验的一种常用仪器。由第五轮仪、传感器、二次仪表及安装机架等部分组成。试验时,它安装在汽车的尾部或侧面的适当位置,用一个小巧的轮子接触路面,好像是汽车的第五个车轮,所以叫作第五轮仪。试验中,它可以准确地测定汽车行驶的距离并计算出车速,以纸带方式记录或用数字显示。因此常用于汽车加速性能试验、滑行试验及燃油经济性试验中,如图5-11所示。

五轮仪有接触式和非接触式两种,接触式第五轮仪如上所述。非接触式五轮仪以计算机为核心部件,配以相应的I/O接口及外设,不需要路面接触。它采用光电相关滤波技术,安装在车上的光电路面

图5-11 五轮仪

探测器(简称光电头)照射路面,把路面图像变换为频率信号,用于汽车动力性、制动性和燃油经济性能的测试。

2)检测方法步骤

(1)道路条件。

应在平坦,硬实、清洁、干燥且轮胎与地面间的附着系数大于等于0.7的混凝土或沥青路面上进行。在试验路面上画出与制动稳定性要求相应宽度的试验车道边线。

(2)车辆准备。

在被测汽车的制动踏板上安装提供信号用的踏板套,在汽车适当位置装上第五轮仪。

(3)路试检测。

将被测汽车沿着试验车道的中线行驶至高于规定的初速度后,置变速器于空挡(自动变速汽车可置变速器于D挡),当滑行到规定的初速度时,急踩制动踏板,使汽车停住,并同时操作第五轮仪,利用第五轮仪打印出汽车的制动距离。在紧急制动的同时,检查汽车制动的稳定性,看制动时汽车是否超出试车道边线。对除气压制动外的汽车还应同时测取制动踏板力。

(4)注意事项。

①检测制动性能应在同一路段正反两个方向上进行,测得的制动距离及其他参数取平均值。汽车倒车时,应将传感器部分的充气车轮转向180°或专人提离地面。

②路试结束后,关闭记录仪电源,拆卸电源线、信号线和脚踏开关,并从车身上拆下传感器部分。

3)检测标准及检测结果分析

根据《机动车运行安全技术条件》(GB 7258—2017)(发布稿)的检验要求,制动距离和制动稳定性要求检测结果应满足表5-1的要求。

制动距离和制动稳定性要求　　　　　　　　表5-1

机动车类型	制动初速度(km/h)	空载检验制动距离要求(m)	满载检验制动距离要求(m)	试验通道宽度(m)
三轮汽车	20	≤5.0		2.5
乘用车	50	≤19.0	≤20.0	2.5
总质量小于等于3500kg的低速货车	30	≤8.0	≤9.0	2.5
其他总质量小于等于3500kg的汽车	50	≤21.0	≤22.0	2.5
铰接客车、铰接式无轨电车、汽车列车(乘用车列车除外)	30	≤9.5	≤10.5	3.0①
其他汽车、乘用车列车	30	≤9.0	≤10.0	3.0①
两轮普通摩托车	30	≤7.0		—
边三轮摩托车	30	≤8.0		2.5
正三轮摩托车	30	≤7.5		2.3
轻便摩托车	20	≤4.0		—
轮式拖拉机运输机组	20	≤6.0	≤6.5	3.0
手扶变型运输机	20	≤6.5		2.3

注:①对车宽大于2.55m的汽车和汽车列车,其试验通道宽度(单位:m)为"车宽(m)+0.5"。

如果检测出的制动距离参数大于标准值,则表明车辆在制动过程中制动力不足。引起制动力不足的原因可能是车轮制动器或制动传动机构故障,如制动器摩擦副、液压或气压制动管路压力、制动主缸、轮缸等故障。

2. 用制动减速度仪检测制动性能

1) 检测原理

制动减速度仪也称减速仪,主要检测制动减速度和制动时间,用于汽车的道路测试。制动减速度仪可以对整个制动过程中的减速度进行记录和处理,可以显示读出反映制动过程本质的多个参数,并且不受车型限制,对制动初速度的要求也不高。它可以对汽车的制动性能合格与否给出判断结果,并能据此分析判断汽车制动系的故障。该仪器小巧轻便,安装方便,操作键少,易于掌握,所以适于维修企业检测验车用。

下面以进口 Maxi 电脑汽车制动减速度仪为例介绍制动减速度仪的结构与工作原理。Maxi 电脑汽车制动减速度仪是全智能化便携式仪器,使用简单方便,主要由电源、传感器、微电脑处理器、显示屏、打印机和脚踏开关等几部分组成。

制动减速度仪的传感器分摆锤式和滑块式两种。目前大多数制动减速度仪采用滑块式传感器,Maxi 电脑汽车制动减速度仪就采用滑块式传感器。滑块式传感器结构示意图如图 5-12 所示。

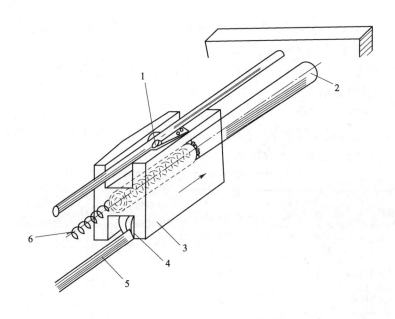

图 5-12 滑块式传感器结构示意图
1-记录触针;2-空气阻尼器;3-滑块;4-滚轮;5-导轨;6-弹簧

在制动减速度仪的纵轴上安有导轨,导轨上放置一个滑块,滑块通过滚轮以小的阻力在导轨上移动。滑块通过弹簧系在制动减速度仪主体上,同时为防止滑块移动时冲击过大,安装空气阻尼器加以限制。在进行制动实验时,由于汽车的惯性作用,滑块仍以原状态运动,直至滑块惯性力与弹簧弹力平衡。滑块移动的距离与汽车减速度成一定比例,通过转换机构使滑块式传感器产生一个随制动减速度变化的电信号,再经模数转换器将这一电信号转变成微电脑能接收的数字信号后,输入微电脑处理器中存储并进行数据处理。最后测量结果由 LCD 显示屏显示,也可打印结果或曲线。

2)检测方法步骤

(1)检测步骤。

①实验时先将制动减速度仪牢靠地捆绑在汽车上,或用地板安装磁铁安放于驾驶室的地板上,然后调整制动减速度仪底部的四个支脚,使仪器处于水平状态。

②将脚踏开关一端套在汽车的制动踏板上,另一端插在仪器对应的插孔上。

③开启电源,输入车辆类型号及车辆识别号(VIN 或车牌号)。

④按"开始"键,开始测试。汽车应在符合国家标准规定的测试道路上行驶。将被测车辆加速至测试速度,当达到预先设定的车速时,记录部分通过声响的方式对驾驶人进行提示。此时可继续提高车速,并在空挡滑行,当车速降至预选车速,再次听到声响提示时立刻踩下制动踏板,直至汽车完全停止。

⑤停车后,观察制动减速度仪 LCD 显示屏的内容,需要时,可打印测试报告。

(2)注意事项。

①每次实验前应检查电源电压是否正常,若不正常应充电。充电过程中,仪器电源开关应处于关闭状态。

②实验时不要将仪器直接放于车座上,否则由于车座太软,将难以控制仪器的水平状态。这会使测量结果产生较大误差,且不安全。

③长期存放时,应将仪器水平放于台面上,且每隔一定时间要给蓄电池充电。

3)检测标准及检测结果分析

(1)充分发出的平均减速度。

根据《机动车运行安全技术条件》(GB 7258—2017)的检验要求,制动减速度和制动稳定性要求检测结果应满足表 5-2 的要求。

制动减速度和制动稳定性要求　　　　　　　表 5-2

机动车类型	制动初速度(km/h)	空载检验充分发出的平均减速度(m/s^2)	满载检验充分发出的平均减速度(m/s^2)	试验通道宽度(m)
三轮汽车	20	≥3.8		2.5
乘用车	50	≥6.2	≥5.9	2.5
总质量小于等于3500kg 的低速货车	30	≥5.6	≥5.2	2.5
其他总质量小于等于3500kg 的汽车	50	≥5.8	≥5.4	2.5
铰接客车、铰接式无轨电车、汽车列车(乘用车列车除外)	30	≥5.0	≥4.5	3.0①
其他汽车、乘用车列车	30	≥5.4	≥5.0	3.0①

注:①对车宽大于 2.55m 的汽车和汽车列车,其试验通道宽度(单位:m)为"车宽(m)+0.5"。

(2)制动协调时间。

汽车的制动协调时间,对液压制动的汽车应小于等于0.35s,对气压制动的汽车应小于等于0.60s;铰接客车、铰接式无轨电车的制动协调时间应小于等于0.80s。

(3)制动稳定性要求。

制动稳定性要求:是指制动过程中机动车的任何部位(不计入车宽的部位除外)不超出表5-2规定宽度的试验通道的边缘线。

(4)检测结果分析。

如果检测出的制动释放时间过长,则表明汽车存在制动拖滞故障,影响车辆重新起步、加速行驶或滑行。引起制动释放时间过长的原因可能是制动踏板自由行程太小或制动器回位弹簧拉力不足或制动主缸、轮缸故障等。

5.4.2 汽车制动性能的台试检测

汽车制动性能的台试检测就是利用汽车制动试验台进行检测。汽车制动试验台形式多样,按测试原理不同,分为反力式和惯性式;按试验台支承车轮形式不同,分为滚筒式和平板式。目前,国内使用较多的是单轴反力式滚筒制动试验台。

1. 单轴反力式滚筒制动试验台及结构

单轴反力式滚筒制动试验台的结构简图如图5-13所示。它由结构完全相同的左右两套车轮制动力测试单元和一套指示控制装置组成。每一套车轮制动力测试单元均由框架(有的试验台将左右测试单元和框架制成一体)、驱动装置、滚筒组、举升器和测量装置等构成。检测指标是试车道的宽度;台试时制动稳定性的检测指标是同轴左、右车轮的制动力差值。

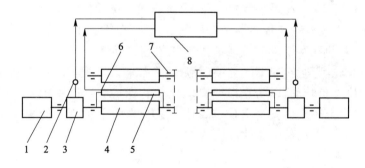

图5-13 单轴反力式滚筒制动试验台结构简图
1-电动机;2-压力传感器;3-减速器;4-滚筒;5-第三滚筒;6-电磁传感器;7-链传动;8-测量指示仪表

1)驱动装置

驱动装置主要由电动机、减速器和链传动等组成,如图5-14所示。电动机通过减速器两级减速后驱动主动滚筒,主动滚筒通过链传动带动从动滚筒旋转。减速器输出轴与主动滚筒共用一轴,减速器壳体为浮动连接(可绕主动滚筒轴自由摆动)。电动机电枢轴与减速器输出轴同心,减速器壳与电动机壳连成一体,电动机电枢轴与减速器输出轴分别通过滚动轴承及轴承座支承在框架上,减速器壳与电动机壳可绕支承轴线自由摆动。

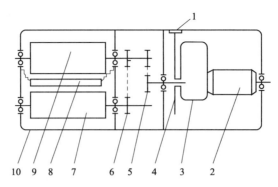

图 5-14 车轮制动力测试单元驱动装置

1-传感器；2-电动机；3-减速器；4-测力杆；5、6-链传动；7-从动滚筒；8-第三滚筒；9-主动滚筒；10-框架

2) 滚筒组

每一套车轮制动力测试单元设置一对主、从动滚筒。每个滚筒的两端分别用滚动轴承与轴承座支承在框架上，且保持两滚筒轴线平行。滚筒相当于一个活动的路面，用来支承被检车辆的车轮，并承受和传递制动力。汽车轮胎与滚筒间的附着系数将直接影响制动试验台所能测得的制动力大小。为了增大滚筒与轮胎间的附着系数，滚筒表面都进行了相应的加工与处理，如矩形槽滚筒、表面粘砂滚筒和表面烧结滚筒等。这些滚筒表面附着系数均能达到 0.7 以上。

滚筒直径与两滚筒间中心距的大小对试验台有较大影响。滚筒直径增大有利于改善与车轮之间的附着情况，增加测试速度，使检测过程更接近实际制动情况。但必须相应增加驱动电机的功率。而且随着滚筒直径增大，两滚筒中心距也增大，才能保证合适的安置角。这样使试验台结构尺寸相应增大，制造要求提高。

目前的制动试验台在主、从动滚筒之间设置一直径较小，既可自转又可上下摆动的第三滚筒，平时由弹簧使其保持在最高位置，而在设置有第三滚筒的制动试验台上大都取消了举升器。在第三滚筒上装有转速传感器。在检验时，被检车辆的车轮置于主、从动滚筒上的同时压下第三滚筒，并与其保持可靠接触。控制装置通过转速传感器即可获知被测车轮的转动情况。当被检车轮制动，转速下降至接近抱死时，控制装置根据转速传感器送出的相应电信号使驱动电动机停止转动，以防止滚筒剥伤轮胎和保护驱动电动机。第三滚筒除了上述作用外，有的试验台上还作为安全保护装置用。只有当两个车轮制动测试单元的第三滚筒同时被压下时，试验台电动机电路才能接通。

3) 制动力测量装置

制动力测量装置主要由测力杠杆和传感器组成。测力杠杆一端与传感器连接，另一端与减速器壳体连接，被测车轮制动时测力杠杆与减速器壳体将一起绕主动滚筒（或绕减速器输出轴、电动机枢轴）轴线摆动，传感器将测力杠杆传来的与制动力成比例的力（或位移）转变成电信号输送到指示、控制装置。传感器有应变测力式、自整角电动机式、电位计式和差动变压器式等类型。日本式制动试验台多采用自整角电机式测量，而欧洲式以及近期国产制动试验台多用应变测力式传感器。

4) 举升器

为了便于汽车出入制动试验台，在主、从两滚筒之间设置有举升器。该装置通常由举升器、举升平板和控制开关等组成。举升器常用的有气压式、电动螺旋式和液压式3种形式。气压式用压缩空气驱动汽缸中的活塞或使气囊膨胀完成举升作用;电动螺旋式由电动机通过减速器带动丝母转动,迫使丝杠轴向运动起举升作用;液压式由液压举升缸完成举升动作。带有第三滚筒的制动试验台不用举升器。

5)指示与控制装置

制动力指示装置有指针式和数字显示式两种,指针式指示仪表有单针式和双针式两种形式。制动试验台控制装置一般采用电子式。为提高自动化与智能化程度,有的控制装置中配置计算机。带计算机的控制装置多配置数字显示器,但也有配置指针式指示仪表的。带计算机的指示与控制装置主要由计算机、放大器、A/D变换器、数字显示器和打印机等组成。目前指示装置向大型点阵显示屏或大表盘、大刻度方向发展,以使在较远距离处也清晰易读。

2. 用制动试验台检测制动性能

1)检测原理

将被测汽车驶上制动试验台,车轮置于主、从动滚筒之间,放下举升器。通过延时电路起动电动机,电动机通过减速器及链传动驱动滚筒带动车轮低速转动。当驾驶人踩制动踏板时,在制动器摩擦力矩的作用下,车轮开始减速旋转,滚筒对车轮作用沿切线方向的制动力,以克服制动器摩擦力矩,维持车轮继续旋转。同时,车轮对滚筒表面沿切线方向作用着与制动力大小相等、方向相反的反作用力,在此力对滚筒轴线形成的反作用力矩作用下,浮动的减速器壳与测力杠杆一起朝滚筒转动相反的方向摆动,而测力杠杆另一端的力经传感器转换成与制动力大小成比例的电信号。此信号经放大变换处理后,由指示装置显示左右车轮制动力。

在制动过程中,当左右车轮制动力之和大于某一数值时,计算机即开始采集数据,经过规定的采集时间后,计算机发出指令使电动机停转,以防止剥伤轮胎。在装有第三滚筒的制动试验台上,其电动机的停转是由第三滚筒的转速信号控制的,制动时,第三滚筒随车轮转动,当车轮即将抱死时,计算机则根据第三滚筒转速信号指令电动机停转。

制动协调时间的测量是与制动力测量同步进行的,以驾驶人踩制动踏板的瞬间作为计时起点,由制动踏板上套装的踏板开关向控制装置发出信号,开始时间计数,直至制动力达到标准规定的制动力75%时为止。

车轮阻滞力的测量是在汽车和驻车制动装置处于完全释放状态、变速器置于空挡位置时进行的。电动机通过减速器、链传动及滚筒来带动车轮维持稳定转动所需的力,即为车轮阻滞力。

2)检测方法步骤

(1)检测步骤。

①检测时,制动试验台滚筒表面应干燥,没有松散物质及油污,滚筒表面当量附着系数不应小于0.75。

②将制动试验台电源开关打开,并使举升器处于升起位置。

③将车辆驶上滚筒,首先使前轮停在举升器上,位置摆正,变速器置于空挡,使行车制动、驻车制动处于完全释放状态,把脚踏开关套装在制动踏板上。

④降下举升器,使车轮与滚筒完全接触,起动电动机,滚筒带动车轮转动,2s后测得车轮阻滞力。按提示踩下制动踏板,测出制动力增长过程中的前轴左、右轮制动力差和各轮制动力的最大值,同时测出制动协调时间。

⑤升起举升器,驶出已测车轴,驶入下一车轴。按上述同样方法检测后轴车轮阻滞力、制动力、左、右轮制动力差和制动协调时间。

⑥当与驻车制动相关的车轴在试验台上时,行车制动检测完成后,应重新起动电动机,在行车制动完全放松的情况下,用力拉紧驻车制动,检测驻车制动性能。

⑦所有车轴制动性能检测完毕后,升起举升器,汽车驶出试验台,切断试验台电源。

⑧在检测制动时,为了获得足够的附着力以避免车轮抱死,允许在车辆上增加足够的附加质量和施加相当于附加质量的作用力(附加质量和作用力不计入轴荷)。也可采取防止车轮移动的措施(例如,加三角垫块或采取牵引等方法)。

(2)反力式制动试验台的检测特点。

①检测迅速、经济、安全,不受外界条件的限制,测试车速低,测试条件稳定,重复性好。

②检测参数全面,能定量测得各车轮制动力、左右车轮制动力差、制动协调时间和车轮阻滞力。能全面评价汽车制动性能,并给制动系的故障诊断、维修和调整提供依据。

③检测时,由于汽车没有实际行驶,因而其制动性检测结果不能反映其他系统(如转向系行驶系)的结构、性能对制动性能的影响。

④对于装备有防抱死制动系统的汽车,由于检测时车轮防抱死不起作用,因而无法测得实际制动时的最大制动力,不能准确地反映防抱死制动系统汽车的性能。

3. 检测标准及检测结果分析

1)行车制动检测标准

(1)台式检验制动力要求。

汽车、汽车列车在制动检验台上测出的制动力应符合表5-3的要求。对空载检验制动力有质疑时,可用表5-3规定的满载检验制动力要求进行检验。

台试检验制动力要求　　　　表5-3

机动车类型	制动力总和与整车质量的百分比		轴制动力与轴荷[①]的百分比	
	空载	满载	前轴[②]	后轴[②]
三轮汽车	—	—	—	≥60[③]
乘用车、总质量小于等于3500kg的汽车	≥60	≥50	≥60[③]	≥20[③]
铰接客车、铰接式无轨电车、汽车列车	≥55	≥45	—	—
其他汽车	≥60[④]	≥50	≥60[③]	≥50[③]
挂车	—	—	—	≥55[⑥]

续上表

机动车类型	制动力总和与整车质量的百分比		轴制动力与轴荷①的百分比	
	空载	满载	前轴②	后轴②
普通摩托车	—	—	≥60	≥55
轻便摩托车	—	—	≥60	≥50

注：①用平板制动检验台检验乘用车、其他总质量小于等于3500kg的汽车时应按左右轮制动力最大时刻所分别对应的左右轮动态轮荷之和计算。
②机动车（单车）纵向中心线中心位置以前的轴为前轴，其他轴为后轴；挂车的所有车轴均按后轴计算；用平板制动试验台测试并装轴制动力时，并装轴可视为一轴。
③空载和满载状态下测试时均应满足此要求。
④对总质量小于等于整备质量的1.2倍的专项作业车应大于等于50%。
⑤满载测试时后轴制动力百分比不做要求；空载用平板制动检验台检验时应大于等于35%；总质量大于3500kg的客车，空载用反力滚筒式制动试验台测试时应大于等于40%，用平板制动检验台检验时应大于等于30%。
⑥满载状态下测试时应大于等于45%。

（2）制动力平衡要求（两轮、边三轮摩托车、前轮距小于等于460mm的正三轮摩托车和轻便摩托车除外）。

对新注册车和在用车应分别符合表5-4的要求。

台试检验制动力平衡要求　　　　表5-4

车辆类型	前轴	后轴	
		轴制动力大于等于该轴轴荷60%时	制动力小于该轴轴荷60%时
新注册车	≤20%	≤24%	≤8%
在用车	≤24%	≤30%	≤10%

（3）制动协调时间要求。

汽车的制动协调时间，对液压制动的汽车应小于等于0.35s，对气压制动的汽车应小于等于0.60s；铰接客车、铰接式无轨电车的制动协调时间应小于等于0.80s。

（4）车轮阻滞率要求。

进行制动力检验时，汽车、汽车列车各车轮的阻滞力均应小于等于轮荷的10%。

2）驻车制动检测标准

当采用制动检验台检验汽车和正三轮摩托车驻车制动装置的制动力时，机动车空载，使用驻车制动装置，驻车制动力的总和应大于等于该车在测试状态下整车重量的20%，但总质量为整备质量1.2倍以下的机动车应大于等于15%。

3）汽车制动完全释放时间

指从松开制动踏板到制动消除所需要的时间，对两轴汽车应小于等于0.80s，对三轴及三轴以上汽车应小于等于1.2s。

4）检测结果分析

（1）如果检测出的制动释放时间过长，则表明汽车存在制动拖滞故障，影响车辆重新起步、加速行驶或滑行。引起制动释放时间过长的原因可能是制动踏板自由行程太小或制动器回位弹簧拉力不足或制动总泵、分泵故障等。

（2）如果检测出左右车轮制动力不平衡，则汽车在制动过程中将产生制动跑偏现象。引起左右车轮制动力不平衡的原因可能是左右车轮制动器性能不同、左右制动器管路压力不等或左右车轮制动分泵技术状况不等。

5.5 车速表指示误差的检测

为了保证行车安全，特别是在限速路段和限速车道上行驶时，驾驶人必须按照车速表的指示值，根据车辆、行人和道路状况，准确地控制车速。

由于车速表与行车安全有着密切关系，因此是安全检测和综合检测中的重要检测项目之一。车速表的检测方法有道路试验法和室内台架试验法两种。本节主要介绍台架试验法。

5.5.1 车速表试验台架结构和检测原理

1. 车速表误差形成与检测原理

1) 车速表误差的形成

车速表具有磁感应式和电子式等类型，经常与里程表结合使用。磁感应式车速表采用蜗轮、蜗杆和软轴的传动作为传感器，利用磁电互感和指针的摆动来指示汽车的速度。由于机械零件使用中的自然磨损、磁性元件的磁性变化和轮胎滚动半径的变化，车速表的指示误差将增加。无论是磁感应车速表还是电子车速表，轮胎滚动半径的变化是车速表在自身正常技术条件下产生误差的主要原因。轮胎滚动半径的变化主要是由于轮胎磨损、气压不足或气压过高造成的。由于汽车的实际行驶速度与车轮的滚动半径成正比，即使车速表的技术条件正常，由于车轮滚动半径的变化，车速表的指示值也会与实际速度产生误差。

2) 车速表误差检测原理

为了测量车速表的指示误差，采用滚筒测速仪对车速表进行检测。采用滚筒式车速表试验台（以下称为车速表试验台）的指示误差，使车轮在试验台上转动，并将滚子表面作为连续行驶的道路，模拟道路试验中的车辆行驶状态并进行误差测量。车速表误差的测量原理如图5-15所示。在测量时，车轮（在大多数情况下是驱动轮）被放置在车速表试验台的滚筒上，由车轮驱动滚筒或滚筒驱动车轮旋转。速度传感器安装在车速表试验台的滚筒的末端，它可以发出与车速成正比的电信号。

滚筒的线速度、圆周长与转速之间的关系，可用下式表达：

$$V = nL \times 60 \times 10^{-6} \quad (5\text{-}1)$$

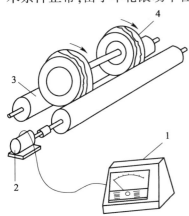

图5-15 车速表误差的测量原理
1-实际车速的指示仪表；2-速度传感器；
3-车速表试验台滚筒；4-驱动车轮

式中：V——滚筒的线速度，km/h；

L——滚筒的圆周长，mm；

n——滚筒的转速，r/min。

由于车轮的线性速度等于滚筒的线速度，上述计算值是车辆的实际速度。在车速表试验台上用速度指示器显示，称为试验台指示值。

当车轮在滚筒上转动时，汽车驾驶室的速度计也显示出速度值，这被称为车速表指示值。将试验台的指示值与车速表的指示值进行比较，可以得到车速表的指示误差。即：

$$车速表指示误差 = \frac{车速表指示值 - 试验台指示值}{试验台指示值} \times 100\% \quad (5-2)$$

2. 车速表试验台结构与工作原理

常见车速表试验台有三种类型：无驱动装置的标准型（依靠车轮带动滚子转动），有驱动装置的驱动型（由电机驱动滚筒旋转），综合型（与制动试验台和底盘测功机试验台组合在一起）。下面介绍标准型和驱动型两种类型。

1）标准型车速表试验台

标准型车速表试验台由测速装置、速度指示装置和速度报警装置组成，如图5-16所示。

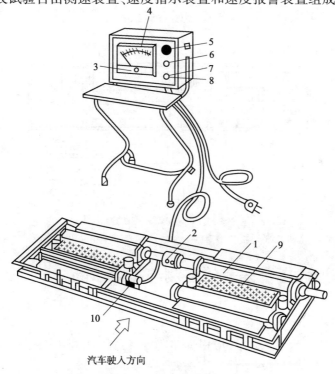

图5-16 标准型车速表试验台

1-滚筒；2-联轴器；3-零点校正螺钉；4-速度指示仪表；5-蜂鸣器；6-报警灯；7-电源灯；8-电源开关；9-举升器；10-速度传感器

（1）测速装置。

主要由车架、滚筒装置、举升器和速度传感器组成。滚筒为4个，直径一般为185mm或更大，并通过滚动轴承安装在机架上。为了防止汽车传动轴差速器行星齿轮的自传，车速表试验台的两个前滚筒通过联轴器连接。为了便于车辆进出车速表试验台，在前后滚筒之间布置有举升器。举升器与滚筒装置联动。当举升器使车轮进入和退出试验台时,由于自身制动装置的制动作用,滚筒不会旋转。速度传感器有测速发电机式、差动变压器式、磁电式和光电式多种类型。它安装在滚筒的一端,并将滚筒转速的电信号发送给速度指示装置。

(2)速度指示装置。

根据速度传感器发出的电信号工作。它可以根据滚筒周长和滚轮速度计算出线速度,并以 km/h 为单位在仪表上显示。

(3)速度报警装置。

用以指示实际车速已达到检测速度(40km/h,下同)。在车速表试验台的速度指示装置上,通常设有报警灯或蜂鸣器作为报警装置。在测试中,当汽车的实际速度达到测试车速时,报警灯或蜂鸣器发出声音,提示检验员立即读取此时车速表的指示值,以便与实际车速进行比较,以判断车速表的指示值是否在限定范围内。

2)驱动型车速表试验台

大多数汽车的车速表转速信号是取自于变速器或分动器的输出端,即车辆的驱动系统。然而,一些汽车车速表信号取自于汽车从动系统的车轮,如图 5-17 所示,驱动型车速表试验台被设计成适合与后一种车辆。应该注意的是,车速表试验台在滚筒和电机之间装备有离合器。当离合器处于分离状态时,驱动型车速表试验台也可作为标准型车速表试验台使用。

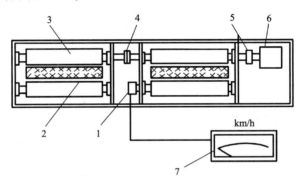

图 5-17 驱动型车速表试验台

1-测速发电机;2-举升器;3-滚筒;4-联轴器;5-离合器;6-电动机;7-速度指示仪表

5.5.2 车速表指示误差的检测与故障诊断

1. 车速表指示误差的检测

在测量车速表的指示误差之前,应根据车速表试验台的说明书,按规定的方法正确使用车速表试验台,车速表试验台一般使用方法如下:

1)车速表试验台的制备

(1)当滚筒静止时,检查仪表指示值是否处于零点,否则应调零。

(2)检查滚筒上是否沾有油、水、泥、砂等杂物。

(3)检查举升器升降是否自由。如果被阻塞或有漏气部位,应予以修理。

(4)检查导线的连接和接触情况。如果接触不良或断路,应予以修理或更换。

2)被测车辆的制备

(1)轮胎气压处于标准值。

(2)从轮胎上除去水、油、泥和石头。

3)检测步骤

(1)接通车速表试验台电源。

(2)升起滚筒间的举升器。

(3)车辆开上试验台上,使输出速度信号的车轮尽可能与滚筒垂直停放在试验台上。

(4)降下举升器,直到轮胎完全脱离升降支架。

(5)使用挡块抵住试验台外的一对轮子,以防止车辆在测试时滑出试验台。

(6)在使用标准型车速表试验台时应进行以下操作:

①当车辆的驱动轮稳定在滚筒上时,挂入最高挡,松开驻车制动器并踩下加速踏板,使驱动轮带动滚筒加速平稳运转。

②当车速表指示值达到规定的速度(40km/h)时,读出试验台的速度指示仪表的指示值;或当试验台的速度指示仪表的指示值达到检测车速时,读取车速表的指示值。

(7)在使用驱动型车速表试验台时应进行以下操作:

①接合试验台的离合器,并将滚筒连接到电机上。

②将汽车变速器挂入空挡,松开驻车制动器,起动电机,驱动滚筒旋转。

③当车速表的指示值达到检测车速时,读取试验台的速度指示仪表的指示值;或当试验台的速度指示仪表达到检测车速时,读取汽车车速表的指示值。

(8)试验完成后,轻轻按压制动踏板,使滚筒停止转动。对于驱动型试验台,必须先关闭电机,再踩制动踏板。

(9)升起举升器,去掉挡块,汽车驶离试验台。

2. 车速表指示误差诊断标准及结果分析

1)车速表指示误差检测标准(最大设计车速不大于40km/h的机动车除外)

根据国家强制性标准 GB 7258—2017《机动车运行安全技术条件》(发布稿)的规定,车速表指示车速 V_1(单位:km/h)与实际车速 V_2(单位:km/h)之间应符合下列关系式:

$$0 \leqslant V_1 - V_2 \leqslant \frac{V_2}{10} + 4 \tag{5-3}$$

2)测试结果分析

车速表指示误差主要是由于车速表自身在长期使用过程中的故障、损坏以及轮胎磨损引起的。

在车速表内,有活动盘、转轴、轴承、齿轮、游丝等零部件和磁性元件。在工作过程中产生的磨损和性能变化将导致车速表的指示误差。对于产生的磨损应予以更换;磁力式车速表的磁铁的磁性退化,也会造成车速表指示误差,磁性退化的磁铁应予以更换。

由于磨损,汽车轮胎的半径逐渐减小。在变速器轴恒速的条件下,汽车的速度随着轮胎半径的变化而变化,车速表的软轴与变速器传动轴相连,因此车速表的指示值与实际车速形成误差。

为了消除车速表零件磨损和轮胎磨损带来的指示误差,应采用车速表试验台对车速表及时进行检验。

5.6 前照灯的检测

为了使汽车夜间行驶保持足够的照明,前照灯不仅要有一定的亮度(发光强度),而且照射的方向(前照灯主光轴方向)也要适合。前照灯照射方向不仅为本车驾驶人提供可靠的照明,而且还要防止夜间会车时给对方驾驶人造成炫目。因此,前照灯的发光强度和照射方向,是影响汽车夜间行车安全的关键因素,必须定期检测。

5.6.1 前照灯检测仪结构和检测原理

1. 前照灯检测仪检测原理

各种型号前照灯检测仪的检测原理基本相同,都是采用能把吸收的光能变成电流的硅光电池或硒光电池作为传感器,按照前照灯光轴照射光电池产生电流的大小和比例,来测量前照灯发光强度和光轴偏移量的。

前照灯检测仪上使用的光电池,主要是硒光电池,其结构及工作原理如图 5-18 所示。当硒电池受光照射时,光使金属薄膜和非结晶硒的左右部产生电动势,其左部带负电,右部带正电,因此若在金属薄膜和铁底板上装上引线,并将其用导线与电流表连接起来,光电流就会流过电流表,使电流表指针摆动。

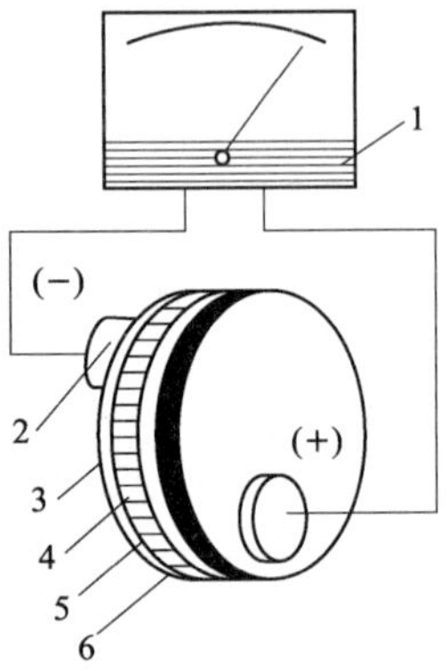

图 5-18 硒光电池结构与工作原理
1-电流表;2-引线;3-金属薄膜;4-非结晶硒;5-结晶硒;6-铁底板

1) 发光强度的检测

发光强度检测原理如图 5-19 所示,光电池接收前照灯的照射,将光能转变成相应的电信号,经放大电路放大后,送到指示仪表显示发光强度的读数。

2) 照射方向的检测

照射方向检测原理如图 5-20 所示,将 4 个光电池 $S_1 \sim S_4$,对称地置于受光屏幕中间,分别接到上下偏和左右偏指示仪表上,同时接受前照灯光束照射。若光线上下没有偏斜,则 S_1 与 S_2 受光相同,产生的电动势彼此平衡,从而所接的表头指示为零。反之,若光线偏斜,则 S_3 与 S_4 受光不等,表头将指示出光束上下偏斜方向。同理,S_3 与 S_4 所接的表头可以指示光束左右偏斜的情况。

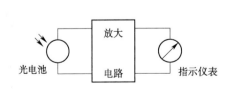

图 5-19 发光强度检测原理

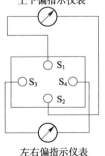

图 5-20 照射方向检测原理

2. 前照灯检测仪的类型和结构

按照前照灯检测仪的结构特征与测量方法不同，可分为4种类型：聚光式前照灯检测仪、屏幕式前照灯检测仪、投影式前照灯检测仪及自动追踪光轴式前照灯检测仪。

不同类型的前照灯检测仪均由接受前照灯光束照射的受光器、使受光器与汽车前照灯对正的照准器、汽车摆正找准器、指示发光强度的光度计、指示光轴偏斜方向和偏斜量的偏斜指示计、支柱、底座和导轨等部分组成。

1) 聚光式前照灯检测仪

该检测仪是用受光器的聚光透镜把前照灯的散射光束聚合起来，根据其对光电池的照射强度，来检测前照灯的发光强度和光轴偏斜量的，其构造如图5-21所示。检测时，检测仪放在距离前照灯前方1m处。

根据检测方法不同，聚光式前照灯检测仪又可分为移动反射镜检测法、移动光电池检测法和移动透镜检测法三种形式。

2) 屏幕式前照灯检测仪

该检测仪是把前照灯的光束照射到屏幕上，检测发光强度和光轴偏斜量。仪器构造如图5-22所示。检测时，检测仪放在前照灯前方3m处，在固定屏幕上装有可以左右移动的活动屏幕，在活动屏幕上装有能上下移动的内部带有光电池的受光器。检测时，移动活动屏幕和受光器，根据光度计指示值为最大值时的位置找到主光轴的投射位置，然后由固定屏幕和活动屏幕上的光轴刻度尺读取光轴偏斜量，同时从光度计的指示中读取发光强度值。

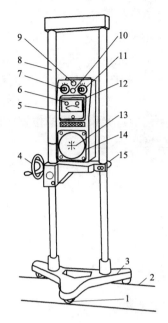

图5-21 聚光式前照灯检测仪

1-车轮；2-导轨；3-底座；4-升降手轮；5-光度计；6-左右偏斜指示计；7-光轴刻度盘（左右）8-支柱；9-汽车摆正找准器；10-光度光轴变换开关；11-光轴刻度盘（上下）；12-上下偏斜指示计；13-前照灯照准器；14-聚光透镜；15-角度调整螺钉

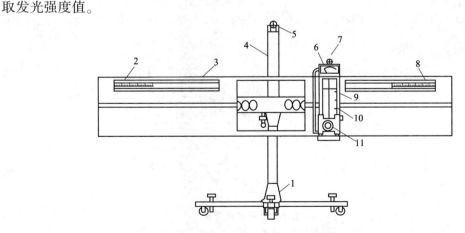

图5-22 屏幕式前照灯检测仪

1-底座；2、8-光轴刻度尺（左右）；3-固定屏幕；4-支柱；5-车辆摆正找准器；6-光度计；7-前照灯照准器；9-活动屏幕；10-光轴刻度尺（上下）；11-受光器

3) 投影式前照灯检测仪

该检测仪是将前照灯光束的影像映射到投影屏上,检测发光强度和光轴偏斜量。仪器构造如图5-23所示。检测时,检测仪放在前照灯前方3m处。在聚光透镜的上下和左右方向装有4个光电池,前照灯光束的影像通过聚光透镜、光度计的光电池和反射镜后,映射到投影屏上,如图5-24所示。检测时,通过上下、左右移动受光器使光轴偏斜指示计指示为零,即上与下、左与右光电池的受光量相等,从而找到被测前照灯主光轴的方向,然后根据投影屏上前照灯光束影像的位置,即可得出主光轴的偏斜量,同时可从光度计的指示值中读取发光强度。

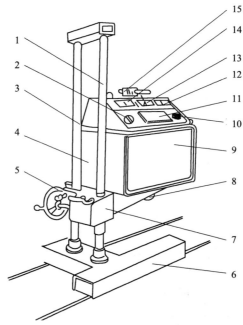

图5-23 投影式前照灯检测仪

1-前立柱(带齿条);2-光轴刻度盘(左右);3-后立柱(防回转);4-光接收箱;5-上下移动手轮;6-底座;7-传动箱;8-测量卷尺;9-聚光透镜;10-光轴刻度盘(上下);11-投影屏;12-光轴上下偏斜指示计;13-光度计;14-光轴左右偏斜指示计;15-对准瞄准器

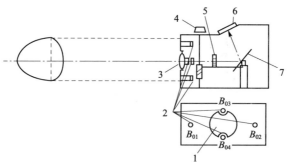

图5-24 光束影像映射原理图

1、3-聚光透镜;2-光电池;4-光轴刻度盘;5-光度计光电池;6-投影屏;7-反射镜

根据检测仪结构的不同,投影式前照灯检测仪光轴偏斜量的检测方法,又有投影屏刻度检测法和光轴刻度盘检测法两种。

4) 自动追踪光轴式前照灯检测仪

此检测仪是采用使受光器自动追踪光轴的方法,来检测发光强度和光轴偏斜量的,仪器构造如图5-25所示。检测时,检测仪与前照灯保持3m的距离,在受光器的面板上装有聚光透镜,聚光透镜的上下和左右装有4个光电池,受光器的内部也装有4个光电池,形成主、副受光器,如图5-26和图5-27所示。另外,还有由两组光电池电流差所控制的能使受光器沿垂直方向和水平方向移动的驱动和传动装置。

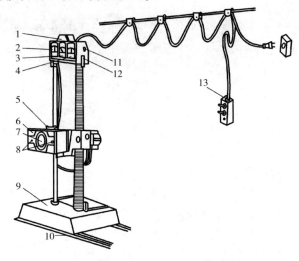

图5-25 硒光电池结构与工作原理

1-在用显示器;2-左右偏斜H指示计;3-光度计;4-上下偏斜指示计;5-车辆摆正找准器;6-受光器;7-聚光透镜;8-光电池;9-控制箱;10-导轨;11-电源开关;12-熔断丝;13-控制盒

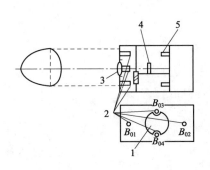

图5-26 自动追踪光轴式前照灯检测仪受光器结构

1、3-聚光透镜;2-主受光器光电池;4-中央光电池;5-副受光器光电池

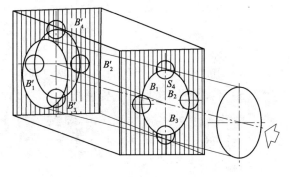

图5-27 主、副受光器光电池示意图

检测时,要使前照灯的光束照射到自动追踪光轴式前照灯检测仪的受光器上。此时,若前照灯光束照射方向偏斜,则主、副受光器的上下光电池或左右光电池的受光量不等,它们分别产生的电流便失去平衡。由其电流的差值控制受光器上下移动的电动机运转或使控制箱左右移动的电动机运转,并通过钢丝绳牵动受光器上下移动或驱动控制箱在轨道上左右移动,直至受光器上下、左右光电池受光量相等为止,这就是所谓的自动追踪光轴。在追踪光轴时,受光器的位移方向和位移量由光轴偏斜指示计指示,此即前照灯光束的偏移方向和

偏斜量;发光强度由光度计指示。

5.6.2 前照灯的检测与故障诊断

1. 前照灯的检测

1）检测条件

(1) 检测前照灯前应保持前照灯配光镜的清洁,擦净配光镜上的脏物,以免影响发光强度。

(2) 汽车空载,车内乘坐 1 人,轮胎气压符合规定。

(3) 蓄电池电压正常。

2）检测步骤

(1) 将被检汽车缓缓驶近前照灯检测仪,保证汽车纵轴线与前照灯导轨垂直,使前照灯与检测仪保持标准距离(根据检测仪型号确定)。

(2) 发动机怠速运转,蓄电池处于充电状态。

(3) 利用前照灯检测仪上的找准器,使检测仪和待检测的汽车前照灯对正。

(4) 若为四灯制车,遮住暂不检测的前照灯,只保留一只前照灯。

(5) 接通前照灯,分别测量前照灯光轴偏斜量和发光强度。

(6) 根据上述步骤,对各前照灯逐一检测。

(7) 检测完毕后,将前照灯检测仪移开,汽车驶离检测工位,切断检测仪电源。

3）检测注意事项

(1) 检测仪的底座一定要保持水平。

(2) 检验仪不要受外来光线的影响。

(3) 必须在汽车保持空载并乘坐 1 名驾驶人的状态下检测。

(4) 汽车有 4 只前照灯时,一定要把其他灯遮住后再进行测量。

(5) 开亮前照灯时,一定要把光电池灵敏性稳定后再进行检测。

(6) 仪器不用时,要用罩子把受光器盖好。

2. 前照灯检测标准与结果分析

1）检测标准

(1) 机动车在检验前照灯的近光光束照射位置时,前照灯在距离屏幕 10m 处,乘用车前照灯近光光束明暗截止线转角或中点的高度应为 $0.7 \sim 0.9H$(H 为前照灯基准中心高度);其他机动车(拖拉机除外)应为 $0.6 \sim 0.8H$;机动车(装有一只前照灯的机动车除外)前照灯近光光束水平方向位置向左向右偏均不得超过 100mm。

(2) 轮式拖拉机运输机组装用的前照灯近光光束照射位置,按照上述方法检验时,要求在屏幕上上光束中心离地高度不允许大于 $0.7H$;水平位置要求向右偏不允许超过 350mm,不允许向左偏移。

(3) 在检验前照灯远光光束及远光单光束照射位置时,前照灯照射在距离 10m 的屏幕上时,要求在屏幕上光束中心离地高度,对乘用车为 $0.9 \sim 1.0H$,对其他机动车为 $0.8 \sim$

$0.95H$。机动车(装有一只前照灯的机动车除外)前照灯远光光束水平方向位置要求,左灯向左偏不允许超过 100mm,向右偏不允许超过 350mm;右灯向左或向右偏均不允许超过 170mm。

(4)汽车前照灯发光光束强度要求见表 5-5。

前照灯远光光束发光强度要求　　　　　　表 5-5

车辆类型		检查项目					
		新注册车			在用车		
		一灯制	两灯制	四灯制[①]	一灯制	两灯制	四灯制[①]
最高设计车速小于 70km/h 的汽车			10000	8000		8000	6000
其他汽车			18000	15000		15000	12000
三轮汽车		8000	6000		6000	5000	
普通摩托车		10000	8000		8000	6000	
轻便摩托车		4000	3000		3000	2500	
拖拉机运输机组	标定功率>18kW		8000			6000	
	标定功率≤18kW	60000[②]	6000		50000[②]	5000	

注:①四灯制是指前照灯有四个远光光束;采用四灯制的机动车其中两只对称的灯达到两灯制的要求时视为合格。
　　②允许手扶拖拉机车组只装有一只前照灯。

2)检测结果分析

前照灯检验不合格有两种情况:一是前照灯发光强度偏低,二是前照灯照射位置偏斜。

(1)左右前照灯发光强度均偏低。

①检查前照灯反光镜的光泽是否明亮,如昏暗或镀层剥落或发黑,应予更换。

②检查灯泡是否老化,质量是否符合要求,如老化或质量不符合要求,光度偏低的应更换。

③检查蓄电池端电压是否偏低,如端电压偏低,应先充足电再检测,仅靠蓄电池供电,前照灯发光强度很难达到标准的规定,检测时发电机应供电。

④检查是否有搭铁不良的地方。

(2)左右前照灯发光强度不一致。

检查发光强度偏低的前照灯的反射镜光泽是否灰暗,灯泡是否老化,质量是否符合要求,一般多为搭铁线路接触不良。

(3)前照灯光束照射位置偏斜。

前照灯安装位置不当或因强烈振动而错位致使光束照射位置偏斜,应予以调整;前照灯光束照射位置偏斜的调整可在前照灯检测仪上进行;检查所使用大灯的质量是否合格。根据检测标准,在检测调整光束照射位置时,对远、近双光束灯以检测调整近光光束为主;如果制造质量合格的灯泡,近光调整合格后,远光光束一般也能合格;若近光光束调整合格后,经复核远光光束照射方向不合格,则应更换灯泡。

5.7 汽车排放污染物的检测

随着汽车保有量的增加,汽车排放污染物造成的环境污染情况日趋严重,检测并控制汽车排放污染物,对于保护人类生存环境具有重要意义。用排气分析仪和烟度计检测汽车排气污染物浓度,控制排气污染物的扩散,将其限定在允许范围内,以达到环境保护的目的。

汽车排气污染物主要有:一氧化碳(CO)、碳氢化合物(HC)、氮氧化合物(NO_x)、碳烟以及硫化物(主要是SO_2)等。

汽车排气污染物中CO、HC、NO_x和碳烟主要来源于汽车尾气的排放,少部分来自曲轴箱窜气(其中,部分还来自油箱和整个供油系的蒸发与滴漏)。

汽车排放CO是汽油中烃类燃烧的中间产物。CO是一种无色、无嗅的气体。当进入血液中的CO达到一定浓度后,人体会因缺氧出现中毒症状,如头晕、恶心、四肢无力,严重时甚至昏迷不醒,直至死亡。

碳氢化合物(HC)是由发动机未燃尽的燃料分解产生的气体。另外,由于发动机汽缸壁淬冷作用使缸壁表面约0.5mm厚度(称为淬冷层)的混合气无法燃烧,而由排气管排出。高浓度的HC对人体有一定的麻醉作用,但一般情况下对人体危害作用不大。

NO毒性不大,但高浓度的NO能引起神经中枢障碍,且很容易被氧化成剧毒的NO_2,NO_2是棕色气体,有特殊的刺激性臭味,被吸入肺部后,与肺部的水分结合生成可溶性硝酸,严重时会引起肺气肿。NO_x和HC在太阳光紫外线作用下,会产生光化学反应,生成一种毒性较大的浅蓝色烟雾,即光化学烟雾。它对人的眼、鼻和咽喉黏膜有刺激作用,并伴有难闻的臭味,严重时可致癌。

碳烟是柴油机燃烧不完全的产物,由直径较小的多孔性炭粒构成。炭粒中对人体和大气环境危害最大的是25μm左右的微粒,它悬浮于离地面1~2m高的空气中,容易被人体吸收。对人体危害大的是碳烟颗粒上夹附的二氧化硫(SO_2)和多环芳香烃、苯并芘等有害物质。

汽车排气中的硫化物主要为二氧化硫(SO_2),它由所用燃料中的硫和空气中的氧反应生成。SO_2有强烈的气味,它本身可刺激咽喉与眼睛,严重时可使人中毒,引起呼吸道疾病。SO_2还是形成酸雨的主要成分,能严重污染河流、湖泊等水系,使土壤和水源酸化,殃及野生动植物的生存安全,破坏自然界的生态平衡。

污染物的检测主要包括汽油车排气污染物的检测和柴油车排气污染物的检测。

5.7.1 汽油车排气污染物的检测

1. 汽油车排气污染物检测技术

目前用于汽车排气污染物分析测试的方法有4种:不分光红外法测量CO和CO_2;氢火焰离子化法测量HC;化学发光法测量NO_x;综合分析法全项测量。

1)不分光红外法

红外线是一种电磁波,红外辐射主要是热辐射,当红外辐射通过某气体时,除单原子气体(如 Ar、Ne)和相同原子的双原子气体(如 H_2、O_2、N_2)外,大多数由不同种原子构成的极性分子气体(如 CO_2、CO、HC)都能吸收红外线。不同气体在红外波段内都有特定波长的吸收带(如 CO 为 $4.5\sim5.0\mu m$,正己烷为 $3.5\mu m$,NO 为 $5.3\mu m$),而在吸收带之外的波长则不吸收或很少吸收能量。各种气体的吸收波长如图 5-28 所示。

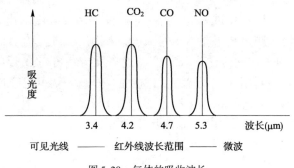

图 5-28 气体的吸收波长

2)氢火焰离子化法

氢火焰离子化法是目前测定排气污染物中 HC 的最好方法,有很高的灵敏度(可达 109 数量级),线性度好,动态响应快,受环境温度及大气压力等外界影响因素小。不但可用于稳定工况测试,还可用于瞬态工况测试。

氢火焰离子化法的工作原理是基于有机碳氢化合物在氢火焰中燃烧产生大量电离的现象来测定 HC 浓度的。因电离度与引入火焰中的碳氢化合物分子中碳原子数成正比,故此法对不同类型的烃没有选择性,因而只能测定 HC 的总量。

氢火焰离子分析仪通常由燃烧器、离子收集器及测量电路组成。如图 5-29 所示为其工作原理图,被测气体与含有 40% H_2(其余为 He)的燃料气体混合后进入燃烧器,并与引入的空气一起形成可燃混合气。此时用点火丝点燃,HC 便在氢火焰的高温(2000℃左右)中,裂解产生元素态碳,然后形成碳离子,在 $100\sim300V$ 外加电压作用下形成离子流,这个离子流(电流)的强度与 HC 中 C 原子数成正比,只要测出这个离子电流的大小,就可得到 HC 的浓度。

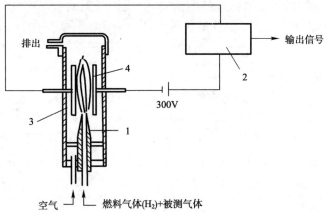

图 5-29 氢火焰离子化法工作原理
1-燃烧器喷嘴;2-直流电流增幅器;3-陶瓷外壳;4-电极板

3）化学发光法

用化学发光法分析排气中的 NO_2 是目前最好的方法。其灵敏度高,体积分数可达 107,响应特性好,体积分数在 0~102 范围内时具有良好的线性输出。

化学发光分析仪的检测原理如图 5-30 所示。检测时,O_2 持续不断地进入臭氧发生器,产生的臭氧(O_3)进入反应室。在检测 NO 时,汽车尾气经二通阀后直接进入反应室,NO 与 O_3 反应产生化学发光,经滤光片进入光电倍增器,反映 NO 浓度的电信号经信号放大器输出,并由指示仪表显示,其测量结果是 NO 的浓度。检测 NO_2 时,转动二通阀,汽车尾气全部经催化转化器,其中的 NO_2 在此转化为 NO,然后进入反应室再与 O_3 反应,这时仪器测出的是 NO 与 NO_2 的总和 NO_x,再利用测定的 NO_x 和 NO 的浓度差值,可以测出 NO_2 的浓度。为使 NO_2 全部转化成 NO,催化转化器的工作温度必须在 650℃ 以上。使用滤光片的目的是分离给定的光谱区域,以避免反应气体中其他一些化学发光的干扰。

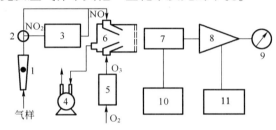

图 5-30　化学发光法检测原理

1-流量计；2-二通阀；3-催化转化器；4-抽气泵；5-O_3 发生器；6-反应室；7-光电倍增器；8-放大器；9-指示仪表；10-高压电流；11-电流放大器

4）综合分析法

综合分析法就是利用汽车综合排放分析仪同时进行快速检测汽车排气中 CO、CO_2、HC 和 NO_x 的方法。这种检测方法能全面反映汽车污染物的排放情况,能满足发动机台架试验或整车底盘测功机试验的排放测量要求。

汽车综合排放分析仪通常是根据汽车排放法规的要求,将各种废气成分分析仪有机组合成在一起的检测仪器,它可以对排放法规中规定的全部气体排放物进行分析测量。

为适应电控燃油喷射发动机汽车的检测需要,现代开发的汽车排气分析仪增加了 O_2 的检测功能,用氧传感器测量 O_2,即能检测 5 种气体(CO、CO_2、HC、NO_x、O_2)成分的浓度,并通过对排气中的 CO、HC、CO_2、O_2 浓度进行计算可得出相应的空燃比值。

2. 汽油车排气污染物检测方法

目前,我国在用汽车排气污染物检测方法可分为急速法、双急速法、稳态工况法、瞬态工况法和简易瞬态工况法。按 GB 18285—2005 的规定：自该标准实施之日起,全国点燃式发动机在用汽车排放监控,采用本标准规定的双急速法排气污染物限值及测量方法；在机动车保有量大、污染严重的地区,也可采用稳态工况法、瞬态工况法和简易瞬态工况法 3 种简易工况法中的一种方法作为在用汽车排气污染物排放检测方法。采用简易工况法的地区,应制定地方排气污染物排放限值。

1）急速法

急速法是让汽车静止不动,发动机处于急速工况,不带负荷,即关闭空调和动力转向油泵等,然后将排气采样管插入汽车排气管尾端,按照规范对汽车排气中的 CO 和 HC 浓度进行检测的方法。

怠速检测的特点是只能反映发动机怠速状态下空负荷排放情况,这时发动机为缺氧偏浓燃烧,主要产生 CO 和 HC,产生少量或不产生 NO_x。怠速检测操作方便快捷,检测仪器价格与使用成本低。怠速时排放的 CO 和 HC 浓度虽高,但汽车怠速运行时间占总运行时间的比例不大,检测结果缺乏全面性。为提高测量精度,我国已经开始采用双怠速法进行排放测量。

(1)怠速法的测试条件。

测量时,首先使汽车处于怠速工况。怠速工况指发动机无负载运转状态,即离合器处于接合位置、变速器处于空挡位置(对于自动变速器的车应处于"停车"或 P 挡位),采用化油器供油系统的车,阻风门应处于全开位置,加速踏板处于完全松开位置。然后,待发动机达到规定的热状态后,再按制造厂规定的调整方法将发动机转速调至规定的怠速转速和点火正时。在确定排气系统无泄漏的情况下,用排气分析仪进行测量。

(2)怠速法的测试程序。

①发动机由怠速升到 0.7 倍额定转速,维持 60s,再降至怠速状态。

②发动机在怠速状态下维持 15s 后,开始读数。读取 30s 内的最低值及最高值,其平均值即为测量结果。

③若为多排气管时,取各排气管测量结果的算术平均值作为测量结果。

2)双怠速法

双怠速法是指在怠速工况和高怠速工况下测试汽车的排放浓度。高怠速工况指满足怠速工况条件下,用加速踏板将发动机转速稳定控制在 50% 额定转速或制造厂技术文件中规定的高怠速转速时的工况。轻型汽车的高怠速转速规定为 2500r/min,重型汽车的高怠速转速规定为 1800r/min 左右;如有特殊规定的,应按照制造厂技术文件规定的高怠速转速。

下面介绍双怠速法的测试程序。

(1)应保证被检测车辆处于制造厂规定的正常状态,发动机进气系统应装有空气滤清器,排气系统应装有排气消声器,并不得有泄漏。

(2)应在发动机上安装转速计、点火正时仪、冷却液和润滑油测温计等测量仪器。测量时,发动机冷却液和润滑油温度应不低于 80℃,或者应达到汽车使用说明书规定的热车状态。

(3)发动机从怠速状态加速至 70% 额定转速,运转 30s 后降至高怠速状态。将取样探头插入排气管中,深度不少于 400mm,并固定在排气管上。维持 15s 后,由具有平均值功能的仪器读取 30s 内的平均值,或者人工读取 30s 内的最高值和最低值,其平均值即为高怠速污染物测量结果。对于使用闭环控制电子燃油喷射系统和三元催化转化器技术的汽车,还应同时读取过量空气系数 d 的数值。

(4)发动机从高怠速降至怠速状态 15s 后,由具有平均值功能的仪器读取 30s 内的平均值,或者人工读取 30s 内的最高值和最低值,其平均值即为怠速污染物测量结果。

(5)若为多排气管时,取各排气管测量结果的算术平均值作为测量结果。

(6)若车辆排气管长度小于测量深度时,应使用排气加长管。

3)稳态工况法

稳态工况法是指汽车预热到规定的热状态后,加速至规定车速,根据汽车规定车速时的加速负荷,通过底盘测功机对汽车加载,使汽车保持等速运转的运行工况,在此工况下测试汽车排气污染物情况。

4)瞬态工况法

瞬态工况法是使汽车在底盘测功机上运转以模拟汽车真实运行工况的,在加载情况下测定汽车发动机排出的各种废气成分的瞬态浓度值,可以真实反映汽车实际行驶时排放特征。瞬态工况法的试验循环包含了怠速、加速、匀速和减速等各种工况,所以要比怠速法复杂。瞬态工况法的排气污染物测量值的单位以 g/km 表示。

这种排放测试系统不仅体积庞大,而且造价昂贵,因此限制了它的广泛使用。至今,各国按瞬态工况法制定的汽车行驶排放标准仅作为定型车鉴定、科研和生产抽检之用。

与稳态工况法相比,瞬态工况法不仅能够识别排放高的车辆,而且能够判别车辆是否得到正确维修,并能对活性炭罐蒸发排放控制系统的功能进行检查。

5)简易瞬态工况法

简易瞬态工况法是美国最新开发的一种在用车排放测试方法,以克服瞬态工况法费用太高的缺点。该方法成本略高于稳态工况法,但比瞬态工况法低,测试精度较高。

简易瞬态工况法仍采用与瞬态工况完全相同的运行工况,与瞬态工况法使用相同的底盘测功机,并吸取了瞬态工况测量稀释排气量最终可得出污染物排放质量的优点,其简易之处是吸取了稳态工况可直接利用简便式废气分析仪就可对各个污染物浓度测试的特点,采用一个被称为"气体流量分析仪"的装置来测得汽车的排气流量(经稀释),经处理计算,最终也可得出在用车每种污染物的排放质量。由于没有采用复杂的废气分析系统,操作简单,设备投资可降低 50%。

简易瞬态工况污染物排放试验设备包括一个至少能模拟加速惯量和匀速负荷的底盘测功机、一个五气排气分析仪和一个气体流量分析仪组成的采样分析系统。它可以实时地分析汽车在负荷工况下排气污染物的排放质量。简易瞬态工况法排气污染物测量值的单位也用 g/km 表示。

3. 汽油车排气污染物检测步骤

1)准备工作

(1)安装取样管:检查各连接处,确认连接可靠,无泄漏。

(2)确认前置过滤器、水分过滤器、粉尘过滤器及二次过滤器中分别装入洁净的滤芯和滤纸。

(3)连接电源线、油温测量探头和转速测量钳。

(4)仪器预热:预热时间为 600s。

(5)泄漏检查:用密封套堵住探头,然后按 K 键。检漏时间为 10s。

(6)自动调零。

2)设置

设置测量方式(3 种测量方式:通用测量、怠速测量和双怠速测量),设置发动机冲程,设置点火方式,设置燃料种类,设置开机检漏,设置车牌汉字,显示存储数据(对仪器内已储存的记录进行查询和浏览),清除存储数据,修改时钟等。

3)废气排放测量

(1)通用测量。

进入"通用测量"方式后,仪器的气泵将起动。把取样探头插入被测车辆的排气管中,插入深度为400mm。

(2)怠速排放测量。

先将转速测量钳夹在发动机第一缸的火花塞高压线外,然后再将油温测量探头插入发动机润滑油标尺孔中。最后进行残留物检查及发动机预热。

①进入"怠速标准测量"子菜单后,仪器首先开始 HC 残留物检查。

②HC 残留物检查结束时,设置发动机额定转速标称值(精确到100r/min),然后按 K 键确认。

③按 K 键后,进入发动机预热阶段,如果发动机润滑油温度达不到80℃,则加速到0.7倍额定转速设定值。

④保持设定转速30s,预热完成,进入排放测量阶段,进行测量怠速排放。

预热结束时,减速至怠速。插入取样探头,深度为400mm,同时使发动机继续保持怠速。插好取样探头后,仪器开始对排气取样。取样结束,怠速工况排放测量完毕。取样时间为45s,前15s为预备阶段,后30s为实际取样阶段。记录、打印或存储测量数据。

(3)双怠速排放测量。

①发动机预热结束时,进入高怠速排放测量阶段,减速并保持0.5倍额定转速,插入取样探头,插入深度为400mm。

②取样时间为45s,前15s为预备阶段,后30s为实际取样阶段。

③取样结束,高怠速排放测量完毕。

(4)测量怠速下的排放。

①减速至怠速,并保持怠速,开始取样(45s)。

②取样结束,怠速下的排放测量完毕。

③记录、打印或存储测量数据。

4.汽油车排气污染物检测标准与排放限值

1)汽油车排气污染物检测标准

目前有关汽油车排气污染物检测标准主要有:

GB 14762—2008 重型车用汽油发动机与汽车污染物排放限值(Ⅲ、Ⅳ)。

GB 14763—2005 装用点燃式发动机重型汽车燃油蒸发污染物排放限值及测量方法。

GB 17691—2005 汽车排气污染物排放限值及测量方法(中国Ⅲ、Ⅳ、Ⅴ阶段)。

GB 18285—2005 点燃式发动机汽车污染物排放限值及测量方法(双怠速及简易工况法)。

GB 18352.3—2005 轻型汽车污染物排放限值及测量方法。

GB 18352.5—2013 轻型汽车污染物排放限值及测量方法(中国第五阶段)。

GB 18352.6—2016 轻型汽车污染物排放限值及测量方法(中国第六阶段)。

2) 汽油车排气污染物检测标准

目前,我国制定汽车排放标准主要从两方面考虑:一方面是针对汽车制造厂新车定型的形式认证和生产一致性检查;另一方面是针对在用车辆(营运车辆)。

根据 GB 18285—2005《点燃式发动机汽车排气污染物排放限值及测量方法》(双怠速法及简易工况法),装用点燃式发动机的新生产汽车,其形式核准和生产一致性检查的排气污染物排放限值见表5-6;在用汽车排气污染物排放限值见表5-7。

新生产汽车排气污染物排放限值(体积分数)　　　　　表 5-6

车　型	类　别			
	怠速		高怠速	
	CO(%)	HC(10^{-6})	CO(%)	HC(10^{-6})
2005年7月1日起新生产的第一类轻型汽车	0.5	100	0.3	100
2005年7月1日起新生产的第二类轻型汽车	0.8	150	0.5	150
2005年7月1日起新生产的重型汽车	1.0	200	0.7	200

在用汽车排气污染物排放限值(体积分数)　　　　　表 5-7

车　型	类　别			
	怠速		高怠速	
	CO(%)	HC(10^{-6})	CO(%)	HC(10^{-6})
1995年7月1日前生产的轻型汽车	4.5	1200	3.0	900
1995年7月1日起生产的轻型汽车	4.5	900	3.0	900
2000年7月1日起生产的第一类轻型汽车	0.8	150	0.3	100
2001年10月1日起生产的第二类轻型汽车	1.0	200	0.5	150
1995年7月1日前生产的重型汽车	5.0	2000	3.5	1200
1995年7月1日起生产的重型汽车	4.5	1200	3.0	900
2004年9月1日生产的重型汽车	1.5	250	0.7	200

对于使用闭环控制电子燃油喷射系统和三元催化转化器技术的汽车进行过量空气系数(λ)的测定。发动机转速为高怠速转速时,应在 1.00 或制造厂规定的范围内。进行测试前,应按照制造厂使用说明书的规定预热发动机。

5. 汽油车排气污染物检测结果分析

汽车排气分析仪不但可以检测汽油车排气污染物中的有害成分——HC、CO 和 NO 等是否符合所规定的排放标准,而且还可以诊断发动机的工作状况(主要是燃料系和点火系)是否良好。

在进行排气污染物分析前,首先要掌握所检测车型发动机在不同工作状态下废气排放浓度正常值,然后将被检汽车实际废气排放值与正常值进行比较,用于辅助诊断发动机各系统故障。

(1) HC 值过高,说明混合气过稀或点火系不良。其中,混合气过稀的原因为燃油滤清器堵塞、燃油压力低、喷油器堵塞、真空系统漏气和废气再循环阀泄漏等。

(2) CO 和 HC 过高,说明发动机混合气过浓,存在不完全燃烧。

(3) CO_2、O_2 的读数与 CO 读数相反,燃烧越完全,CO_2 读数就越高,其最大值为 3.5%~14.8%,而此时 CO 读数应接近 0。

(4) O_2 的读数也是很有用的诊断参数,当汽车装有催化转换器时,O_2 的读数通常应为 1.0%~2.09%,说明发动机燃烧较好,只有少量的 O_2 排出汽缸。若 O_2 的读数小于 1.0%,说明混合气过浓。而当 O_2 的读数大于 20% 时,说明混合气过稀。

5.7.2 柴油车排气污染物的检测

柴油车排气污染物的检测主要是对柴油车排气烟度的检测。

1. 柴油车排气烟度的检测方法

柴油车的排烟主要有黑烟、蓝烟和白烟,其排烟的多少以烟度来表征。常用的烟度计有滤纸式烟度计和不透光烟度计两种。

1) 用滤纸式烟度计检测烟度

滤纸式烟度计是用滤纸收集排烟,再比较滤纸表面对光的反射率来测量烟度的仪器。

(1) 基本检测原理。

用滤纸式烟度计检测柴油车烟度时,需从排气管抽取一定量的废气,并使之通过规定面积的标准洁白滤纸,废气中的碳烟微粒便过滤在滤纸上,使滤纸染黑;然后用光电检测装置测出滤纸的被染黑程度,该染黑程度即代表柴油车的排气烟度。滤纸染黑程度不同,则对照射到滤纸表面光线的反射能力也不同,染黑程度的值为 0~100%,分别对应于全黑滤纸的反射和洁白标准滤纸的反射。当染黑滤纸为全黑时,烟度值为 10,滤纸无污染时,烟度值为 0。

(2) 滤纸式烟度计结构原理。

滤纸式烟度计有手动、半自动和全自动 3 种类型。滤纸式烟度计主要由取样装置、烟度测量与指示装置、控制装置和校准装置等组成,如图 5-31 所示。

① 取样装置。

取样装置的作用是将柴油机的碳烟取出并吸附于滤纸上,然后送到烟度检测装置。取样装置由取样探头、活塞式抽气泵和取样软管等组成。取样软管把取样探头与活塞式抽气泵连接在一起,取样探头的结构形式能保证在取样时不受排气动压的影响。取样时,滤纸在泵筒内,取样探头在活塞式抽气泵的作用下抽取废气,抽气时碳烟留在滤纸上并将其染黑,夹持机构保证滤纸的有效工作面直径为 32mm。取样完成后,滤纸夹持机

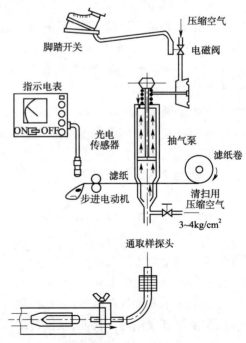

图 5-31 滤纸式烟度计结构简图

构松开,染黑滤纸由进给机构送至烟度检测装置。

②烟度测量与指示装置。

烟度测量与指示装置如图5-32所示,由环形硒光电池、光源和指示仪表构成。检测时,光源的光线通过有中心孔的环形光电池照射到滤纸上,一部分光线被滤纸上的碳烟所吸收,另一部分光线被滤纸反射到环形硒光电池上,使光电池产生电流。光电流的大小反映了滤纸反射率的大小,而滤纸反射率则取决于滤纸的染黑程度。滤纸染黑程度越高,则滤纸反射率越低,光电流就越小;滤纸染黑程度越小,则滤纸反射率越高,光电流就越大。

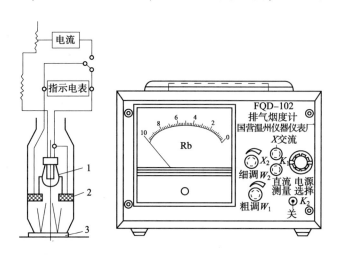

图5-32 烟度测量与指示装置
1—光源;2—光电元件;3—滤纸

指示仪表是一块微安表,当由硒光电池输送来的电流强度不同时,指示仪表指针的位置也不同。实际使用的烟度计上,多数指示仪表盘的刻度以 0~10 均匀刻度,用波许单位(Rb)表示,测量全白滤纸时指针位置为0,测量全黑滤纸时指针位置为10,在表盘上可以直接读出波许单位烟度值。

③控制装置。

控制机构包括用脚操纵的抽气泵电磁开关、滤纸进给机构和压缩空气清洗机构等。压缩空气清洗机构可在废气取样前,用压缩空气清除探头内和取样管内积存的炭粒,以避免受到前一次测量残留在取样管内的炭烟的影响。

④校准装置。

烟度计在使用过程中,由于电源电压的变化,会引起灯光发光强度改变,影响测量精度,因此要经常校准。通常烟度计附带有供标定用的标准烟样纸,烟度校准时,把标准烟样纸放在烟度计测量装置的规定位置上,开灯照射,再用仪表调整旋钮把仪表指针调到标准烟样纸所代表的污染度数值上。

滤纸式烟度计具有结构简单、调整方便、使用可靠、测量精度较高等优点,它曾广泛用于各国柴油车烟度检测。目前,我国许多检测站仍在使用滤纸式烟度计。

2)用不透光烟度计检测烟度

不透光烟度计是根据光在排气中被烟气消减程度来测量烟度的仪器。不透光烟度计分为全流式和分流式两类。全流式不透光烟度计是通过测量全部排气的透光衰减率来检测烟度,而分流式不透光烟度计是通过测量部分烟气的透光衰减率来检测烟度。

2. 柴油车排气烟度的检测步骤

检测柴油车排气烟度时,采用无负荷自由加速法。

1)烟度计的准备

烟度计开机后,预热一段时间(滤纸式烟度计为 5min 以上,不透光度计为 15min 以上)。必要时,应进行校准检查。对于滤纸式烟度计可用烟度卡进行,对于不透光烟度计可用线性检查和滤光片检查。

(1)自动线性检查:仪器自动生成一个 50% 满足量程的检查信号,并自动检查相应的输出是否符合要求。

(2)滤光片检查:将滤光片插入仪器检测单元的检查插口内,仪器显示相应读数,误差不大于不透光度的 ±2%。

2)汽车的准备

检测前,柴油发动机处于怠速工况。

3)烟度检测

排气烟度应按 GB 3847—2005 的有关规定进行测试,分滤纸烟度法和不透光烟度法两种测试方法。柴油车自由加速烟度的检测程序如下。

(1)安装取样探头。

将取样探头插入排气管,深度不小于 300mm,并使其中心线与排气管轴平行。

(2)吹除积存物。

起动发动机,急加速 3 次,以吹净排气管内积存的炭渣。自由加速烟度检测规范如图 5-33 所示。

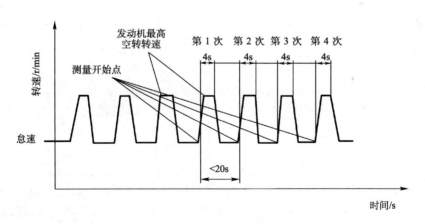

图 5-33 自由加速烟度检测规范

(3)测量取样。

对于滤纸式烟度计,应将烟度计的采样脚踏板开关置于加速踏板上,迅速将加速踏板踩到底,持续约 4s,然后松开加速踏板约 1s。对于不透光烟度计,必须在 1s 内将加速踏板完全踩到底,使喷油泵在最短时间内供给最大供油量。对每一个自由加速测量,在松开加速踏板前,发动机必须达到断油点转速。

滤纸式烟度计,循环测量4次,计算结果取后3次读数的算术平均值,即为所测自由加速烟度值。

不透光烟度计,至少测量6次,计算结果取最后3次自由加速测量结果的算术平均值。在计算均值时可以忽略与测量均值相差很大的测量值。

3.柴油车排气污染物的检测标准及排放限值

1)柴油车排放标准

我国于1993年修订并颁布了一系列柴油车烟度排放标准,包括GB 14761.6—93《柴油车自由加速烟度排放标准》、GB 14761.7—93《汽车柴油机全负荷排放标准》、GB 3846—93《柴油车自由加速烟度的测量滤纸烟度法》等标准,主要是向国际标准草案靠拢,对烟度单位、定义、试验方法等都做出规定。1999年发布了GB 3847—1999《压燃式发动机和采用压燃式发动机的车辆排气可见污染物限值及测量方法》,标准规定采用不透光烟度计代替滤纸式烟度计,主要对柴油车排气可见污染物进行检测。该标准于2005年修订为GB 3847—2005《车用压燃式发动机和压燃式发动机汽车排气烟度限值及测量方法》。

GB 3847—2005规定,自标准实施之日起,压燃式发动机在用汽车排放监控,采用本标准规定的排气烟度排放限值及测量方法。在汽车保有量大、污染严重的地区,可采用标准中所规定的加载减速工况法。

2)柴油车排放限值

(1)对于2001年10月1日前生产的在用车自由加速烟度排放限值,见表5-8。

柴油车自由加速烟度排放限值　　　　　　表5-8

汽车类型	烟度值(Rb)
1995年6月30日前生产的在用车	5.0
1995年7月1日至2001年9月30日期间生产的在用车	4.5

(2)对于2001年10月1日起至2005年7月1日生产的在用车自由加速排气可见污染物排放限值,见表5-9。

柴油车自由加速排气可见污染物排放限值　　　　　　表5-9

汽车类型	排气光吸收系数(m^{-1})
自然吸气式	2.5
涡轮增压式	3.0

(3)对于2005年7月1日以后生产的在用车自由加速排气可见污染物排放限值,所测得的排气光吸收系数不应大于车型核准标准的自由加速排气可见污染物排放限值再加$0.5m^{-1}$。

4.柴油车烟度检测结果分析

通常在急踩制动踏板后,烟度会迅速增加到瞬间峰值,随后烟度迅速下降,其峰值在1~2s之间出现,所以标准规定的烟度计取样时间为$(14\pm0.2)s$,该取样时间基本上可测出最大烟度值。滤纸式烟度计由于是定时定容量抽取排气,因此,实际上是测量自由加速烟度排放特性曲线的积分值。如果抽气泵开始抽气与踩制动踏板不是同步操作,就容易造成测量积分值时间段有前有后,分散性较大,使测量重复性较差。

5.8 汽车噪声的检测

人类生活在声音的世界里,既有动人、悦耳的乐声,也有嘈杂的噪声。噪声是一种杂乱无章的声音,它不仅能引起人体的生理改变和损伤,比如头晕、耳鸣、疲乏、失眠、心慌、血压升高等症状,而且能导致对心理、生活和工作的不利影响。据统计,当环境噪声大于45dB(dB称为分贝,是声压级的单位)时,人会感到明显不适;噪声达到60~80dB时,会影响睡眠;当超过90dB时,就会对身体健康产生明显影响。所以噪声也是一种环境污染,必须加以控制。

根据噪声源分类,可分为交通噪声、工业噪声和生活噪声三种。在交通噪声中,又可以分为道路交通噪声、铁路交通噪声、海河航运交通噪声和航空交通噪声4种。道路交通噪声可以分为车辆噪声和道路噪声两种。车辆产生的噪声,几乎可以占交通噪声的80%左右。随着交通运输业的发展和汽车保有量的激增,噪声污染越来越严重。我国不少城市的噪声,特别是车辆噪声,已到了非治理不可的程度。国家制定一系列标准的实施对行业主管部门控制汽车噪声的过快增长、促进生产企业和社会公众提高环保意识起到了积极作用。

5.8.1 声级计的结构与检测原理

声级计是一种能把工业噪声、生活噪声和交通噪声等,按人耳听觉特性近似地测定其噪声级的仪器。噪声级是指用声级计测得的并经过听感修正的声压级(dB)或响度级(phon),其面板如图5-34所示。

根据声级计在标准条件下测量1000Hz纯音所表现出的精度,20世纪60年代国际上把声级计分为两类:一类称为精密声级计,另一类称为普通声级计。我国采用这种分类法。20世纪70年代以来,有些国家推行四类分类法,即分为0型、1型、2型和3型。它们的测量精度分别为±04dB、±0.7dB、±1.0dB和±1.5dB。根据声级计所用电源不同,还可将声级计分为交流式声级计和用于干电池的直流式声级计两类,后者也可以称为便携式声级计。便携式声级计具有体积小、重量轻和现场使用方便等优点。

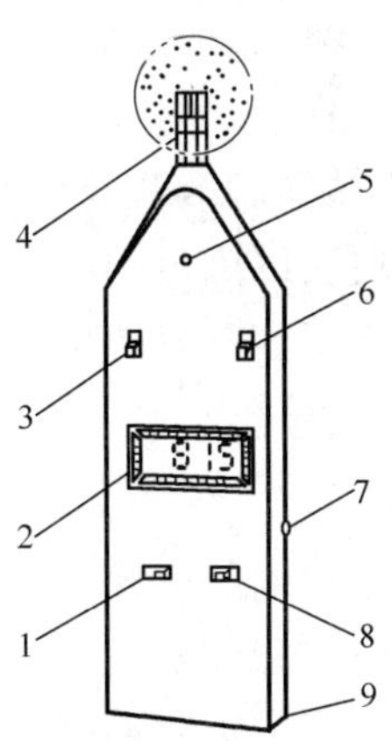

声级计一般由传声器、电子线路(包括放大器、衰减器、计权网络、检波器等)、指示仪表及电源等组成。其原理方框图如图5-35所示。

图5-34 声级计面板
1-电源开关;2-显示器;3-量程开关;4-传声器;5-灵敏度调节电位器;6-读数/保持开关;7-复位按钮;8-时间计权开关;9-电池盖板

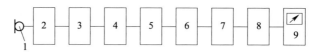

图 5-35　声级计的组成框图

1-传声器;2-前置放大器;3-输入衰减器;4-输入放大器;5-计权网络;6-输出衰减器;7-输出放大器;8-检波器;9-指示表头

1. 传声器

传声器是把声压信号转变为电压信号的装置,也称为话筒,是声级计的传感器。常见的传声器有晶体式、驻极体式、动圈式和电容式等多种形式。

动圈式传声器由振动膜片、可动线圈、永久磁铁和变压器等组成。振动膜片受到声波压力以后开始振动,并带动着和它装在一起的可动线圈在磁场内振动,以产生感应电流。该电流根据振动膜片受到声波压力的大小而变化。声压越大,产生的电流就越大;声压越小,产生的电流也就越小。

电容式传声器主要由金属膜片和靠得很近的金属电极组成,实质上是一个平板电容。金属膜片与金属电极构成了平板电容的两个极板。当膜片受到声压作用时,膜片发生变形,使两个极板之间的距离发生了变化,电容量也发生变化,从而产生交变电压,其波形在传声器线性范围内与声压级波形成比例,实现了将声压信号转变为电压信号的作用。

电容式传声器是声学测量中比较理想的传声器,它具有动态范围大、频率响应平直、灵敏度高和在一般测量环境中稳定性好等优点,因而应用广泛。由于电容式传声器输出阻抗很高,因此需要通过前置放大器进行阻抗变换。前置放大器装在声级计内部靠近安装电容式传声器的部位。

2. 放大器和衰减器

目前流行的许多国产与进口的声级计,在放大线路中都采用两级放大器,即输入放大器和输出放大器,其作用是将微弱的电信号放大。输入衰减器和输出衰减器是用来改变输入信号的衰减量和输出信号衰减量的,以便使表头指针指在适当的位置上。衰减器每一挡的衰减量为10dB。输入放大器使用的衰减器调节范围为测量低端(如 0~70dB),输出放大器使用的衰减器调节范围为测量高端(如 70~120dB)。输入和输出两个衰减器的刻度盘常做成不同颜色,以黑色刻度盘与透明刻度盘配对为多。由于许多声级计的高、低端以 70dB 为界限,故在旋转时要防止超过界限,以免损坏装置。

3. 计权网络

为了模拟人耳听觉在不同频率有不同的灵敏性,在声级计内设有一种能够模拟人耳的听觉特性,把电信号修正为与听感近似值的网络,这种网络叫作计权网络。通过计权网络测得的声压级,已不再是客观物理量的声压级(称为线性声压级),而是经过听感修正的声压级,叫作计权声级或噪声级。

计权网络一般有 A、B、C 三种。A 计权声级是模拟人耳对 55dB 以下低强度噪声的频率特性;B 计权声级是模拟 55~85dB 的中等强度噪声的频率特性;C 计权声级是模拟高强度噪声的频率特性。三者的主要差别是对噪声低频成分的衰减程度:A 衰减最多,B 次之,C 最少。A 计权声级由于其特性曲线接近于人耳的听感特性,因此是目前世界上噪声测量中应用最广泛的一种计权声级,B、C 应用较少。

从声级计上得出的噪声级读数,必须注明采用的是何种计权网络。

4. 检波器和指示表头

为了使经过放大的信号通过表头显示出来,声级计还需要有检波器,以便把迅速变化的电压信号转变成变化较慢的直流电压信号。这个直流电压的大小要正比于输入信号的大小。根据测量的需要,检波器有峰值检波器、平均值检波器和均方根值检波器之分。峰值检波器能给出一定时间间隔中的最大值,平均值检波器能在一定时间间隔中测量其绝对平均值。除了像枪炮声那样的脉冲声需要测量它的峰值外,在多数的噪声测量中均采用均方根值检波器。

均方根值检波器能对交流信号进行平方、平均和开方,得出电压的均方根值,最后将均方根电压信号输送到指示表头。指示表头是一只电表,只要对其刻度进行一定的标定,就可从表头上直接读出噪声级的 dB 值。声级计表头阻尼一般都有"快"和"慢"两个挡。"快"挡的平均时间为 0.27s,很接近于人耳听觉器官的生理平均时间。"慢"挡的平均时间为 105s。当对稳态噪声进行测量或需要记录声级变化过程时,使用"快"挡比较合适;在被测噪声的波动比较大时,使用"慢"挡比较合适。

为适应测量现场的需要,声级计一般都备有三脚支架,以便视需要将声级计固定在三脚支架上。声级计面板上一般还备有一些插孔。这些插孔如果与便携式倍频带滤波器相连,可组成小型现场使用的简易频谱分析系统;如果与录音机组合,则可把现场噪声录制在磁带上储存下来,待以后再进行更详细的研究;如果与示波器组合,则可观察到声压变化的波形,并可存储波形或用照相机、摄像机把波形摄制下来;还可以把分析仪、记录仪等仪器与声级计组合、配套使用,这要根据测试条件和测试要求而定。

5.8.2 汽车噪声的检测

国家标准 GB 1496—1979《机动车辆噪声测量方法》,适用于各种类型的汽车、摩托车轮式拖拉机等机动车辆的车外和车内噪声测量。标准规定使用的测量仪器有精密声级计或普通声级计和发动机转速表,声级计误差不得超过 ±2dB,并要求在测量前后,仪器应按规定进行校准。

1. 汽车噪声的检测步骤

(1)在未接通电源时,先检查仪表指针是否在机械零点上。若不在零点,可用零点调整螺钉使指针与零点重合。

(2)检查电池容量把声级计功能开关对准"电池",衰减器任意,此时电表指针应达到额定红线或规定区域,否则读数不准。打开后盖便可更换电池。

(3)打开电源开关,预热仪器 10min。

(4)对仪器进行校准每次测量前或使用一段时间后,必须对仪器的电路和传声器进行校准。声级计上一般都配有电路校准的"参考"位置,可校验放大器的工作是否正常。如不正常,应调节微调电位器。电路校准后,再利用已知灵敏度的标准传声器对声级计上的传声器进行对比校准。常用的标准传声器有声级校准器和活塞式发声器,它们的内部都有一个可发出恒定额率、恒定声级的机械装置,因而很容易对比出被检传声器的灵敏度。声级校准器产生的声压级为94dB,频率为1000Hz;活塞式发声器产生的声压级为124dB,频率为250Hz。

(5)将声级计的功能开关对准"线性""快"挡,如果此时在室内,由于一般办公室内的环境噪声约为40~60dB,因此声级计上应有相应的示值。变换衰减器刻度盘,表头示值应相应变化10dB左右。

(6)检查计权网络按以上步骤,将"线性"位置依次变为C、B、A计权网络。由于室内环境噪声多为低频成分,故经频率计权后的噪声级示值将低于线性值,而且应依次递减。

(7)考察"快""慢"挡,将衰减器刻度盘调全高dB值处(如90dB),操作人员断续发出声响,并注意观察"快"挡时的指针摆动能否跟上发音速度,"慢"挡时的指针摆动是否明显迟缓。这是"快""慢"两挡所要求的表头阻尼程度的基本特征。

(8)经过上述检查和校准后,声级计便可投入使用。在不知道被测声级多大时,必须把衰减器刻度盘预先放在最大衰减位置上(即120dB处),然后在实测中再逐步旋至被测声级所需要的衰减挡。

2. 车外噪声测量

1)测量条件

(1)测量场地应平坦而空旷,在测试中心以25m为半径的范围内,不应有大的反射物,如建筑物、围墙等。

(2)测试场地跑道应有20m以上平直、干燥的沥青路面或混凝土路面,路面坡度不应超过0.5%。

(3)本底噪声(包括风噪声)应比所测车辆噪声至少低10dB,并保证测量不被偶然的其他声源所干扰。本底噪声是指测量对象噪声不存在时,周围环境的噪声。

(4)为避免风噪声干扰,可采用防风罩。但应注意防风罩对声级计灵敏度的影响。

(5)声级计附近除测量者外,不应有其他人员,如不可缺少时,则必须在测量者背后。测量人员的身体离声级计也应尽量远些,以免影响测量的准确性。

(6)被测车辆不载重。测量时发动机应处于正常使用温度。车辆带有其他辅助设备亦是噪声源,测量时是否开动,应按正常使用情况而定。

2)测量场地及测点位置

(1)测量场地示意图如图5-36所示。

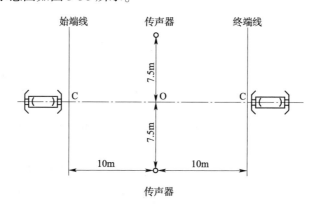

图5-36 测量场地示意图

(2)声级计传声器位于20m跑道中心点O两侧,各距中心75m,距地面高度12m,用三脚支架固定。传声器平行于路面,其轴线垂直于车辆行驶方向。

3)加速行驶车外噪声测量方法

(1)车辆须按下列规定条件稳定地到达始端线。

行驶挡位:前进挡位为4挡以上的车辆用第3挡,前进挡位为4挡或4挡以下的用第2挡。

发动机转速为其标定转速的3/4。如果此时车速超过了50km/h,那么车辆应以50km/h的车速稳定地到达始端线。

对于自动换挡的车辆,使用在试验区间加速最快的挡位。辅助变速装置不应使用。

在无转速表时,可以控制车速进入测量区:以所定挡位相当于3/4标定转速的车速稳定地到达始端线。

(2)从车辆前端到达始端线开始,立即将加速踏板踩到底或节气门全开,直线加速行驶。当车辆后端到达终端线时,立即停止加速,车辆后端不包括拖车以及和拖车联结的部分。

本测量要求被测车辆在后半区域发动机达到标定转速。如果车辆达不到这个要求,可延长OC距离为15m。如仍达不到这个要求,车辆使用挡位要降低一挡。如果车辆在后半区域超过标定转速,可适当降低到达始端线的转速。

(3)声级计用A计权网络、"快"挡进行测量,读取车辆驶过时的声级计表头最大读数。

(4)同样的测量往返进行一次。车辆同侧两次测量结果之差,不应大于2dB,并把测量结果记入规定的表格中。取每侧二次声级平均值中的最大值作为被测车辆的最大噪声级。若只用一个声级计测量,同样的测量应进行4次,即每侧测量两次。

4)匀速行驶车外噪声测量方法

(1)车辆用常用挡位,加速踏板保持稳定,以50km/h的车速匀速通过测量区域。

(2)声级计用A计权网络、"快"挡进行测量,读取车辆驶过时声级计表头的最大读数。

(3)同样的测量往返进行一次,车辆同侧两次测量结果之差,不应大于2dB,并把测量结果记入规定的表格中。若只用一个声级计测量,同样的测量应进行4次,即每侧测量两次。

3. 车内噪声测量方法

1)测量条件

(1)测量跑道应有足够试验需要的长度,应是平直、干燥的沥青路面或混凝土路面。

(2)测量时风速(指相对于地面)应不大于3m/s。

(3)测量时车辆门窗应关闭。车内带有的其他辅助设备为噪声源,测量时是否开动,应按正常使用情况而定。

(4)车内本底噪声比所测车内噪声至少低10dB,并保证测量不被偶然的其他声源所干扰。

(5)车内除驾驶人和测量人员外,不应有其他人员。

2)测点位置

(1)车内噪声测量通常在人耳附近布置测点,传声器朝车辆前进方向。

(2)驾驶室内噪声测点的位置如图5-37所示。

(3)载客车室内噪声测点可选在车厢中部及最后一排座的中间位置,传声器高度参考图 5-37。

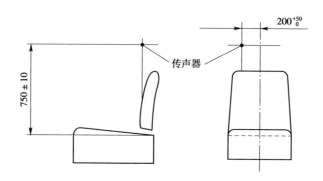

图 5-37 驾驶室内噪声测点的位置

3)测量方法

(1)车辆以常用挡位、50km/h 以上的不同车速匀速行驶,分别进行测量。

(2)用声级计"慢"挡测量 A、C 计权声级,分别读取表头指针最大读数的平均值,测量结果记入规定的表格中。

(3)做车内噪声频谱分析时,应包括中心频率为 31.5Hz、63Hz、125Hz、250Hz、500Hz、1000Hz、2000Hz、4000Hz、8000Hz 的倍频带。

4. 驾驶人耳旁噪声的测量

(1)车辆应处于静止状态且变速器置于空挡,发动机应处于额定转速状态。

(2)测点位置如图 5-37 所示。

(3)声级计应置于 A 计权、"快"挡。

5. 汽车喇叭噪声测量

城市用汽车喇叭声的测点位置如图 5-38 所示。测量时应注意不被偶然的其他声源峰值所干扰。测量次数宜 2 次以上,并注意监听喇叭声音是否悦耳。

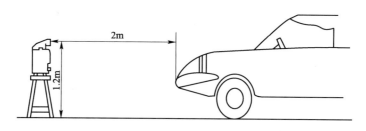

图 5-38 汽车喇叭声的测点位置

6. 诊断参数标准

(1)车外最大允许噪声级:汽车加速行驶时,车外最大允许噪声级应符合表 5-10 的规定。表中所列各类机动车辆的变型车或改装车(消防车除外)的加速行驶车外最大允许噪声级,应符合其基本型车辆的噪声规定。

汽车加速行驶车外噪声限值　　　　　表 5-10

汽车分类	噪声限值 dB(A)	
	2002.10.1~2004.12.30 期间生产的汽车	2005.1.1.以后生产的汽车
M1	77	74
M2(GVM≤3.5t)或 N1(GVM≤3.5t)		
GVM≤2t	78	76
2t<GVM≤3.5t	79	77
M2(3.5t<GVM≤5t)或 M3(GVM>5t)		
P<150kW	82	80
P≥150kW	85	83
N2(3.5t<GVM≤12t)或 N3(GVM>12t)		
P<75kW	83	81
75kW≤P<150kW	86	83
P≥150kW	88	84

(2) 车内最大允许噪声级：客车以 50km/h 的速度匀速行驶时，客车车内最大允许噪声级不大于 79dB(A)。

(3) 汽车驾驶人耳旁噪声级：耳旁噪声级应不大于 90dB(A)。

(4) 机动车喇叭声级：在距车前 2m、离地高 1.2m 处测量时，对于发动机最大净功率为 7kW 以下的摩托车和轻便摩托车为 80~112dB(A)，其他机动车为 90~115dB(A)。

国家标准《机动车运行安全技术条件》(GB 7258—2017)(发布稿)对客车车内噪声级、汽车驾驶员耳旁噪声级和机动车喇叭声级提出了上述要求。

由于汽车噪声源中，没有一个是完全密封的(有的仅是部分的被密封起来)，因此，汽车整车所辐射出来的噪声，就取决于各声源的强度、特性以及向周围环境传递的情况。研究表明，排气噪声占车外噪声的份额最大，发动机风扇噪声次之。为了降低汽车的加速行驶车外噪声，应首先考虑降低排气系统噪声和冷却风扇运转噪声。

本章小结

本章从整车检测的角度出发，重点介绍了汽车动力性、经济性的检测诊断，汽车侧滑、制动、车速表的检测诊断，汽车前照灯的检测，汽车尾气的检测和汽车噪声的检测等部分内容。

学者可以利用以下线索对所学内容进行做一次简要的回顾，以便归纳、总结和关联相应的知识点。

1. 汽车动力性的检测诊断

汽车动力性检测包括最高车速的检测、加速性能的检测、最大爬坡度等路试项目的检测，以及台试试验中底盘输出功率的检测。重点介绍了其检测诊断的方法、诊断标准和检测结果分析等。

2. 汽车燃油经济性的检测

这部分介绍了车用油耗计的结构及检测原理,介绍了汽车燃料消耗量的试验方法,重点介绍了路试和台试两种试验方法。

3. 汽车侧滑的检测

汽车侧滑的检测是车轮定位的动态检测方法。这部分首先介绍了侧滑试验台的结构和检测原理,然后重点介绍了侧滑的检测和故障诊断。

4. 汽车制动性能的检测

这部分分别从汽车制动性能的路试试验和台试试验来介绍对汽车制动性能的检测,介绍了五轮仪和制动减速度仪等路试试验设备的检测原理和使用方法,重点介绍了单轴反力式滚筒制动试验台的结构和检测原理、检测步骤、诊断标准和检测结果分析等。

5. 车速表指示误差的检测

主要介绍了车速表指示误差试验台的结构和检测原理,介绍了车速表误差检测的检测方法步骤、检测标准和结果分析等。

6. 前照灯的检测

主要介绍了前照灯检测仪的结构和检测原理,介绍了用前照灯检测仪检测时的检测步骤、注意事项、检测标准和结果分析。

7. 汽车排气污染物的检测

汽车排气污染物的检测分别从汽油车排气污染物的检测和柴油车排气污染物的检测两部分内容进行介绍,分别介绍了汽油车和柴油车排气污染物的种类,检测技术和方法,检测步骤以及检测标准等内容。

8. 汽车噪声的检测

这部分介绍了常用汽车噪声检测设备声级计的结构和使用方法,介绍了车外噪声检测、车内噪声检测、驾驶人耳旁噪声检测和汽车喇叭噪声等检测项目,重点对噪声检测的检测条件、测量位置、测量方法和噪声限值等方面进行了详细说明。

自测题

一、单项选择题(下列各题的备选答案中,只有一个选项是正确的,请把正确答案的序号填写在括号内)

1. 下面哪一项检测项目不属于汽车动力性评价的路试试验项目(   )。

A. 底盘测功试验　　　　　　　　B. 最高车速试验

C. 加速性能试验　　　　　　　　D. 最大爬坡能力试验

2. 有关侧滑的描述,正确的是(   )。

A. 侧滑检测是一种静态测量车辆定位的检测方式

B. 机械式侧滑试验台的滑板长度有 500mm、800mm、1000mm 三种

C. 侧滑量 $-5 \sim -10$m/km 和 $+5 \sim +10$m/km 范围涂为黄色,表示不良区域

D. 若滑动板向外滑动,说明后轴端部在垂直平面内向下弯曲

3. 下列哪一项不是车速表误差检测时的注意事项(　　)。
   A. 检查滚筒上是否沾有油、水、泥、砂等杂物
   B. 轮胎气压是否处于标准值
   C. 去除轮胎上水、油、泥和石头
   D. 使用驱动型车速表试验台时,需要挂挡检测
4. 急速法测汽油车尾气时,说法正确的是(　　)。
   A. 急速法测量汽车尾气时,不需关闭空调
   B. 急速时的汽油车排放污染物主要是 NO_x
   C. 检测时需要去除轮胎上水、油、泥和石头
   D. 使用驱动型车速表试验台时,需要挂挡检测
5. 有关汽车噪声的检测,下列说法不正确的是(　　)。
   A. 车外噪声检测时,测量场地应平坦空旷,测试中心 25m 半径范围内不得有反射物
   B. 加速行驶车外噪声测量时,自动挡车辆应使用在试验区间加速最快的挡位
   C. 匀速行驶车外噪声测量时,车辆应以 60km/h 的车速匀速通过测量区域
   D. 车内噪声测量时,车内本底噪声比所测车内噪声至少低 10dB

二、判断题(在括号内正确打√、错误打×)
1. 底盘测功高速测试时(80～100km/h),应特别注意安全操作,高速检测的时间应小于 10min/次。　　　　　　　　　　　　　　　　　　　　　　　　　　　(　　)
2. 膜片式油耗仪属于质量测量式。　　　　　　　　　　　　　　　　　(　　)
3. 侧滑检测时,不能使车辆在试验台上转向或制动。　　　　　　　　　(　　)
4. 测量制动性能时,应在轮胎与地面间附着系数小于等于 0.7 的路面上进行。(　　)
5. 检测前照灯时,汽车需空载,车内乘坐 1 人,轮胎气压符合规定。　　(　　)

三、简答题
1. 分析单滚筒试验台和双滚筒试验台各自的优缺点。
2. 汽车燃料消耗量的道路试验的试验条件有哪些?
3. 用单轴反力式滚筒试验台测量汽车制动性能的步骤。
4. 车速表误差形成的原因有哪些方面?
5. 试分析前照灯检测不合格的两种情况及原因。

参考文献

[1] 陈焕江,崔淑华.汽车检测与故障诊断[M].北京:人民交通出版社股份有限公司,2015.
[2] 张建俊.汽车诊断与检测技术[M].北京:人民交通出版社股份有限公司,2015.
[3] 司传胜.现代汽车检测与故障诊断技术[M].北京:机械工业出版社,2013.
[4] 张能武,杨光明.汽车故障检测诊断基础与实例[M].北京:化学工业出版社,2017.
[5] 徐礼超.汽车检测与诊断技术[M].北京:国防工业出版社,2012.
[6] 许洪国.汽车理论[M].北京:人民交通出版社,2010.
[7] 史文库,姚为民.汽车构造(上)[M].北京:人民交通出版社,2013.
[8] 史文库,姚为民.汽车构造(下)[M].北京:人民交通出版社,2013.
[9] 舒华.汽车电器与电控技术[M].北京:机械工业出版社,2012.
[10] 曾鑫.汽车车身电控系统检修[M].北京:北京理工大学出版社,2016.
[11] 王盛良.汽车发动机电控技术与检修[M].北京:机械工业出版社,2013.
[12] 张雪莉.机动车排气污染物检测技术[M].北京:清华大学出版社,2010.